重田澄男 著

マルクスと宇野弘蔵

再論 資本主義の発見

桜井書店

はしがき

　2007年夏，アメリカのサブプライム・ローンの証券化の劣化による金融不安がひきおこされ，2008年9月，大手投資銀行および証券会社としてのリーマン・ブラザースの破綻に端を発した金融危機は，全世界の実体経済の危機に転じた。現代経済は危機を境にあきらかに変わってきている。高い失業率，拡大する経済格差，ひろがる経営破産のなかで，自律回復の条件をいかにしてととのえることができるのか，事態はけっして楽観を許さない。

　明るい展望をもてそうにない状況のなかで，"資本主義の将来"をどのようにとらえるかが，各種のシンポジウムのテーマとなっている。いまや，人類的課題として，資本主義の歴史的限界とその克服が論じられはじめている。

　資本主義経済の危機と軌を一にして，マルクスがいたるところで論じられるようになっている。もう過去の人と思われていたカール・マルクスが，現代社会の危機のなかで，資本主義の矛盾と展望を論じた最大の歴史的思想家・理論家としてよみがえっている。難解をもって知られる『資本論』が，世界のあちこちでまた売れ行きを伸ばしはじめている。

　「資本主義」という用語は，疑いもなく現代社会を示すキー・ワードである。

　ところが，奇妙なことに，資本主義体制と社会主義体制との体制間対立が展開していた冷戦時代には，資本主義社会の内部においては，体制的立場にたった政治家や思想家のあいだでは，みずからを「資本主義社会」と表現することを忌避する傾向があった。そのような傾向は，主流派経済学者たちのなかにもみられたところである。当時においては，中南米やアジアの軍事政権やファッショ的独裁の国々をもふくめて，アメリカを中心とした資本主義陣営の当事者たちは，みずからを「自由社会」や「自由主義陣営」などと呼んでいたものである。そこにおいては，「資本主義」という用語は，イデオロギー的偏見にまみれた言葉として受け取られていた気配がある。

　それが，1989-91年のソ連型社会主義の崩壊によって全世界が基本的に資本主義化されるようになると，「社会主義の敗北」と「資本主義の勝利」が語ら

れるなかで，みずからの社会制度をためらうことなく「資本主義社会」と表現しながら，市場原理にもとづく社会経済システムの展開を推進するようになっている。もはや，資本が利潤追求をめざす経済システムに，後ろめたさや恥じらいを感ずる必要がなくなったのかもしれない。

冷戦時代には，多くの社会・経済的諸問題は《資本主義・対・社会主義》の文脈のなかでの体制的な問題として論じられていた。それが，ソ連型社会主義の崩壊の後においては，《資本主義・対・資本主義》といった資本主義体制内における資本主義国相互のあいだの競合と対立を主たる事態として論じられるようになってきた。そこでは，ミッシェル・アルベールの『資本主義 対 資本主義』(1991年) などによって，競い合う資本主義諸国のそれぞれのタイプの相違が主題となって，個人主義的で利益優先の市場原理主義的なネオ・アメリカ型資本主義と社会民主主義的な社会福祉的内容を加味したライン型資本主義との優劣と対抗が論じられるようになったのである。だが，現実的状況としては，そこにおける大きな流れとして，生産と金融のグローバル化による資本主義各国の市場経済における国際化と技術革新の波のなかで，各国は規制を緩和し，障壁を撤廃し，自由化をすすめざるをえなくなってきている。

そのような状況の進展のなかで，さまざまな人たちがマルクスの資本主義論について述べていたが，それらの見解はけっして統一されたものではなかった。「資本主義」という用語は，その言葉の成り立ちも，テクニカル・タームとしての意味内容も，かならずしも明確なものではない。しかし，そのこととはかかわりなしに，日常的用語としての「資本主義」という言葉は，一定の意味内容を示す用語として一般に使われてきたところである。

マルクス経済学における多元的な分化と現代資本主義の変貌のなかで，「資本主義」という用語そのものの混迷があらわになってきていたところから，わたしは，『資本主義の発見──市民社会と初期マルクス──』(1983年，御茶の水書房) を世に問い，宇野弘蔵氏の「商品経済」論的資本主義論と平田清明氏の「市民社会」論的資本主義論とにおける「資本主義」概念を念頭におきながら，マルクスの「資本主義」認識とその表現用語にかかわるさまざまな諸問題を取り上げて検討をおこなった。そこにおいては，初期マルクスに重点をおきながらも，それなりにマルクスにおける初期から『資本論』にいたるまでの資本主

義概念の確定とその変遷についてフォローしたところである。そして，その「改訂版」（1992年）においては，中期マルクスにおける資本主義用語の模索と確定のプロセスについて追加的な拡充をおこなった。

本書『再論 資本主義の発見』は，この『資本主義の発見』の問題意識を引き継いだものである。

ソ連型社会主義の崩壊後の1990年代から現在にいたる世界経済の動向は，ソ連型社会主義の崩壊直後におけるような資本主義の体制内におけるさまざまな特徴的相違をもった資本主義諸国の相互のあいだの競争と対立よりも，むしろ，市場原理にもとづく新自由主義的な展開によって世界経済基盤において一体化したメガコンペティションの世界として展開しているものである。

全世界的には，世界寡占としての多国籍企業によるグローバル化したメガコンペティションと，多国籍資金の金融的術策によるカジノ的な投機によって，全世界的な絡み合いによる一体化した資本主義的運動の展開がすすめられている。しかも，そこに，中国や台湾や韓国といった東アジアの新興国の資本主義的開発による参入も加わって，世界的に一体化した競争はさらに激烈になってきている。とくに1992年の鄧小平の南巡講話による改革開放政策の加速化の呼びかけを機に堰を切ったようにすすめられている中国の資本主義的な経済開発は，世界的規模での生産基地と消費市場の再編成を加速的におしすすめ，世界の産業地図の激変と地域購買力の移動をもたらしている。2009年時点において，中国は，繊維製品はいうまでもなく，自動車の生産と販売，家電製品や粗鋼生産についても，世界の工場としてトップの地位を占めるにいたっており，生産，消費，資源，金融，投資，物流などのあらゆる面で世界経済の動向を左右するようになっている。

そのような情勢の進展は，グローバル化した資本主義世界における，拡大する市場と安い賃金コストを求めての先進国から新興国への企業移転と投資によって，先進資本主義諸国における雇用の縮小と労働者賃金の低水準への押さえ込みや労働条件の劣悪化がひきおこされ，さらに，資源需要の急増による資源価格の上昇などもあいまって，さまざまな地域における経済的危機が展開するようになっている。そのような状況のなかで，現時点における資本主義世界においては，地球的規模での資本の文明化作用の拡大がおこなわれながら，同

時に，貧困，格差，失業，低賃金，長時間労働，非正規雇用の拡大といった，マルクス的な古典的な資本主義の生み出す本質的な矛盾が展開し，しかも，地球環境の悪化する時代となっている。

　そのような時代状況のなかで，本書は，基本的には，マルクスの「資本主義」認識と，認識された「資本主義」範疇の基軸的な内容と特質を明らかにする，ということを中心的課題としたものである。

　現実的世界において資本主義の歴史的限界があらためて問題になっているなかで，そもそもマルクスにおける「資本主義」範疇とはいかなるものであるかということを問題にしたのは，なによりも，危機的状況を示している現時点の資本主義のなかにあって，現実における危機的状況の規定的基礎を理解するためには，資本主義そのものの基軸的な規定的要因を明らかにして，資本主義的経済関係の構造的特質の基本的内容とその問題点を明確にすることが必要であるからである。

　本書においては，近代社会の資本主義的経済関係の解明をおこなったマルクスについて，その理論的研究の初期・中期・後期におけるそれぞれの時期的な取り組みの内容と特徴，そしてその変遷をつうじての総括的な解明をおこなうことによって，マルクスの資本主義概念の形成とその厳密化による転変を明らかにしようとしている。

　「資本主義」範疇についての用語の生い立ちと普及にかかわるものとしてマルクスの資本主義概念の確定とその変遷についてみると，マルクスにおける近代社会の把握は，そのはじめには，疎外論的な視座による「市民社会」としてとらえられていたものであった。だが，それが，『ドイツ・イデオロギー』における唯物史観の確立後，一転して，近代社会に特有の歴史的な社会経済体制としての意味内容をもつものとして資本主義概念を確定して，それを「ブルジョア的生産様式」と表現するようになり，それにもとづいて資本主義的経済諸関係の構造と特徴を解明するようになっている。そこにおいて，マルクスは，資本主義概念を発見したのである。そして，その後のマルクスの生涯にわたる経済学研究と理論的吟味のなかで，最終的には，「資本制生産様式」という用語によって厳密化された「資本主義」概念を示すようになっている。

　そのようなマルクスにおける資本主義範疇の確定と変遷を明らかにしてゆく

なかで，とくに，初期マルクスにおける疎外論的な近代社会把握から歴史的形態規定性をとらえる歴史観としての唯物史観を"導きの糸"とした把握への転回による近代社会把握における資本主義概念の確定と，そして，従来までの内外の研究書においてはほとんど取り上げられることのなかった「ブルジョア的生産様式」用語と「資本制生産様式」用語との資本主義範疇としての概念内容における相違と連関を明らかにして，マルクスの近代社会の理論的研究の深化にもとづく中期マルクスにおける「ブルジョア的生産様式」から後期マルクスにおける「資本制生産様式」への転生のもつ意義について明確にすることができたのは，わたしにとって，マルクスの資本主義範疇の理解にあたってきわめて大きな積極的意味をもつところであった。

ところで，本書においては，同時に，宇野弘蔵氏の理論を取り上げて，宇野氏の資本主義認識とその概念内容の基本的特質を，それと対照的なマルクスの資本主義認識と対比させながら明らかにして，そのことを通じて，そもそも「資本主義とはなにか」ということについて明示的に示そうとしている。

端的にいえば，マルクスの資本主義範疇の基軸的要因は，生産の近代社会に特有の歴史的形態たる「資本制生産様式」によって示されている。それにたいして，宇野弘蔵氏の資本主義範疇は，「労働力商品化」を基軸的要因とした「商品関係の全面化した社会」としてとらえられているものである。

このようなマルクスと宇野弘蔵氏との資本主義範疇についての基軸的要因の規定的性格の理解の違いは，資本主義的経済関係の理論体系についての理解と，そして，現実的事態の把握において，いかなる相違をもたらすことになるのかということ，このことが本書の主たる内容となっている。

ところで，資本主義的なものの基軸的要因の規定的性格と内容は，21世紀の現代資本主義における資本主義的労働強化をはじめとするさまざまな社会的・経済的な惨状をひきおこしている現実的状況をとらえる視角と，そのままつながるものである。そのように，資本主義範疇の基軸的要因の規定的性格が，現時点の現代資本主義における現実とどのように関連し，世界的危機とどのようにかかわるものであるのか，そして，そのことが資本主義の歴史的限界と将来的展望にいかなるかたちで結びつくものであるのか，具体的現実に照らしながら明らかにしていく必要があるところであろう。

本書においては，マルクスと宇野弘蔵氏との理論的対比によって，資本主義認識の方法とその概念内容の特徴を明らかにしようとしているところであるが，そのことによって，近代社会の社会体制をとらえるものとしての資本主義概念とその認識方法はより明確になるであろう。

　なお，本書の内容理解の参考のために，それぞれの章のはじめに，そこでの議論のエッセンスを「梗概」として示しておいた。そのようなものとしての各章の「梗概」を拾い読みして，取り上げている基本的内容の概略に見当をつけ，そのうえで，本論の議論をフォローするのも，ひとつの読み方であろう。

　マルクス理解についても，宇野理論の理解についても，本書のなかで示した見解にたいして，さまざまな意見があるであろう。率直な批判を期待するところである。

2010年5月30日
重田澄男

目　次

はしがき　3

第1部　マルクスの資本主義認識

Ⅰ　初期マルクス……………………………………………………………15
　　――疎外論的「市民社会」把握――
　1　初期3論文と「市民社会」……………………………………………15
　2　『経済学・哲学草稿』と疎外論的社会把握…………………………24

Ⅱ　唯物史観の確立…………………………………………………………35
　　――疎外論から歴史的形態把握への転換――
　1　唯物史観へのステップ…………………………………………………35
　2　『ドイツ・イデオロギー』における唯物史観の確定………………38
　3　"導きの糸"としての唯物史観の役割…………………………………49
　4　唯物史観の規定的内容…………………………………………………54

Ⅲ　「ブルジョア的生産様式」……………………………………………63
　　――資本主義範疇の認識――
　1　「生産のブルジョア的形態」の確定…………………………………63
　2　確定された資本主義範疇………………………………………………68
　3　近代社会の経済的諸関係の解明………………………………………76

Ⅳ　「資本制生産様式」……………………………………………………87
　　――資本主義範疇の厳密化――
　1　経済学理論体系の形成…………………………………………………87
　2　これまでのわたしの見解における問題点……………………………92
　3　『経済学批判要綱』における資本主義範疇…………………………100
　　(1)　「貨幣にかんする章」……………………………………………100
　　(2)　「資本にかんする章」……………………………………………105

     4 「資本にもとづく生産様式」から「資本制生産様式」への結晶化……111
     5 『1861-63年の経済学草稿』……113
  V マルクスの資本主義範疇……135
    ──『資本論』における商品形態と資本制生産──
     1 『資本論』の構成……135
     2 商品としての労働力の売買と資本制生産……140
     3 「資本制生産様式」の規定的内容……149

第2部　宇野弘蔵氏の資本主義認識

  I 宇野弘蔵氏の唯物史観理解……155
     1 唯物史観と経済学……155
     2 土台・上部構造論としての唯物史観……158
  II 資本主義範疇の認識……167
     1 純粋化傾向にもとづく資本主義認識……167
     2 「資本主義」認識における認識論的悪循環……170
  III 「原理論」的資本主義……179
     1 「原理論」基準による純粋化傾向……179
     2 商品経済関係の全面化した社会……181
     3 繰り返し的運動をおこなう「自立的運動体」……193
     4 純粋化傾向の「極点」……199
  IV 原理論の構築とその特質……205
     1 「資本主義の一般的原理」……205
     2 資本主義の歴史性……208
     3 宇野「原理論」の逆投影としての「純粋化傾向」……213
  V 純粋化傾向の「逆転」……219
     1 金融資本の時代における純粋化傾向の「逆転」……219
     2 「不純の状態」としての金融資本の時代……225

3　「逆転」から「鈍化」への修正…………………………………238
終章　現代資本主義と資本主義範疇………………………………………249
　1　資本主義の発展についてのマルクスの見解……………………249
　2　宇野理論と現代資本主義…………………………………………255
　　(1)　資本主義消滅論――降旗節雄・関根友彦両氏の見解………256
　　(2)　逆流する資本主義――伊藤誠氏の見解………………………259
　3　現代資本主義の現局面……………………………………………267

あとがき　275

第 1 部　マルクスの資本主義認識

I　初期マルクス
―― 疎外論的「市民社会」把握 ――

梗概　マルクスが近代社会の解明に取り組んだいわゆる初期マルクスの時期における把握は、「市民社会」を基軸とするものである。そこにおける内容は、国家ではなく市民社会を規定的な基礎ととらえる土台・上部構造論的な社会構造把握にもとづきながら、近代市民社会を「疎外された社会」形態としての規定的性格においてとらえようとするものであった。このような観点は、青年ヘーゲル派としてのマルクスの唯物論的観点への転換にあたって、フォイエルバッハによるヘーゲル批判における人間主義的観点からの唯物論的把握にもとづいて、近代社会をとらえる観点として打ち立てられたものであった。

　そして、そのような把握による「ヘーゲル国法論批判」などの初期3論文のうえに取り組んだパリやブリュッセルにおける精力的な経済学研究にもとづきながら『経済学・哲学草稿』における資本家・賃労働者・土地所有者の3大階級分析や疎外された労働の検討などを通じて、産業の運動による人間社会の歴史の把握へとマルクスは突き進んでいくのである。

1　初期3論文と「市民社会」

　1843年3月、『ライン新聞』の編集部から退いた24歳の青年マルクスは、ルソー『社会契約論』、モンテスキュー『法の精神』、マキアベリ『国家論』といった近代市民社会の政治学の古典、各国の近代史やフランス革命にかんする読書とならんで、ヘーゲル『法の哲学』にたいする批判的検討に取り組み、3つの論稿を書き上げている。

　そこにおいて、マルクスは近代社会の基軸的要因をなすものとして「市民社会」概念を取り出す。「市民社会」をどのようなものとしてとらえるか、これがこの時期のマルクスの近代社会把握にとっての中心的内容となっている。

「ヘーゲル国法論批判」

その第1の論稿は，ヘーゲル『法の哲学』の「国家」の章のなかの第261－313章についての詳しい批判的評注としての「ヘーゲル国法論批判」である。

ヘーゲルは，『法の哲学』のなかの第3部「倫理」の構成を，第1章「家族」，第2章「市民社会」，第3章「国家」としている。家族―市民社会―国家という展開にも示されているように，ヘーゲルの体系にあっては，市民社会は，家族と国家との中間に位置し，それ自体として存立しうるものではなくて，国家に止揚されるべき規定性をもつものとされているのである。

そのようなヘーゲルの市民社会にたいする国家優位の思想にたいして，マルクスは，「神が人間を創った」のではなくて「人間が神を創った」のであるととらえ返す主語と述語の転倒というフォイエルバッハの唯物論的なヘーゲル思弁哲学批判の方法をもちいて，「家族と市民社会は国家の前提であり，それらは元々アクティブなものであるが，思弁のなかであべこべにされ」[1]たものである，とする。

すなわち，マルクスは，近代的な社会状態の特徴を市民社会と政治的国家との分離と対立にみいだしながら，政治的国家の公共性は抽象的な幻想的なものであり，私的活動に専念する非政治的人間の活動領域における家族と市民社会こそが社会関係にとっての現実的基礎をなすものである，と近代社会における規定的基礎をとらえるのである。

ここに，フォイエルバッハに触発されながら，フォイエルバッハのように宗教批判や哲学批判にとどまらないで，マルクスが打ち立てた近代社会にたいする唯物論的な現実的把握をみることができる。

すなわち，この「ヘーゲル国法論批判」において，マルクスは，近代的な社会における私的な活動領域たる「市民社会」と「家族」こそが現実的基礎をなすものであって，政治的国家の公共性は幻想的なものであるにすぎないという，土台・上部構造論的な唯物論的社会の構造把握の基本的観点を確定しているのである。

「ユダヤ人問題について」

1843年10月にパリに移り住んだマルクスは，青年ヘーゲル派のアーノルド・

ルーゲと一緒に発刊を計画していた『独仏年誌』(1844年2月に第1・第2合併号のみを刊行)に「ユダヤ人問題について」と「ヘーゲル法哲学批判 序説」の2つの論稿を掲載している。

「ユダヤ人問題について」と題された論稿は，青年ヘーゲル派の中心人物でありマルクスにとって親しい先輩であったブルーノ・バウアーのユダヤ人問題についての主張にたいする批判として書かれたものである。

「ドイツのユダヤ人は解放を熱望している。どんな解放を熱望しているのか？ 公民としての解放，政治的解放である」[2]——マルクスはこの論文をこう書き出している。

キリスト教が国教とされていた当時のドイツでは，ユダヤ教徒にたいしては公民権と市民権の制限があった。ユダヤ人の解放の要求についてのブルーノ・バウアーの意見は，次のようなものであった。

ドイツではすべての人が抑圧されているので，ユダヤ人だけの特殊な解放を要求するとしたらそれは利己主義的である。一般的な抑圧からの解放の立場に立たなければならない。そのような一般的な解放のためには，宗教からの解放ということが，ユダヤ人にたいしても，国家にたいしても，必要となる。すなわち，一方では，公民として解放されるためには，ユダヤ人はユダヤ教をやめ，一般の人々は宗教をやめ，他方では，国家は政治的な公認の宗教としての国教をやめて近代的国家になることである，と。

そのようなバウアーの主張にたいして，マルクスは，ユダヤ人解放の問題が全国民的な一般的問題であるという点には同意しながらも，バウアーにおいては政治的解放と人間的解放とが混同されている，と批判する。

すなわち，政治的解放は，国家と宗教との結びつきを解き放つものであるが，しかし，それは人々を宗教から解放するものではなく，宗教の自由を与えるにすぎないものである。政治的解放は，そのまま人間の自己疎外としての宗教からの人間的解放をおこなうものではない。

封建制度の変革によって打ち立てられた近代的な市民社会は，たしかに一大進歩ではある。しかし，それは疎外された社会形態にほかならないものであって，現実的に止揚され変革されるべき社会である，とマルクスはみなしているのである。

そのような主張にあたって，マルクスは，近代的な市民社会そのものの特徴づけをおこなって，疎外された社会形態としてのその内容を，次のように示している。

　市民社会における「人権」とはなにであるか。「いわゆる人権，すなわち公民の権利とは区別された人の権利」とは「市民社会の成員の権利，すなわち利己的人間の，人間と共同体とから切り離された人間の権利にほかならない」ものである。また，「自由という人権」は，自己に局限された個人の権利であり，「自由の人権の実際上の適用は，私的所有という人権」すなわち「任意に，他人にかまわずに，社会から独立に，その資力を収益したり処分したりする権利，つまり利己の権利」にほかならないものである。

　そのような「個人的自由」としての人権と，その適用たる利己の権利としての「私的所有」とが，「市民社会の基礎」をなしているのであって，かかる「自然的必要，欲望と私利，所有と利己的一身との保全」という紐帯によって結合された「欲望と労働と私利と私権の世界」こそ市民社会の規定的内容をなすものである，とマルクスはみなしているのである。

　このように，マルクスは，「ユダヤ人問題について」論文においては，宗教批判をテコとした人間の解放の必要を基本的視座にすえて，近代市民社会を現実的に止揚されるべき社会形態とみなしながら，そのような市民社会の現実的内容については，個人的自由と私的所有を基礎とした疎外された社会形態であって，そこでは貨幣が支配している，と商品・貨幣論的社会としての疎外論的社会把握をおこなっているのである。

「ヘーゲル法哲学批判 序説」

　この論文は，『ヘーゲル法哲学批判』と題してヘーゲルの法・道徳・政治等々の批判をおこなう予定の本論のための「序説」として書かれたものである。

　そのなかでマルクスはいう。「ドイツをただ近代諸国民の公式水準にたかめるばかりでなく，これらの国民の次の将来である人間的な高さにまでも引き上げるような革命に到達できるであろうか？」——ドイツにおける「革命」のあり方，これこそマルクスがこの論文のなかで提起している実践的「課題」である。

　マルクスは，そこで，ドイツにおける革命について，宗教の積極的止揚のう

えに立って人間を卑しめ隷属させるようないっさいの諸関係をくつがえせ！というラディカルな革命を主張する。ラディカルな革命とは、「部分的な、たんに政治的な革命」ではなくて、「普遍的人間的な解放」をおこなう革命にほかならない。そこにおいて、マルクスは、ドイツ解放のためのラディカルな革命の担い手として「プロレタリアート」をみいだすのである。

政治的な革命が劇的におこなわれたフランスとちがって、ドイツではブルジョアジーが小心で利己的で狭量なため社会の代表として解放の担い手になることができない。

「ドイツの解放の積極的な可能性」は、「ラディカルな鎖につながれた一つの階級」としての「プロレタリアート」のうちにある。プロレタリアートは、「市民社会のどんな階級でもないような市民社会の一階級」であり、「私有財産の否定」がすでに自分自身のあり方として具現されており、「世界秩序の事実上の解体」であって、人間の完全な回復によってだけ自分自身をかちとることのできる階級である。

かくて、「ドイツ人の解放は人間の解放である。この解放の頭脳は哲学であり、それの心臓はプロレタリアートである」[3]、とマルクスは結論づけるのである。

この「ヘーゲル法哲学批判 序説」において、マルクスは、プロレタリアートという特定の階級を担い手として、「私有財産の否定」を社会の原理として人間的解放をおこなう「革命」の立場、すなわち社会主義の立場に内容的には明確に立つにいたっている。

この「ヘーゲル法哲学批判 序説」における市民社会概念は、諸階級から成り立つ社会として、とりわけ「金力と教養」をもつブルジョアジーと、産業の運動をとおして生成してきた「私有財産の否定」としての無産のプロレタリアートとの、私的所有について所有・非所有の区別のうえに立つ階級構成におけるものとしてとらえられ、ラディカルな革命によって人間的解放をなし遂げるべき社会である、とされているのである。

初期3論文における「市民社会」

このように、マルクスは、初期3論文において「市民社会」についての3つ

の用語法にそれぞれにかかわらせながら，近代「市民社会」についての批判的把握の進化をみせている．

「ヘーゲル国法論批判」では，日常的な私的活動をおこなっている市民社会は，抽象的な公共性を体現するものとしての政治的国家との対比におけるものとしてとらえられている．そこでは，ヘーゲル『法の哲学』にもとづいて，近代社会における政治的国家と市民社会との分離が指摘されながら，ヘーゲル的転倒がひっくり返され，市民社会のほうが基礎的なものであるという唯物論的な社会構造把握がおこなわれながら，そのような状況における政治的疎外の克服のための真の民主主義の実現が主張されている．

「ユダヤ人問題について」では，自立的な私的個人としての市民からなる市民社会が打ち出されている．すなわち，政治的解放によって政治的国家との分離を示す近代的な市民社会は，ばらばらのアトム的な私的諸個人からなり，貨幣が支配している疎外された社会形態であって，それは人間的解放によって止揚されるべき社会であることが示されているのである．

「ヘーゲル法哲学批判 序説」では，ドイツの革命を問題にしながら，近代的な市民社会は，ブルジョアジーとプロレタリアートといった諸階級からなる社会としてとらえられている．そして，市民社会のなかの一階級でありながら私的所有から引き離された無産の階級であるプロレタリアートによって人間的解放をおこなうラディカルな革命がおこなわれなければならない社会である，とされているのである．

このように，マルクスは，初期3論文においては，近代市民社会について，社会諸関係にとっての現実的な基礎としての把握にもとづき，革命によって現実的に止揚されるべき疎外された社会形態としての性格を与えながら，プロレタリアートによって変革されるべきものであるという社会主義的立場をも確定しているのである．

ところで，この時期のマルクスは，人間的解放の「頭脳は哲学である」という言葉にも明らかに示されているように，近代の超克のための理論を経済学ではなくて哲学においている．アダム・スミスなどの「市民社会の解剖学」としての経済学的な内容については，ヘーゲルの『法の哲学』などをつうじて摂取していたにすぎない．

土台・上部構造論的な社会関係把握と経済学研究の必要

　マルクスは，この初期3論文において，近代市民社会を基礎とした土台・上部構造論的な社会構造把握を確定し，そこで，そのような近代社会の基礎的土台としての経済的諸関係を解明した経済学の研究の必要性を自覚したようである。

　そのことについて，マルクスは，マルクス自身の研究の経過についての説明をおこなった『経済学批判』の「序言」のなかで，次のように指摘している。

　　「私を悩ました疑問の解決のために企てた最初の仕事は，ヘーゲルの法哲学の批判的検討であって，その仕事の序説は，1844年にパリで発行された『独仏年誌』に掲載された。私の研究の到達した結果は次のことだった。すなわち，法的諸関係ならびに国家諸形態は，それ自体からも，またいわゆる人間精神の一般的発展からも理解されうるものではなく，むしろ物質的な諸生活関係に根ざしているものであって，これらの諸生活関係の総体をヘーゲルは，18世紀のイギリス人およびフランス人の先例にならって，『市民社会』という名のもとに総括しているのであるが，しかしこの市民社会の解剖学は経済学のうちに求められなければならない，ということであった。パリで始めた経済学の研究を私はブリュッセルでつづけた。ギゾー氏の追放命令の結果，同地へ私は移ったのであった。」[4]

　ここでマルクスは，「法的諸関係ならびに国家諸形態は，それ自体からも，またいわゆる人間精神の一般的発展からも理解されうるものではなく，むしろ物質的な諸生活関係に根ざしているものであ〔る〕」という土台・上部構造論的な社会構造論を，初期3論文において「私の研究の到達した結果」であるとしているのである。

　マルクスは，近代社会の社会構造についてのそのような理解にもとづきながら，そのような「物質的な生活諸関係」の内容を明らかにするものとして，経済学の研究に取り組むことになる。

　しかも，さらに，マルクスにとっての経済学への開眼のための衝撃は，マルクスの2論文と一緒に『独仏年誌』に載ったエンゲルスの「国民経済学批判大綱」によって与えられる。

エンゲルス「国民経済学批判大綱」

　マルクスより2歳年下のエンゲルスは，ギムナジウム（高等中学校）中退のままで，その後は実業家としての修業に追われながらも，その多彩な才能とエネルギッシュで多岐にわたる独学によって，フリードリヒ・オスヴァルトというペンネームを使いながら，現存するだけでも30数篇の論文，評論，詩を新聞，雑誌，叢書などに発表しており，文筆家としての令名はマルクスよりもはるかに早くから高くなっている。

　この時期に，エンゲルスは，宗教批判を通じてヘーゲル哲学に親しむようになり，急進民主主義的見解をもつようになっており，兵役義務を果たすためにベルリン近衛砲兵旅団に入隊しながら，ベルリン大学で宗教，哲学，政治学等の講義を聴講し，ブルーノ・バウアーなどの青年ヘーゲル派と親密なつきあいをもち，ヘーゲル左派として健筆をふるっている。

　しかも，エンゲルスは，マルクスと同様に青年ヘーゲル派でありながら，ヘーゲルへの取り組みは『歴史哲学』がその軸となっており，そのうえみずからのあらたな世界観づくりのための土台を固めようとしている。

　きわめて貴重な1年間を過ごしたベルリン生活ののち，エンゲルスは父がエンメル兄弟と共同で経営していたマンチェスターのエンメル・エンゲルス商会のヴィクトリア綿紡績工場へ工場経営の見習いに行くことになる。

　イギリスに渡った22歳のエンゲルスは，共産主義者としての批判的観点とイギリス資本主義の現実の見聞のうえにたって経済学にたいするあらたな取り組みをおこない，その成果の第1弾として『独仏年誌』に載せたのが「国民経済学批判大綱」である。

　「国民経済学批判大綱」におけるエンゲルスの基本的観点は，重商主義と自由主義経済学との「両体系の対立を超克し，両者に共通の諸前提を批判し，純人間的・一般的な基礎から出発する見地」であり，重商主義も自由主義経済学もその「正統性を疑ってみようとは夢にも思わなかった」前提たる「私的所有」そのものにたいする人間的な一般的基礎からの批判的把握を基礎とするものである。

　そして，そのような「私的所有」にたいする批判的把握を基礎にすえながら，アダム・スミス以降の古典派経済学の「基礎的カテゴリーを研究し，自由貿易

学説によって持ち込まれた矛盾を暴露し，この矛盾の両側面から生じる結論を引き出す」ものとして，「競争」論的視角から，国富，商業，価値，生産費，地代，資本と労働と土地との分裂，労働と賃金，私的所有と競争のもたらす諸結果，競争と独占，競争によってひきおこされる商業恐慌と社会革命，過剰人口，所有の集中と階級分化の進行，犯罪の増加，科学と機械の発展の労働者に及ぼす影響，といったきわめて多岐にわたる経済学的諸範疇や近代社会における経済的諸問題についての検討ととらえ返しをおこなっている．

「国民経済学批判大綱」における近代社会の階級構造

　この「国民経済学批判大綱」のなかで，エンゲルスは，近代社会の経済的なあり方にかんして，私的所有を基礎とし競争のなかでの孤立的な，ばらばらのアトム的な諸個人への分裂という把握をおこなっている．

　そのうえで，エンゲルスは，近代社会における資本家・賃労働者・土地所有者といった基本的3大階級への分裂と内部における個別化について指摘している．だが，そのような私的所有による資本家・賃労働者・土地所有者の3大階級の内部における分裂と個別化の指摘も，それぞれの階級内部における競争による対立と孤立化についての指摘であって，階級的区別のないアトム的個人への解体を意味しているのではない．

　「国民経済学批判大綱」においてエンゲルスが把握している近代社会の構造の規定的内容は，基本的には，資本家・賃労働者・土地所有者の3大階級からなる階級社会にほかならない．そのような階級社会としての近代社会の諸範疇と動向を，批判的に把握された私的所有を基礎においた競争論的視角によりながら解明し，古典派経済学にたいする批判をおこなっているのである．

　そして，エンゲルスは，そのような競争のなかでの所有の集中とともに，競争をともなう無政府的生産による不断の動揺のうえに「商業恐慌」をとらえ，そのような競争の展開と恐慌のなかでおしすすめられる階級分化の進行と賃労働者階級の増加のうえに「社会革命」の不可避性をみいだそうとしているのである．

　エンゲルスのこの「国民経済学批判大綱」にたいして，マルクスは，『経済学・哲学草稿』では「内容ゆたかで独創的なドイツの労作」と賞賛し，『聖家

族』ではプルードンの『財産とはなにか?』を超えるものとして言及し、さらに、『経済学批判』の「序言」では「経済学的諸範疇の批判のための天才的な概説」と激賞するなど、繰り返し取り上げて絶賛している。「国民経済学批判大綱」がマルクスに与えた衝撃の大きさをうかがうことができる。

2　『経済学・哲学草稿』と疎外論的社会把握

マルクス『経済学ノート』と『経済学・哲学草稿』

　エンゲルスの「国民経済学批判大綱」に刺激されて、マルクスは経済学の体系的研究に着手する。

　このパリ時代におけるマルクスの経済学研究の成果は、並行的に交差しながら書きすすめられた9冊の『経済学ノート（パリ・ノート）』（ただし『ノート』Ⅵ〜Ⅸは『聖家族』執筆後のもの）と、未完の原稿である『経済学・哲学草稿』（合わせて"パリ草稿"といわれる）とに示されている。なお、そこにおける執筆順序にかんする問題についてはここでは取り上げない[5]。

　マルクスは、『経済学ノート』Ⅰにおいて、まず、J. B. セーの『経済学概論』からかなりの分量の抜粋と付録からの経済学基本用語解説の要約、ならびに、F. スカルベクの『社会的富の理論』およびセーの『全講』からの若干の抜粋をおこない、『ノート』ⅡとⅢにおいてアダム・スミスの『国富論』にとりつき、詳細で膨大な抜き書きをおこなっている。

　そして、そこから、マルクスは、一挙に『経済学・哲学草稿』（以下『経哲』と略）第Ⅰ草稿に取り組む。

　『経哲』第Ⅰ草稿において、マルクスは、各ページを2本の縦線によって3つの欄に分け、左から「労賃」「資本の利潤（あるいは利得）」「地代」という表題を付けて、並行的に3つの欄に書き込むという叙述形式をとっている。

　そこでの3欄併記による並行的展開という叙述形式そのものが示しているように、マルクスは、賃労働者・資本家・土地所有者という近代社会の基本的3大階級にとっての所得の源泉たる労賃・利潤・地代について対比しながらほぼ同程度の分量でもって論ずるつもりであったものと思われる。

　そのような近代社会の基本的3大階級にとっての所得源泉の分析という焦点

のしぼり方は，スミス『国富論』の内容から引き出しうるものであるにしても，それは階級構造をもった社会としての近代社会にたいするマルクスの基本的把握とつながるものであり，さらに，エンゲルスの「国民経済学批判大綱」における3大階級による経済的構造把握とも重なるものである。

マルクスは，この『経哲』第1草稿の前段において，利潤についても，地代についても，労賃についても，これら所得の3源泉のいずれも階級間の対立関係におけるものとしてとらえている。

すなわち，マルクスは，スミスなどの国民経済学によりながら，資本は「他人の労働にたいする私的所有」であって「労働とその生産物にたいする支配権」であり，「蓄積された労働」であって，資本の利潤は労賃が低くなるほど高くなるものであるととらえる。そして，地代については，「地主たちの権利はその起源を略奪に発している」ものであるが，その地主たちが手に入れる「地代は借地農と地主とのあいだの闘争を通して確定される」ものである，としている。それにたいして「労賃は資本家と労働者との敵対的な闘争を通じて決定される」ものである，としているのである。

そのように3大階級の所得の3源泉をいずれも階級間の闘争をとおして決定されるものとしながらも，マルクスは，それらを同列化するのではなく，「労働こそは，人間がそれを通じて自然生産物の価値を増大させる唯一のものであり，労働こそ人間の活動的な財産である」と労働を基底にすえながら，土地所有者階級と資本家階級については「地主と資本家という資格のおかげで，まったく特権的」であるとしており，そこにおいては「いわば国民経済学が資本の立場から提起した命題を，マルクスは賃労働の立場からとらえ返している」[6] ということができるものである。

「疎外された労働」の提示

そのような所得の3源泉の対比的分析につづけて，マルクスは，『経哲』第1草稿後段において，3つの欄の区分と表題を無視して3欄にまたがって1つの内容をもった論説を書いている。それは，MEGAにおいて，内容にもとづいて「疎外された労働」という表題が与えられているものである。

この「疎外された労働」断片は，この時点においてマルクスがこれまでの問

題意識と経済学研究のなかでのさしあたりの総括的な基軸的カテゴリーとして問題にせざるをえない規定的論点について取り上げたものである。

マルクスは，すでに，「ユダヤ人問題について」論文において，近代市民社会を貨幣が支配している私的所有を基礎にした疎外された社会としてとらえ，さらに，「ヘーゲル法哲学批判 序説」論文においては，近代的な産業的発展によって形成されるプロレタリアートを，私的所有から切り離された無産階級として，私的所有を基礎とする近代社会を変革して人間的解放をおこなう担い手としてとらえていたのであるが，その労働者階級の窮状は「今日の労働そのものから生ずる」ものであることを国民経済学においてさえも示していることを指摘する。

そして，そのような私的所有を基軸とした近代社会におけるプロレタリアートの存在のあり方を，国民経済学の枠をこえる人間主義的な疎外論的観点から批判的にとらえ返しながら，そのうえに国民経済学的諸範疇の展開をおこなうこと——このような取り組みが，まさに「疎外された労働」断片の内容となっている。

ここにおいて，マルクスは，まず「国民経済学は私有財産という事実から出発する。だが国民経済学はわれわれに，この事実を解明してくれない」として，国民経済学が無批判的に基礎においている「私的所有」を批判されるべき基礎カテゴリーとして取り出すのである。

ここでのマルクスの追究の中心的眼目は，国民経済学が無条件的に前提し肯定している「私的所有」をその根底から批判的にとらえ返す，ということである。

国民経済学は，スミスの『国富論』の労働価値説にみられるように労働を生産の本来の基礎的要因としてそこから出発するが，それにもかかわらず，その成果を労働にではなくて私的所有に与えるという状態を当然の本来的なあり方として肯定するのである。

それにたいして，マルクスは，そのような国民経済的諸状態の基礎となっている労働を，国民経済学のようにそのまま肯定しないで，人間活動の本来的なあり方からみて批判的にとらえ返して「疎外された労働」としてとらえる。そして，そのような「疎外された労働」によって私的所有が根拠づけられるものと把握することによって，近代社会の基礎カテゴリーとしての私的所有を，人

間を疎外し非人間的なものとする規定的要因として批判的に把握しようとするのである。

「疎外された労働」の4つの規定

そのような近代社会の社会的諸関係にとっての基軸的要因としての私的所有を規定する「疎外された労働」のあり方を明らかにするために，マルクスは，近代社会の経済的諸関係における生産力の発展のなかでの労働者の貧困化という事実から出発する。

(1) 事物の疎外

そこでは，労働者が富をヨリ多く生産すればするほど，労働者自身はヨリ貧しくなり，労働力はヨリ安価な商品となる。このような状態は，労働の対象化したものとしての生産物が労働にたいして「疎遠な存在」「独立した力」として対立するということを意味する。すなわち，「国民経済的状態のなかでは，労働のこの実現が労働者の現実性剥奪として現われ，対象化が対象の喪失および対象への隷属として，〔対象の〕獲得が疎外として，外化として現われる」[7]ことになる。

このように，「労働者がより多くの対象を生産すればするほど，彼の占有できるものがますます少なくなり，そしてますます彼の生産物すなわち資本の支配下におちいっていく」という事実のなかに，マルクスは，労働者が「対象に付与した生命が，彼にたいして敵対的にそして疎遠に対立するという意味をもっている」ことをみいだし，そこに，「疎外された労働」の第1規定としての，労働者にとってのみずからの労働生産物の疎外という《事物の疎外》をみるのである。

(2) 自己疎外

次に，マルクスは，そのような労働者にとっての労働生産物の疎外は，生産活動の内部での労働そのものの疎外の現われであるとして，第2規定たる生命活動としての労働からの疎外たる《自己疎外》の把握へとすすんでゆく。

すなわち，労働者自身の活動である労働が，労働者に属さない疎遠で外的な活動としておこなわれるものであること，これこそまさに労働の疎外にほかならない。そのように労働そのものが疎外されているため，労働者は，労働して

いないときに安らぎを感じ，労働のなかでは不幸を感じ苦しむだけのものとなる。このような労働の疎外は，人間が自分の生命活動から疎外される《自己疎外》にほかならない。

(3) 類的存在からの疎外

もともと人類は自然のなかで自然との交流において生存しているものであって，「自由な意識的活動」としての生産的活動こそが人間の"類"としての性格を示すものである。だが，疎外された労働は，自由な意識的活動としての類的生活を，個人的な肉体的な生存のための生活の必要手段にしてしまうことによって，人間の類的生活を奪い取り，人間の人間的本質を疎外するものである。これが「疎外された労働」の第3規定の《類的存在からの疎外》である。

(4) 人間からの人間の疎外

ところで，労働者の生産物や労働活動が労働者に属さず，疎遠な力として労働者に対立するのは，それらが労働者以外の他の人間の所有物となることによってのみ可能である。

すなわち，労働者にたいする生産や生産物の疎遠な対立的な関係は，「生産をしない人間の，この生産物にたいする支配」として現われるものであって，「労働にたいする労働者の関係は，労働にたいする資本家の関係を生み出す」ことになる。そこにおける労働にたいする労働者と資本家との関係においては，人間が他の人間から疎外されているのであって，かかる《人間からの人間の疎外》が「疎外された労働」の第4規定となる。

近代社会の階級構造と私的所有の基礎としての労働疎外

ところで，このような「疎外された労働」は，近代社会における労働者の労働による富の増大のなかでの，その成果にたいする資本家による私的所有と労働者の貧窮化という階級的な国民経済的事実を出発点とし，そのような事実の分析によって引き出されたものである。

ところで，このように基本的には資本家・賃労働者・土地所有者の3大階級からなる社会を取り上げたのは，けっしてマルクスの創見でもなんでもなくて，むしろ国民経済学者たち，とりわけアダム・スミス（さらにはリカードウ）における把握そのものでもある。そして，マルクスは，さしあたりそのような国

民経済学者たちの指摘や用語に依拠しながら，3大階級からなる階級構造をもった近代社会の経済関係を検討しているのである．

　国民経済学者たちは，近代社会を，事実のうえでは資本家・賃労働者・土地所有者の3大階級からなる階級構造をもった社会とみなし，実際的には階級的な利害関係の対立や社会的諸矛盾を取り上げているにもかかわらず，私的所有を無条件的に前提するため，労働の成果が労働者にではなくて，資本所有にもとづいてみずからは労働しない資本家に私的所有される状態をそのまま無条件的に肯定し，そのようなあり方を人間社会の人間的な文明的な形態として絶対化してしまうのである．

　それにたいして，マルクスは，この時点において，国民経済学者たちが無条件的に前提している私的所有を批判的にとらえ返し，批判的にとらえられた私的所有の基礎のうえに国民経済学的諸状態や諸要因を把握しなおし，近代社会そのものを人間疎外をおこなう疎外された克服されるべき社会形態ととらえるのである．

　そのような，私的所有にたいする批判的把握を基礎とした止揚されるべき社会形態としての近代社会把握は，マルクス自身すでに「ユダヤ人問題について」や「ヘーゲル法哲学批判 序説」などで確定していた把握であり，エンゲルスの「国民経済学批判大綱」でもすでに鮮明に押し出されていた観点でもあった．

　だが，この『経哲』第1草稿においては，そのような疎外された社会としての近代社会にたいする批判的把握が，哲学的把握を乗り越えて，マルクス自身による国民経済学者たちの経済学研究によって深められており，そのことによって，人間の根源的な生命活動としての労働についての疎外された形態によって根拠づけられようとしていること，——これらの諸点こそ，新たな前進への大きな一歩を示しているものということができるところである．

　かくして，マルクスは，「疎外された労働」断片の終わり近くに，近代社会の経済的諸要因としての「たとえば掛値売買，競争，資本，貨幣」といった「国民経済学上のすべての範疇」を，「疎外された労働」とそれに根拠づけられた「私的所有」との2つの要因の「限定された，そして発展させられた表現」にほかならないものとして「展開」することができる，としているのである．

"パリ草稿"における近代社会把握の深化

　マルクスは，近代社会にたいする批判的検討を，初期3論文では，ヘーゲル『法の哲学』にもとづいた「市民社会」という用語と概念についての唯物論的なとらえ返しと疎外論的観点によっておこなっていたのであるが，『経済学ノート』と『経哲草稿』では，「市民社会の解剖学」としてのアダム・スミスなどの経済学による私的所有に基礎づけられた国民経済的諸状態の分析によって，近代社会の基本的3大階級たる資本家・賃労働者・土地所有者の物質的な生活諸関係における規定的要因や構造についての解明をおこなっている。"パリ草稿"におけるそのような研究は「疎外された労働」としての生産活動のもつ規定的意義にもとづいて把握しようとしているものである。

　では，『経済学ノート』と『経哲草稿』をひっくるめたこの"パリ草稿"は，マルクスにおける近代社会把握の深化にとってどのような意義をもつものだろうか。

　すでにみたように，『経済学ノート』Ⅰ～Ⅲと『経哲』第Ⅰ草稿においては，それまでにすでに確定していた近代社会にたいする批判的把握が経済学研究によって深められ，その基軸的要因とされていた私的所有が人間の根源的な生命活動としての労働の疎外された形態によって根拠づけられるものととらえようとしている。それと同時に，『経済学ノート』Ⅳ～Ⅴのなかのとくに「ミル評註」においては，商品・貨幣論的な交換のもとでの人間の社会的共同的関係の疎外形態の把握を，私的所有との関連のなかでとらえようとしている。

　つづいて，『経哲』第2，第3草稿が書かれ，それまでの検討内容があるいは繰り返され，あるいは視角を変えて展開されながら内容的に深められている。そして，そのなかの「私的所有と共産主義」断片において，マルクスは，「私的所有の積極的止揚としての共産主義」の現実的形成ならびに意識的概念的把握を「歴史の全運動」のなかにとらえようとすることによって，人間の自己疎外の体制としての近代社会，ならびに，その積極的止揚としての共産主義への変革の基礎が，「私有財産の運動」たる「経済の運動」にみいだされることを明確に確定する。

　すなわち，マルクスは，「全革命運動がその〔共産主義の〕経験的基礎をも理論的基礎をも，私有財産の運動のなかに，まさに経済の運動のなかに，見い

だすということ，このことの必然性はたやすく洞察される」と指摘したうえで，次のように述べている。

「物質的な，直接に感性的なこの私有財産は，疎外された人間的生活の物質的な感性的な表現である。私有財産の運動——生産と消費——は，従来のすべての生産の運動についての，すなわち，人間の現実化あるいは現実性の運動についての感性的な啓示である。宗教，家族，国家，法律，道徳，科学，芸術等々は，生産の特殊なあり方にすぎず，生産の一般的法則に服する。だから私有財産が宗教，家族，国家等々からその人間的な，すなわち社会的な現存へと還帰することである。宗教的疎外それ自体は，ただ人間の内面の意識の領域でだけ生ずるが，しかし経済的疎外は現実的生活の疎外である，——だからその止揚は〔意識と現実という〕両側面をふくんでいる。」[8]

ここで述べられている内容は，あきらかに社会的構造についての土台・上部構造論である。「宗教，家族，国家，法律，道徳，科学，芸術等々は，生産の特殊なあり方にすぎず，生産の一般的法則に服する」という指摘は，まさに社会構造論としての土台・上部構造論の基本的内容の定式化にほかならない。

マルクスは，すでに，初期3論稿におけるヘーゲル『法の哲学』批判のなかで，すなわちフォイエルバッハのヘーゲル批判における主語と述語との転倒によりながら，政治的国家ではなくて世俗的な現実的生活のいとなまれる市民社会のほうが基礎をなすものである，という唯物論的な社会関係の把握を確定したときに，土台・上部構造論の基本的発想をすでに打ち固めているのである。

そして，この"パリ草稿"においては，社会構造論としての土台・上部構造論の基本的内容だけではなくて，ここではそれが，「市民社会の解剖」学としての国民経済学の研究と，そして，"パリ草稿"における私的所有と労働疎外との重ね合わせによる国民経済学的諸状態の検討のなかで，疎外された社会としての近代市民社会にとっての経済的土台を産業の歴史のなかでとらえるにいたっているのである。

「産業の運動」による人間の歴史の生成

マルクスは、『経哲』第3草稿の「私的所有と共産主義」断片においては、土台そのものの規定的要因のあり方を労働においてとらえながら、さらに、それを産業の歴史的発展のなかで把握しはじめている。

すなわち、マルクスは、人間の「生活の疎外」の現実的運動を「生産の運動」における「経済的疎外」においてとらえ、「私有財産とその富および貧困との運動」を「産業の歴史」のなかに把握しようとする。

そこにおいて、「産業は、人間にたいする自然の、したがって自然科学の現実的な歴史的関係であ」り、「産業〔は〕人間的な本質諸力の公開的な露出」であって、「人間の歴史――人間社会の成立行為――のなかで生成してゆく自然は、人間の現実的な自然であり、それゆえ、たとえ疎外された形態においてであれ、産業を通じて生成する自然は、真の人間的自然である」と確言するのである。

ここにおいてマルクスはいう。「社会主義的人間にとって、いわゆる世界史の全体は、人間的労働による人間の産出、人間のための自然の生成以外のなにものでもない」と。

このように、この時点において、マルクスは、人間社会における宗教、家族、国家、法律、道徳、科学、芸術等にとっての現実的な規定的な基礎を「生産の運動」においてとらえ、世界史を「人間的労働」によって生み出されるものとして産業の発展においてとらえるという唯物論的把握を確定するにいたっているのである。

かくして、"パリ草稿"期のマルクスは、心情的にはなおフォイエルバッハの影響のもとにあって疎外論的観点をもちつづけながらも、人間社会とその歴史的展開、そして近代社会の現実的状態における疎外ならびにその止揚の展望についての、唯物史観的把握のステップを踏み出しはじめており、歴史的＝社会的領域への唯物論的把握によってフォイエルバッハの人間主義的な唯物論の立場を乗り越えつつあるのであって、『経哲草稿』はまさにそのような思索の跡を示す草稿となっている、ということができるものである。

注
1) マルクス「ヘーゲル国法論（第261-313節）の批判」『マルクス・エンゲルス全集』第1巻，236ページ．
2) 同「ユダヤ人問題について」『マルクス・エンゲルス全集』第1巻，384ページ．
3) 同「ヘーゲル法哲学批判 序説」『マルクス・エンゲルス全集』第1巻，428ページ．
4) 同「『経済学批判』序言」『マルクス・エンゲルス全集』第13巻，6ページ．
5) この『経済学ノート』と『経済学・哲学草稿』とについての執筆順序とそのもつ意義については，拙稿「経済学研究と疎外された労働——資本主義の発見(3)——」（静岡大学『法経研究』第28巻第1号，1979年11月）において検討をくわえている．
6) 畑孝一「『経済学・哲学草稿』第1，2草稿」現代の理論編集部編『マルクス・コメンタール Ⅰ』1972年，現代の理論社，135ページ．
7) マルクス『経済学・哲学草稿』MEW Ergänzungsband, erster Teil, S. 512.『マルクス・エンゲルス全集』第40巻，432ページ．なお，訳は城塚登・田中吉六訳（岩波文庫版）によっている．
8) 同上，457-458ページ．

II　唯物史観の確立
――疎外論から歴史的形態把握への転換――

梗概　マルクスにおける唯物史観の確立は，フォイエルバッハの人間主義的唯物論からの脱却による社会と歴史にたいする現実的把握をおこなう唯物論への深化にもとづくものであった。このような社会にたいする唯物論的観点の深化による歴史観としての唯物史観の確立は，近代社会の規定的性格の把握にあたっての，疎外論的な人間主義的把握から脱却して，現実的な歴史的形態規定性の把握への転換をひきおこす歴史観の確立を意味するものである。そのようなものとしての唯物史観は，人間社会の現実的状態の把握にあたって，「物質的生活の生産」を出発点として，生産と生産様式の歴史的形態をさまざまな段階の社会と歴史の基礎としてとらえるという歴史観にほかならないものである。

1　唯物史観へのステップ

『聖家族』における歴史的現実の把握

　マルクスとエンゲルスとの分担執筆による共著『聖家族』は，「批判的批判の批判，ブルーノ・バウアーとその伴侶を駁す」という副題が付けられており，1845年2月にフランクフルトで出版された。マルクスとエンゲルスが取り組んだ課題は，青年ヘーゲル派のブルーノ・バウアー兄弟とその一派にたいする批判である。

　そのなかで，マルクスとエンゲルスは，ブルーノ・バウアー派の共通の立場である自己意識の哲学による「批判的批判」のもつ思弁性と，外見上の急進主義的空文句のなかでの実践上の保守主義とを明らかにし，それにたいする痛烈な批判をくわえている。

　そこにおいて，マルクスは，歴史的な現実把握の問題にかんして，次のような指摘をおこなっている。

「批判的批判は，自分が歴史的運動から，自然にたいする人間の理論的および実践的態度を，つまり自然科学と産業を除外しておきながら，歴史的現実性を認識するうえで，はたしてはじめになりといきついたと信じるのであろうか？　それとも，それは，たとえばある時代の産業，つまり生活そのものの直接的生産様式を認識しもしないで，実際に，この時代をすでに認識したつもりでいるのだろうか？　……批判的批判が思考を感覚から，精神を肉体から，自分自身を世界からひきはなすように，歴史を自然科学と産業からひきはなしているのであるが，このようにして批判的批判は，地上のがさつな物質的な生産のうちにではなく，天上の雲霧の界のうちに歴史の出生地をみているのである。」[1]（強調はマルクスによる。以下同様。）

　そこにおいて，マルクスは，「歴史の出生地」を「地上のがさつな物質的な生産のうちに」みることが必要であるという観点を強く打ち出している。
　ここでは，「歴史的現実性の認識」において「ある時代」の認識はその「時代の産業，つまり生活そのものの直接的生産様式」の認識が必要であるというかたちで，それぞれの「歴史的現実性」はそれぞれの「時代」における「生活そのものの直接的生産様式」を示す「時代の産業」によってとらえられるものであるというかたちで，内容的にも用語的にも深められつつあり，やがて唯物史観へと結実する「生産様式」の歴史的形態としての社会把握への明らかな前進がここにみられるのである。

「フォイエルバッハにかんするテーゼ」

　1845年2月，フランスから追放されたマルクスは，ブリュッセルに行くことになるが，そこで，マルクスは，かの有名な「フォイエルバッハにかんするテーゼ」と呼ばれる旧来の唯物論にかんする11項の批判的テーゼを書きつけている。
　マルクスは，まず，その第1項において次のように指摘する。

　　「これまでのあらゆる唯物論（フォイエルバッハのをもふくめて）の主要欠陥は対象，現実，感性がただ客体の，または観照の形式のもとでのみと

らえられて,感性的人間的な活動,実践として,主体的にとらえられないことである。それゆえ能動的側面は,唯物論に対立して抽象的に観念論——これはもちろん現実的な感性的な活動をそのようなものとしては知らない——によって展開されることになった。フォイエルバッハは感性的な——思惟客体とは現実的に区別された——客体を欲するが,しかし彼は人間的活動そのものを対象的活動としてとらえない。それゆえ彼は『キリスト教の本質』においてただ観想的態度のみを真に人間的な態度とみなし,それにたいして,他方,実践はただそのさもしくユダヤ人的な現象形態においてのみとらえられ固定される。それゆえ彼は『革命的な』活動,『実践的に批判的な』活動の意義を理解しない。」[2]

すなわち,マルクスは,この時点において,フォイエルバッハの唯物論における人間主義的観点の限界と問題点を,明確にかつ自覚的に確定するにいたる。

かくて,マルクスは指摘する。『キリスト教の本質』の著者フォイエルバッハは「宗教性を人間性へ解消する」。それはよい。だが「しかし人間性は個人に内在する抽象物ではおよそない。その現実性においてはそれは社会的諸関係の総体(アンサンブル)である」。ところが,「この現実的なあり方(ヴェーゼン)の批判へ乗り出すことをしないフォイエルバッハはそれゆえいやおうなしに,……歴史的経過を切り捨て,宗教的心情をそれだけとして固定して,一つの抽象的——孤立的——人間としての個体を前提せざるをえない」(「テーゼ」第6項)と。

このように,マルクスは,「フォイエルバッハにかんするテーゼ」において,フォイエルバッハにおける古い観照的な人間主義的唯物論を批判しながら,「社会的諸関係」「歴史的経過」「特定の社会形態」において現実的な人間把握をおこなうことの重要性を明確にしているのである。

かくして,フォイエルバッハにたいする自覚的批判を軸に,人間存在の実践的現実における「社会的諸関係」「歴史的経過」「特定の社会形態」のもつ規定的意義を意識的かつ明示的に確定し,人間の歴史とそして歴史的現実的社会的存在の把握のための視角の深化と展開をおこないながら,同時に,これまでの近代社会にたいする批判,すなわち,現実的な経済的諸問題にたいする検討のなかで内容的には明らかにしつつあった疎外論的な「市民社会」批判からの

転換をもたらすものとしての,現実的社会の歴史的形態の把握への思想的立脚点を明らかにしているのである。

2 『ドイツ・イデオロギー』における唯物史観の確定

『ドイツ・イデオロギー』の執筆

1845年春,マルクスが「フォイエルバッハにかんするテーゼ」を書き込んでいた頃,エンゲルスは,故郷のバルメンで父親の仕事の手伝いをしながら『イギリスにおける労働者階級の状態』を書き上げ,そののち意を決して家を飛び出し,マルクスの住むブリュッセルにやってくる。

5月にマルクス家が引っ越しをすると,その隣の貸間にエンゲルスも移ってきて,日夜を問わぬ議論の交流がおこなわれることになる。8月にはモーゼス・ヘス夫妻が隣に越し,翌1846年1月にはワイデマイヤーもやってきて協力するようになり,さらに,ウィルヘルム・ヴォルフ,ヴェールト,マルクス夫人の弟エドガーもやってきて仲間にくわわるようになる。

そのようななかで共同で執筆されたのが『ドイツ・イデオロギー』である。

『ドイツ・イデオロギー』は,一般にはマルクスとエンゲルスとの共同の執筆とみなされているが,ワイデマイヤーとモーゼス・ヘスの協力をも得て書かれたものである。

だが,唯物史観の積極的提示をおこなっている第1巻第1篇「フォイエルバッハ 唯物論的な観方と観念論的な観方との対立」の部分はマルクスとエンゲルスの2人だけの共同執筆であることは間違いないようである。しかも,それは『聖家族』のときのように前もって割り振られた分担執筆としてではなくて,文字通りの共同執筆として書かれようとしたものであって,とくに唯物史観の積極的な展開がおこなわれている第1巻第1篇「フォイエルバッハ」は,追加的な書き込みや補正をもふくむ未完成の原稿として残っているだけに,エンゲルスとマルクスの共同執筆の跡が歴然としている。

そこでの原稿の基本的な地の文章はエンゲルスの筆跡で書かれていて,それにたいしてマルクスとエンゲルスによる挿入,訂正あるいは追補などがおこなわれている。そこで,地の文はエンゲルスの文章としておく。

『ドイツ・イデオロギー』につけられた長い副題「最近のドイツ哲学——それの代表者フォイエルバッハ，B. バウアーおよびシュティルナーにおける——およびドイツ社会主義——それのさまざまなる予言者たちにおける——の批判」は，『ドイツ・イデオロギー』の内容およびそこで取り上げられている批判の対象を示している。

そこでは，「フォイエルバッハにかんするテーゼ」をうけるかのように，『聖家族』までは高く評価していたフォイエルバッハをも批判の対象としており，『聖家族』で取り上げたブルーノ・バウアーや，人間を「唯一者」という個に解消して無政府主義的批判を展開しているマックス・シュティルナー，さらには真正社会主義者たちをも一括して，それらの諸見解を，経験的な諸関係を思弁的な関係に置き換えてそこに現実的課題をみいだす"ドイツ的イデオロギー"として批判し，それらの諸思想におけるイデオロギー的転倒を暴露し，同時に，自分たちの立場としての唯物史観の観点にもとづく社会と歴史の観方を打ち出しているのである。

歴史についての唯物論的な見方

マルクスとエンゲルスは，フォイエルバッハとちがって，人間的活動そのものを対象的活動ととらえ，対象的現実を歴史的なものとして実践的に変革されるべきものととらえる実践的な唯物論者としてのみずからの立場から，人間社会の歴史的現実把握の方法——すなわち唯物史観——を打ち出している。

では，『ドイツ・イデオロギー』の「第1篇　フォイエルバッハ　唯物論的な観方と観念論的な観方との対立」において提示されている人間社会の歴史的現実把握の方法としての唯物史観は，いかなる内容の歴史観であるのか。

そこにおいて提示されている歴史観としての唯物史観においては，まず第1に，人間社会の歴史をとらえるにあたっては，「すべての人間的存在の，したがってまたすべての歴史の第1の前提」[3]は「物質的存在そのものの生産」であって，このことこそ「第1の歴史的行為」であり「すべての歴史の根本条件」であって，「すべての歴史的把握にさいしての第1のものは，この根本的事実をその意義全体とその広がり全体において考察し，そしてそれにふさわしい扱いをすることである」としている。

そのうえで、第2に、生産されたものについての「充足された最初の欲求そのもの、充足の行為、およびすでに獲得された充足の用具が、新しい諸欲求をもたらす」ものであるとして、欲望の充足がさらなる欲望につながるものとして絶えざる生産と欲望の充足とによるその継続と発展についてとらえる必要があることを、指摘している。

そして、第3に、人間が他の人間たちをつくり繁殖するということ——夫と妻との、両親と子供との関係、家族という社会的関係を取り上げ、そのような「労働における自己の生命も、生殖における他人の生命も、その生産はいまやすでにただちに二重の関係として——一方では自然的な関係として、他方では社会的な関係として——現われる」と指摘したうえで、次のようにさしあたりの結論を打ち出している。

> 「特定の生産様式または特定の工業段階がつねに協働の特定の様式と、または特定の社会的段階と結びついているということ、人間たちが利用できる生産諸力の分量が社会的状態を条件づけ、したがって『人類の歴史』はつねに工業および交換の歴史との関連のなかで研究され論じられなければならないということである。」[4]

以上のような歴史的行為の3つの関係につけくわえて、さらに、第4の関係として、「つねに新しい諸形態をとり、したがって『歴史』をしめす関連である」ところの「諸欲求と生産の様式とによって条件づけられて」いる「人間相互間の唯物論的関連」を取り上げる必要性を指摘する。

そして、これらの諸関係を「本源的な歴史的諸関係の4つの契機、4つの側面」とみなし、この「4つの契機、4つの側面を考察したあとで、いまようやく、われわれは、人間が『意識』として現われる」と、物質的な生産のあり方に規制されるものとして精神や意識を取り上げているのである。

そのようなエンゲルスによる地の文の記述にたいして、マルクスは、欄外に「人間たちが歴史をもつのは、彼らが自分たちの生活を生産しなければならないから、しかも、特定のやり方で生産しなければならないからである。このことは、彼らの肉体的組織によってあたえられている。それは、彼らの意識と同

様である」と書き込んでいる。

　このようなさまざまな補修，削除，追加挿入，欄外書き込みなどがおこなわれている原稿は，エンゲルスとマルクスとが，思想や論理におけるニュアンスの相違をもちつつも，基本的には同一の立脚点に立って，それぞれの問題意識や研究成果などにもとづいた意見を重ね合わせ補充しあいながら，人間社会の歴史的把握をどうおこなったらよいかという点についての共同作業をおこない，より充実した内容に仕立て上げるための努力をかたむけているプロセスをよく示している。

　すでに，ここでは，「特定の生産様式または特定の工業段階がつねに協働の特定の様式と，または特定の社会的段階と結びついているということ，……したがって，『人類の歴史』はつねに工業および交換の歴史との関連のなかで研究され論じられなければならない」と，それぞれの時代における社会関係の基礎としての「特定の生産様式」の歴史的形態の把握の必要性を明確に提示しているのである。

社会の歴史的形態についての把握への転換

　かくして，エンゲルスとマルクスは，『ドイツ・イデオロギー』第1巻第1篇「フォイエルバッハ」において，人間社会の歴史的諸形態と歴史的発展過程を把握するための歴史=社会観としての唯物史観を確立したことを明らかにしている。そして，そのような唯物論的な歴史観にもとづくさまざまな段階における歴史的な社会形態のとらえ方について，次のように概括的なかたちで指摘している。

　　「この歴史把握は，つぎのことにもとづいている。すなわち，それは，現実的な生産過程を，しかも直接的生活の物質的生産から出発して展開すること，そして，この生産様式と結びつき，それによって産みだされた交通形態を，したがって市民社会をそのさまざまな段階において歴史全体の基礎としてとらえること，そして，市民社会を国家としてのその行動においてしめし，かつ，宗教，哲学，道徳などという意識のすべてのさまざまな理論的な産出物と形態を市民社会から説明し，そして，それらの成立過程

をそれらから跡づけることであり，その場合は，当然，事柄もその全体性において，（そしてそれゆえに，これらさまざまな側面どうしの相互作用も）しめされることができる。」[5]

なお，ここでの「市民社会」という用語は，自立的な市民たちの相互的社会関係の社会としての意味ではなく，ヘーゲル的な用語としての世俗的な「物質的な生活諸関係の総体」の意味で使われているものである。

かくして，『ドイツ・イデオロギー』においては，このような唯物史観の基本的内容の確定とともに，唯物史観を構成するカテゴリーとして「生産諸力」「生産様式」「交通関係，交通様式，交通形態」「生産諸関係」といった特有の規定的性格をもつ諸要因のカテゴリーもまた，ほぼ確定されるにいたっている。

そして，「封建制は中世的な生産諸関係・交通諸関係の政治的形態である」とか，あるいは，第3篇「聖マックス」においてではあるが，「特権を政治的表現とする中世的な生産様式と，端的に権利そのもの，同権をその表現とする近代的な生産様式とについて，またこれら両方の生産様式とそれらに照応する法諸関係との関係について……」といったかたちで，「中世的」あるいは「近代的」な形態の「生産様式」や「生産諸関係」「交通諸関係」といった歴史的な時代的区別を表わす諸形態のあり方を示す表現としての用語法もおこなわれているのである。

ここで指摘されている唯物史観の始元的な原像における中心的な内容は，次のような歴史=社会観にほかならないものである。人間社会の歴史的なあり方は「直接的な生活の物質的生産」を「出発点」としてとらえるべきである。そして，社会構造の把握にあたっては，「生産様式」という「物質的生活の生産」という基礎を規定的要因としながら，その「歴史的形態」をとらえることによって，「さまざまな段階における歴史全体」を把握することができる，というものである。

土台・上部構造論としての社会構造論と歴史的形態論としての唯物史観

通常，唯物史観の基本的内容については，『経済学批判』の「序言」においてマルクスが示している「唯物史観の定式」にもとづいて理解されている。だ

が，唯物史観の基軸的内容の理解にあたっては，マルクスの研究の流れのなかで，『ドイツ・イデオロギー』において提示されている唯物史観の始元的な内容を，その確定の時点においてとらえていくことが必要である。

というのは，『経済学批判』の「序言」における唯物史観の定式は，『経済学批判』において展開されている体系的理論にとっての前提となる歴史＝社会観の定式として叙述されているものである。そのため，『批判』「序言」において定式化されている唯物史観の叙述においては，唯物史観の規定的内容が概括的に一般化したかたちで展開されており，『ドイツ・イデオロギー』において確定された唯物史観の基軸的内容がストレートに示されていない。したがって，『ドイツ・イデオロギー』において確定された唯物史観の基軸的内容の理解にズレが生じることになる。

このことは，マルクスの唯物史観において確定された基軸的内容の理解における，土台・上部構造論的な唯物論的社会構造論と，そして，社会的諸関係における歴史的形態とその変遷をとらえる歴史観との，区別と連関にかかわるところである。

『経済学批判』の「序言」に指摘されている唯物史観の定式をみるならば，そのかぎりにおいては，唯物史観の内容にとって土台・上部構造論的な社会構造論把握はきわめて重要な意義をもつものとして組み立てられている。

マルクスが『経済学批判』「序言」において提示している唯物史観の定式は次のごときものである。

>　「人間は，その生活の社会的生産において，一定の必然的な，かれらの意思から独立した諸関係を，つまりかれらの物質的生産諸力の一定の発展段階に対応する生産諸関係を取り結ぶ。この生産諸関係の総体は社会の経済的機構をかたちづくっており，これが現実の土台となって，そのうえに，法律的，政治的上部構造が聳え立ち，また，一定の社会的意識諸形態は，この現実の土台に対応している。物質的生活の生産様式は，社会的，政治的，精神的生活諸過程一般を制約する。人間の意識がその存在を規定するのではなくて，逆に，人間の社会的存在がその意識を規定するのである。社会の物質的生産諸力は，その発展がある段階にたっすると，いままでそ

れがそのなかで動いてきた既存の生産諸関係，あるいはその法的表現にすぎない所有諸関係と矛盾するようになる。これらの諸関係は，生産諸力の発展諸形態からその桎梏へと一変する。このとき社会革命の時期がはじまるのである。経済的基礎の変化につれて，巨大な上部構造全体が，徐々にせよ急激にせよ，くつがえる。……大づかみにいって，アジア的，古代的，封建的および近代ブルジョア的生産様式が経済的社会構成のあいつぐ諸時期として表示されうる。」[6]

このように『批判』「序言」において定式化されている唯物史観は，内容的には，大きくいって，唯物論的社会構造論としての土台・上部構造論と，社会の物質的生産諸力に照応した社会の一定の生産関係の歴史的形態は生産諸力の一定の発展水準のうえに打ち立てられ，そして，その発展による桎梏化によって変革されるという，歴史的形態とその変遷についての唯物論的歴史観との，2つの内容から成り立っている。

たしかに，土台・上部構造論的な唯物論的社会構造把握は，唯物論的歴史観の前提的基礎をなす社会観であり，唯物論的歴史観の構成内容をなすものである。すなわち，人間の物質的生活の生産様式に規定された人間社会の歴史的諸形態とその変遷というかたちで歴史的発展をとらえる歴史観は，土台・上部構造論的な唯物論的社会構造論における規定因としての経済的基礎という把握を前提として，はじめて成り立つものである。

そのように，唯物論的な社会構造論としての土台・上部構造論と，社会構造をそれぞれの時代の歴史的形態とその変遷としてとらえる唯物論的な歴史観とは，密接な結びつきをもっているものであるが，しかし，その規定的内容において区別される必要がある。

「ヘーゲル国法論批判」による土台・上部構造論の確定

土台・上部構造論的な唯物論的社会構造論と，歴史的形態とその変遷についての唯物論的歴史観とは，マルクスとエンゲルスによる近代社会の解明のなかで，それぞれが確立された時期も，それぞれの確立にとって触媒的役割を果たした研究内容も，そして，打ち立てられた規定的内容も，さらには，それぞれ

のその内容を叙述した著作もいずれも異なるものであって，そのことについてはマルクスもエンゲルスも明示的に指摘しているところである。

マルクスの理論形成史の流れをフォローしてみると，土台・上部構造論的な社会構造把握は，すでに見てきたように，唯物史観が確定された『ドイツ・イデオロギー』の時点においてではなくて，それより以前の時期における「ヘーゲル国法論批判」などの初期3論文においてすでに確定していたものである。

さきほど取り上げた唯物史観の定式を指摘している『経済学批判』の「序言」のなかで，マルクスは，1843-44年の初期3論文における土台・上部構造論的な唯物論的社会構造論の確立と，そして，それより後の1845-46年の『ドイツ・イデオロギー』執筆の時期における歴史観としての唯物史観の形成について，次のように述べている。

> 「〔『ライン新聞』辞任後〕わたくしをなやませた疑問を解決するために企てた最初の仕事は，ヘーゲルの法哲学の批判的検討であった。この仕事の序説は，1844年にパリで発行された『独仏年誌』にあらわれた。わたくしの研究が到達した結論は，法的諸関係および国家諸形態は，それ自身で理解されるものでもなければ，またいわゆる人間精神の一般的発展から理解されるものでもなく，むしろ物質的な生活諸関係，その諸関係の総体をヘーゲルは18世紀のイギリス人やフランス人の先例にならって『市民社会ビュルガーリヒ』という名のもとに総括しているが，そういう諸関係にねざしている，ということ，しかも市民社会ビュルガーリヒの解剖は，これを経済学にもとめなければならない，ということであった。この経済学の研究をわたくしはパリではじめたが，ギゾー氏の追放命令によってブリュッセルにうつったので，そこでさらに研究をつづけた。わたくしにとってあきらかになり，そしてひとたびこれを得てからはわたくしの研究に導きの糸として役立った一般的結論は，簡単につぎのように定式化することができる。／〔唯物史観の定式……中略〕／フリードリヒ・エンゲルスとわたくしは，経済学的諸カテゴリーを批判したかれの天才的小論が（『独仏年誌』に）あらわれて以来，たえず手紙で思想の交換をつづけてきたが，かれは別の途をとおって（かれの『イギリスにおける労働者階級の状態』を参照）わたくしと同じ結論に到

達していた。そして1845年の春，かれもまたブリュッセルに落ち着いたとき，われわれは，ドイツ哲学の観念論的見解に対立するわれわれの反対意見を共同でしあげること，実際にわれわれの以前の哲学的意識を清算することを決心したのであった。この計画はヘーゲル以後の哲学の批判というかたちで遂行された。」[7]

ここでマルクスが明示的に指摘しているように，マルクスにおける土台・上部構造論的な社会構造把握は，ヘーゲル法哲学の批判的検討のなかで到達した結論であって，それは「法的諸関係および国家諸形態は，……物質的な生活諸関係にねざしている」という把握である。これこそまさに，土台・上部構造論的な社会構造把握の基本的観点にほかならない。それは，ヘーゲル『法の哲学』への批判的評註として書かれた「ヘーゲル国法論批判」において明らかに示されているところである。さらに，1844年の『独仏年誌』に掲載した「ユダヤ人問題について」と「ヘーゲル法哲学批判 序説」においても，近代社会の社会的諸関係の規定的要因の解明をおこなうかたちで土台としての経済的基礎についての検討がおこなわれているところである。

そして，マルクスは，そのような土台・上部構造論的な社会構造把握によって，物質的な生活諸関係の解明は経済学に求めなければならないというところから，本格的に経済学の研究に取り組んだのは，唯物史観を確定した『ドイツ・イデオロギー』の執筆後ではなくて，初期3論文を書き上げたその直後からである。その点について，マルクスは，「経済学の研究をわたくしはパリではじめたが，ギゾー氏の追放命令によってブリュッセルにうつったので，そこでさらに研究をつづけた」と指摘している。

その経済学研究の内容は，内容的に断片や重複もあってやや不確かであるが，1843年10月～1845年2月のパリ時代における J. B. セー『経済学概論』をはじめとして，アダム・スミス『諸国民の富』やリカードウ『経済学と課税の原理』，ジェームズ・ミル『経済学綱要』などを含む56冊の著書・論文の抜粋と評註をおこなっている9冊の『経済学ノート（パリ・ノート）』[8]，さらには，1845年2月～1846年のブリュッセル時代（1845年6～8月のマンチェスター旅行中の図書館での研究をふくむ）のシスモンディ『経済学研究』，A. J. ブラン

キ『経済学史』，A. ユーア『マニュファクチュアの哲学』，トゥーク『1793年から1837年までの物価と通貨の状態にかんする歴史』，マカロック『経済学原理』，オーエン『新道徳世界の書』，ケネー『経済表の分析』など68冊の著書・論文についての抜粋・評註をおこなっている12冊の『経済学ノート（ブリュッセル・ノート）』[9]，あるいは，『経済学・哲学草稿』などに示されているところである。

そして，そのような経済学の研究にもとづきながら，『ドイツ・イデオロギー』における人間社会の歴史的諸形態とその変遷をとらえる歴史観としての唯物史観は打ち立てられるにいたったのである。

唯物史観の基本的性格と構成諸カテゴリー

ところで，唯物史観は，そのかぎりにおいては，それは「唯物論的な歴史把握」のあり方を示しているものであって，けっして具体的な特定の歴史的解釈の内容を強制するものでもなければ，特定の単線的な歴史的発展諸段階を人類史の展開とした歴史把握でもない。それはまた，その内容にかんするかぎり，なんらかの革命的イデオロギーの受容を押しつけるものでもない。

唯物史観は，そのかぎりにおいては仮説的性格をもつ歴史観である。それは，唯物論的な観点に立って，歴史的現実についての研究と解明を通じて，現実的なものの具体的内容の認識をおしすすめるための観点を打ち出した，現実的なものをとらえるための仮説的な歴史観である。

そして，この唯物史観の確立によって，唯物論的な観点にもとづいた近代社会に特有の歴史的形態としての規定性を明確にもつ生産や生産様式の「近代的」形態の把握を確定し，それをテコとした近代社会の経済的諸関係の総体についての歴史的形態としてのあらたな把握への転回をなしとげるための歴史観が確定されたのである。そして，マルクスは，そこにおいて，近代社会の規定的内容の把握にあたって，これまで近代社会の規定的内容としていた疎外論的観点からの「市民社会」範疇にたいする批判的把握のうえにたつ大きく飛躍した質的転換をおこなうことになるのである。

日本語で「唯物史観」と訳されている用語は，元々の原語としてのドイツ語では次のような言葉である。

エンゲルスは，マルクスの『経済学批判』についての書評のなかで，「唯物史観」を「このドイツ経済学〔『経済学批判』〕は，根本において唯物史観（materialistische Auffassung der Geschichte 歴史の唯物論的把握）にもとづいており」[10]というかたちで，「歴史の唯物論的把握」という用語として使っている。

また，『反デューリング論』（1878年）のなかでは，「唯物史観」は「唯物論的歴史把握 materialistische Geschichtsauffassung」として，そして，『空想から科学への社会主義の発展』への「ドイツ語初版（1882年）への序文」においては，「唯物論的歴史観 materialistische Geschichtsanschauung」として，さらに，『家族，私有財産および国家の起源』の「1884年初版の序文」においては，「唯物論的歴史審理 materialistische Geschichtsuntersuchung」という用語として示している。

どうやら，日本語で「唯物史観」と概括的に表現されている用語は，原語としての用語法としてはそれぞれ微妙ながら異なった表現となっており，厳密に確定した一定のテクニカル・タームとしての用語ではないようである。「唯物史観」といわれているものは，要するに「歴史についての唯物論的なとらえ方」という意味内容を示す用語にほかならないものである。

特殊概念によって示される歴史的形態

ところで，このような唯物史観によってとらえられる歴史的形態を示す社会関係のあり方は，論理的にはいかなる概念の形式において表現されるものであるのか。

それは，なによりも，「社会」や「生産」やあるいは「生産様式」といったなんらかの社会的な一般的事物にとっての歴史的な特殊的形態を表わすものとして，特殊概念の論理形式によって表現されるものである。

すなわち，近代社会における歴史的形態を示す事物は，人間社会の歴史的発展や変化のなかでの近代という特定の時代における特殊形態を表わすものとして，たとえば人間社会一般にたいする特殊近代的な歴史的形態を示すものとしての「近代社会」，生産一般にたいする特殊歴史的形態としての「近代的生産」，生産様式一般にとっての特殊歴史的形態を示すものとしての「近代的生産様式」といったかたちで，「近代的」という歴史的時代における特殊的形態を表わすものであるという限定詞をつけた特殊概念の形式でもって表現されるもの

である。

そして，さらに，そのような歴史的な時期的限定性を示す特殊概念が，「近代社会」といったかたちでの歴史的時期を表わすものとしての限定詞がつけられた用語のかわりに，そこにおける社会関係の特有の特殊的な具体的内容を表現するものとして，「市民社会」や「ブルジョア社会」や「資本制社会」といった特殊的内容を表わす用語，あるいは，「近代的生産」のかわりに「ブルジョア的生産」や「資本制生産」といった特殊近代社会的な生産形態を示す用語，さらには，「近代的生産様式」のかわりに「ブルジョア的生産様式」や「資本制生産様式」といった規定的内容を表現する特殊概念を表わす用語でもって，そのような歴史的形態をもった社会関係の限定的で特殊的な規定的内容を表現する用語が使われるようにもなるのである。

そのように，歴史的形態を表わす概念はそれぞれの歴史的な時期に特有の形態を示すものとしての特殊概念や，あるいは，その歴史的形態の特有の具体的状態の内容を示すものとしての限定的な規定的要因を表わす特殊概念でもって表現されることによって，事物や社会的諸関係の特殊歴史的な規定的諸要因や諸関係は表現されることになるのである。

3　"導きの糸"としての唯物史観の役割

歴史的なものの把握にとっての"導きの糸"

人間社会のあり方を歴史的なものとしてとらえる唯物史観の確定ということは，マルクスとエンゲルスにとっては，それまでの自分たちの近代社会のとらえ方にたいする重大なる転換と，その規定的内容把握や歴史的発展についてのあらたな解明をもたらすことになるものであった。

唯物史観のもつ意義については，マルクス自身も，『経済学批判』の「序言」のなかで「ひとたびこれ〔唯物史観〕を得てからはわたくしの研究にとって導きの糸として役立った」ときわめて重要な意義づけを与えているところである。

だが，唯物史観は，具体的にどのような"導きの糸"として役立つものであったのだろうか。

唯物史観の"導きの糸"としての役割についての理解は，その後のマルクス

とエンゲルスの社会的・経済的諸関係にかんするさまざまな諸研究の内容と方法の理解にかかわるものであり，さらにいえば，それは「資本主義」範疇の確定による近代社会の現実的諸形態の規定的内容の把握ということとも深い結びつきをもつものである。

それらについてマルクスとエンゲルスの諸著作とかかわらせながら簡単にみてみると，次のごとくである。

(1) 近代社会の規定的内容の把握

「ヘーゲル国法論批判」などの初期3論文以来マルクスが取り組んできた基本的課題は，近代社会の規定的内容の解明と，それにかかわる諸思想・諸理論の内容や性格と意義の確定ということであった。

近代社会の規定的内容の把握にあたって，その土台としての経済的諸関係についての歴史的な形態としての解明は，『ドイツ・イデオロギー』につづく著書『哲学の貧困』にはじまり，『資本論』に結実されているものである。

この近代社会の経済的諸関係の把握にとっての"導きの糸"としての唯物史観の果たした役割は，なによりも，近代社会の存立の基礎となっている物質的生産諸力の発展に対応して生成したところの「生産」形態ならびに「生産様式」「生産諸関係」についての近代社会に特有の特殊歴史的な形態の確定をおこない，そして，そのうえにその展開諸形態として経済的諸カテゴリーの把握をおこなうというところにある。

マルクスは，さきにみた『経済学批判』の「序言」において，「われわれの見解〔唯物史観を"導きの糸"とした見解〕の決定的な諸点は，……私の著書『哲学の貧困』のなかで，はじめて科学的に示された」と述べており，また，エンゲルスは，マルクスの『経済学批判』の紹介的書評のなかで，「このドイツ経済学〔『経済学批判』〕は，根本において唯物史観にもとづいており，この史観の綱要は前掲の著作の序言のうちで簡単に述べられている」[11]と指摘している。

また，『資本論』の「第1版序文」のなかで述べている「この著作で私が研究しなければならないのは，資本制生産様式であり，これに対応する生産関係と交易関係である」というマルクスの指摘は，唯物史観における規定的基礎をなす「生産様式とこれに対応する生産諸関係と交易諸関係」についての近代社会に特有の形態としての「資本制」的形態が研究対象とされているということ

を示している。

　すなわち，そこで指摘されている『資本論』の研究内容は，近代社会の経済的諸関係についての「資本制生産様式」とそれに対応する「生産関係と交易関係」という，まさしく唯物史観にもとづきながら確定された規定的性格を示す資本主義範疇としての「資本制生産様式」にもとづく経済諸関係にほかならないものである。

(2) 政治的・社会的な諸事件や諸運動

　政治的・社会的な諸事件や諸運動の展開などについての唯物史観の観点からの把握は，唯物史観による「社会の経済的構造……が現実の土台となって，そのうえに，法律的，政治的上部構造が聳え立ち，また，一定の社会的意識諸形態は，この現実の土台に対応している」ものであり，「時代の意識」は「物質的生活の諸矛盾，社会的生産諸力と社会的生産諸関係とのあいだに現存する衝突から説明」されるものである，という観点からとらえられることになる。

　これらの諸状態については，『ドイツ・イデオロギー』のなかでも，ある時代の「支配的思想」の物質的基礎や，「思想的対立，あつれき」「革命的思想」あるいは「同時代の経験的諸関係よりも先んじているかのようにみえる〔意識〕」の現実的基盤，さらには，「国家」や「私法」についても簡単ながら指摘されているところである。

　そして，そのような唯物史観を"導きの糸"とした政治的運動などの上部構造的諸問題についての取り組みとしては，1848年2月革命を扱ったマルクスの『フランスにおける階級闘争　1848年から1850年まで』(1850年) があり，それにたいしてエンゲルスは「1895年版への序文」において「ここにあらたに出版される著作は，マルクスが彼の唯物論的な見解によって現代史の一時期を，与えられた経済状態から説明しようとした最初の試みであった」[12] と指摘しているところである。

　また，同年に，エンゲルスは『ドイツ国憲法戦役』と『ドイツ農民戦争』を書いており，さらに，エンゲルスの『ドイツにおける革命と反革命』(1851-52年)，マルクスの『ルイ・ボナパルトのブリュメール18日』(1851-52年) があり，『ルイ・ボナパルトのブリュメール18日』にたいしてエンゲルスはその「第3版 (1885年) への序文」のなかで「マルクスこそ，歴史の運動の大法則をはじ

めて発見した人であった。……この法則が，マルクスにフランスの第2共和政の歴史を理解する鍵を与えた。マルクスは，ここで自分の法則をこの歴史によって試験したのである」と，現実的な歴史的諸事件の解明にとって果たした唯物史観の役割を強調している。

(3) 理論・思想の規定的内容や性格

経済的・社会的・歴史的諸関係や諸問題を取り扱う理論・思想の規定的内容や性格の把握にあたっては，それらの理論・思想が取り扱っている諸関係や諸問題の現実的な物質的基礎とその歴史的性格を確定し，それによる理論・思想の規定的性格とその正否，さらには，それらの理論・思想の階級的性格や歴史的な時代的基盤を明らかにしうることになる。

このような理論・思想についての現実的基礎とその歴史的性格等の検討と解明については，唯物史観の確立後にすぐさまおこなったプルードン理論への批判としての『哲学の貧困』をはじめとしてさまざまなかたちでおこなわれている。とくに古典派経済学などの諸理論やその俗流化などにたいする経済学的諸カテゴリーの批判的検討と規定的性格の解明は，マルクスの『経済学批判』や『剰余価値学説史』さらには『資本論——経済学批判——』のなかで詳細におこなわれているところである。

(4) 人間社会のこれまでの歴史的発展と変遷の解明

人間社会のこれまでの歴史的発展と変遷の解明にあたっては，「これまでのすべての歴史把握〔が〕……まったく顧みなかったか，さもなければそれを，歴史的経過とはなんの関連もない副次的事柄としかみなさなかった」[13]ところの「歴史のこの現実的土台」としての「現実的な生活の生産」をもっとも基礎的な規定的要因として考察し，そこにおける生産諸力の一定の発展度に照応している生産様式や交通形態とその移り変わりを基礎に，人間社会の歴史的発展とその変遷をとらえるべきである，ということになる。

そのようなものとしての歴史的発展にたいする具体的内容の把握にかんして，『ドイツ・イデオロギー』における歴史分析については，「経済史についての当時のわれわれの知識がまだどんなに不完全なものであったかを証明している」[14]と，のちにエンゲルス自身が述べているところである。だが，『ドイツ・イデオロギー』以降の歴史分析についていえば，『経済学批判要綱』のなかの「資

本制生産に先行する諸形態」や,『資本論』のなかの歴史的諸章,さらには,エンゲルスの『家族,私有財産および国家の起源』などがある。

　エンゲルスは,『家族,私有財産および国家の起源』の「1884年初版の序文」のなかで,「ほかならぬカール・マルクスこそ,彼の——ある限度内で,われわれの,と言ってもよい——唯物論的な歴史研究の結果と結びつけてモーガンの研究の諸結論を叙述し,そうすることで後者の諸結論の全意義を明らかにしよう,と予定していた」ものであって,エンゲルスの『家族,私有財産および国家の起源』は「ある程度まで遺言を執行したものである」[15]と,唯物史観との関連について指摘しているところである。

(5) 近代社会の変革への展望

　未来の未知の世界である近代社会の将来的展望については,現存している現実のなかにおしすすめられている諸要素の分析にもとづきながら予測せざるをえないものであるからして,変革への主体や運動さらには未来社会についての見取り図等はかなり不明確できわめて弾力的かつ概括的な予想的判断によるものとならざるをえないところである。

　マルクスは,すでに初期3論文において,近代社会は疎外された社会形態であって,社会的変革によって人間的解放をおこなうべき社会であるとみなしていた。

　マルクスとエンゲルスは,唯物史観の確定によって,近代社会を「資本制生産様式」を規定的な基礎とした近代社会に特有の特殊歴史的な社会形態としてとらえながら,生産様式の歴史的形態としての「資本制生産様式」の超克による生産様式のあらたな歴史的形態をとる社会への転換による社会変革について,共産主義者として,生産力の発展による資本制生産様式の桎梏化とあらたな共同体的な生産様式を基礎にした共産主義社会への革命的変革によるものとしてとらえようとしている。

　すなわち,マルクスとエンゲルスは,近代社会の資本制生産様式の変革と共産主義社会への展望については,近代社会における生産諸力の発展のなかでの資本制生産諸関係の桎梏化を明らかにし,そのうえで,その変革による階級関係そのものの止揚としての共産主義社会の展望について解明する,というかたちで示そうとしている。

マルクスは，近代社会について，「資本制生産様式」を特有の規定的基礎とした人間社会にとっての特殊歴史的形態として把握しているのであるが，マルクスのそのような把握は，「資本制生産様式」を基礎とした近代社会が人間社会にとっての絶対的な永久的な形態ではなくて，歴史的な一時的な形態としての規定的性格をもつものとして，より高い発展にみあったあらたな「生産様式」の形態にもとづく新しい社会形態への転換と移行をひきおこすものであるという把握と結びついているものである。

　その点については，『ドイツ・イデオロギー』の1年あまり後に書かれた『共産党宣言』や後年のエンゲルスの『反デューリング論』，その一部である『空想より科学への社会主義の発展』などにおいて，近代ブルジョア社会の社会主義への変革の展望について唯物史観にもとづいて論じられているところである。

　このような資本制生産様式と近代社会の歴史的形態としての把握と結びついたものとして，将来的展望における資本制生産様式の変革と共産主義的な共同的生産様式とそれを基礎とした共産主義社会への転換という把握は，マルクスやエンゲルスの共産主義的イデオロギーと結びついた見解であるといえよう。そのことは，ブルジョア的な諸理論における，近代社会を人間的な文明的な形態として絶対化して，さらなる変革のおこなわれることのない経済的諸関係をもった社会として固定化してとらえるブルジョア的なイデオロギーと対比的なものとしての性格を示すものにほかならない。この点にかんするかぎりにおいては，マルクスとエンゲルスの唯物史観におけるイデオロギー的内容をここにみいだすことができるであろう。

4　唯物史観の規定的内容

唯物史観は処方箋や図式を与えるものではない

　このように，唯物史観は，人間社会の歴史的発展や歴史的諸形態にかかわるさまざまな諸問題の解明にあたっての"導きの糸"として役立てられ，さらに，マルクスの研究の進展のなかで唯物史観の内容そのものもヨリ明確なかたちで肉づけされて具体化され豊富化されていくものである。

だが，唯物史観の"導きの糸"としての役割は，基本的には，現実的な具体的事物の解明に取り組むにあたって，社会や歴史や思想などについての基本的なとらえ方の方向とそのポイントを指し示すにすぎず，歴史的発展や歴史的諸形態の内容そのものを示すものではない。具体的内容そのものは，あくまでも現実的な具体的事実そのものによってのみ明らかにされねばならないものである。

　すなわち，唯物史観が人間社会の多岐にわたる社会的歴史的諸問題の解明にとって"導きの糸"としての役割を果たすということは，たとえば近代社会のような歴史的形態を示す社会の構造や，あるいは，その生成・発展・変革にかんする運動の動向が唯物史観の定式からの論理的演繹や革命的シェーマの機械的適用によって解明されるということを意味するものではない。

　唯物史観そのものを"イデオロギー的仮説"と理解する見解もあるが，唯物史観それ自身についていえば，それは基本的には歴史的な社会関係について唯物論的なとらえ方をするための科学的研究にとっての仮説的歴史観である。

　すなわち，唯物史観の基本的観点は，現実的社会の基本的実態の解明にあたって現実的生活における人間的活動から出発するというものであり，そして，そのような現実的状態の解明にあたってどこに目を向けるかについての方向を示すにすぎないものである。現実的状態の解明は，けっして思弁から出発するものではないし，そのようなものであってはならないことを唯物史観は強調するものである。

　その点について，エンゲルスは，「この歴史把握は，それぞれの時代のなかに，観念論的歴史観がやるように，あるカテゴリーを求めるのではなくて，たえず現実的な歴史的地盤にとどまり，実践を理念から説明するのではなく，理念的諸形成物を物質的な実践から説明する」[16]ものである，と強調しているところである。そのような唯物史観の性格について，エンゲルスは，次のようにも述べている。

　　「この考察方式は，無前提なのではない。それは，現実的な諸前提から出発し，これを一瞬たりとも捨て去らない。それの諸前提は，なんらかの幻影的な完結性と固定性における人間たちではなくて，特定の諸条件のもと

での彼らの現実的な，経験的に明白な発展過程における人間たちである。……／思弁がやむときに，すなわち現実生活においては，現実的で実証的な科学，人間たちの実践的活動，実践的発展過程の叙述がはじまる。意識についての空文句がやみ，現実的な知識がそれにとってかわらざるをえない。自立した哲学は，現実の叙述によってその存在手段を失う。それにとってかわることができるのは，せいぜいのところ，人間たちの歴史的発展の考察から抽象されうるもっとも一般的な諸帰結の総括である。これらの抽象物は，それだけでは，すなわち，現実的な歴史から切り離されては，まったくなんの価値ももたない。それらは，歴史的資料の個々の層の順序をしめすのに役立つことができるだけである。」[17]

　この叙述につづけて，エンゲルスは，唯物史観による現実的な歴史分析やそれについての資料への取り組みにあたっての困難について，次のような追加的文章を書き込んでいる。

「しかし，それらは，哲学とはちがって，それに則って歴史的諸時代が正しく切り分けられることのできる処方箋や図式をけっしてあたえない。逆に，困難は，資料の考察および整理に――その資料が過去の時代のであれ，現代のであれ――，現実的な叙述に取りかかるときにようやくはじまる。これらの困難の除去は，けっしてここではあたえられることができない諸前提，むしろ各時代の諸個人の現実的生活過程および行動の研究からはじめて明らかとなる諸前提によって条件づけられている。」[18]

　すなわち，唯物史観は，歴史的な現実的事物の客観的な規定性や内容についての解明にあたっての，対象にたいする唯物論的なとらえ方の観点を示すものであって，対象の内容についての一定の結論的シェーマを与えようとするものではない。対象の内容は対象そのものにもとづいて明らかにされなければならないものであることが強調されているのである。

単線的で連続産出的な「世界史の基本法則」ではない

その意味では，唯物史観は，人類史の歴史的発展についても，スターリン主義的な「世界史の基本的発展法則」における歴史的諸形態として原始共同体・奴隷制・封建制・資本主義・社会主義といった単線的な5段階発展論を必然的発展の不可分の内容としたものでもない。

『共産党宣言』においては，「これまでの人類の歴史は階級闘争の歴史である」として，原始共同体については組み入れておらず，後の時期における「共同体―階級社会―（社会主義的）共同体」といった社会主義への変革を人類社会における共同体の再生とした把握とは異なった歴史的展開となっている。

また，『経済学批判』の「序言」でマルクスが指摘している「アジア的，古代的，封建的および近代ブルジョア的生産様式が経済的社会構成のあいつぐ諸時期として表示されうる」という人類史における生産様式の歴史的諸形態の変遷についての指摘は，『ドイツ・イデオロギー』において唯物史観を提示するときにはまだ確定していなかったものである。したがって，『ドイツ・イデオロギー』における唯物史観の確立は，そのような歴史的諸形態とその変遷についての明確なる把握なしに打ち立てられているのである。しかも，『経済学批判』「序言」での歴史的諸形態についての指摘においては，「原始共同体」が抜けているし，また，いまなお「原始共同体社会」であるのか「奴隷制」であるのか，それともそれとは別の範疇なのかで論議のたえない「アジア的生産様式」が入り込んでいる。

『経済学批判』執筆当時のマルクスは，原始共同体についてはその存在は認めていたものの，その意義を確定するのは晩年になってモーガンの『古代社会』を読んでからである。そういう意味では，唯物史観は，人類史における歴史的諸形態とその変遷的継起についての一定のあり方を不可分のものとして組み込んでいるものではなく，歴史的諸形態とその変遷の具体的内容は，現実的な歴史的事実の発見や吟味のなかで，あるいは付加されたり，修正されたりといったものとなりうるものなのである。

西ヨーロッパの歴史的発展諸形態とは異なる歴史の可能性

さらに，マルクス自身，「ヴェラ・ザスーリチへの手紙」（1881年3月8日付）

のなかで、資本制生産と共存しているロシアの村落共同体について、それは資本制生産による分解と資本主義化がおこなわれることなしに「ロシアの社会的再生」に移ることが可能である、とみなしたりしていたのである。

ヴェラ・ザスーリチは、マルクスにたいして、「わが国の村落共同体のありうべき運命について、また世界のすべての国々が資本制生産のすべての段階を経過することが歴史的に必然的だという理論について、あなたご自身の考えを説明してください」という依頼の手紙をだしており、それにたいしてマルクスは、詳細な下書きを4回にわたって書き直したうえで、簡単なかたちでの返事を書いている。その下書き第2草稿において、マルクスは次のように指摘している。なお、他の草稿においても、ほぼ同趣旨の内容の指摘がおこなわれている。

> 「私は『資本論』において、封建的生産から資本制的生産への〈転化〉転換が、生産者の収奪を出発点とするものであったこと、より特殊的にいえば、『この発展全体の基礎は耕作者の収奪である』（フランス語版）ことを示した。私は続けてこう言っている。『これ』（耕作者の収奪）『が根底的に遂行されたのは、まだイギリスにおいてだけである。……西ヨーロッパの他のすべての国も、これと同一の運動を経過する』（前掲書）と。／だから、私はこの『歴史的宿命性』を、『西ヨーロッパ諸国』に明示的に限定しておいたのである。」[19]（強調はマルクスによる）

さらにまた、その「第3草稿」においては、「さまざまな原始的共同社会が、みな同じ型に仕立てられているわけではない。それどころか、これらの原始的共同社会の総体は、型をも時代をも異にし継起的な発展諸段階を画する社会諸集団の一系列をなしている」[20]という指摘もおこなっているのである。

なお、「アジア的生産様式」論については、最近またウィットフォーゲルの再評価と関連して問題になっているところでもある。現在の中国やロシアとも関連させながら政治的な専制的支配体制の強固な存続を、西ヨーロッパ的な歴史的発展の形態とは相違する「アジア的生産様式」論をふまえた論議がなおおこなわれている。

さらに、最近の中国のマルクス研究者のなかには、"マルクスと東方社会"

Ⅱ　唯物史観の確立　59

のテーマで，改革開放後の中国の社会主義の理論的裏づけをおこなう論議として，西ヨーロッパにおける原始共同体社会以後の奴隷制―封建制―資本主義―社会主義といった歴史的発展のコースにたいして，東方社会の旧植民地諸国や発展途上国の経済発展においては資本主義の展開にもとづくことなしに社会主義の形成と発展がおしすすめられる，といった議論がおこなわれたりしている[21]。

　さらに，梅棹忠夫氏の《文明の生態史観》におけるように，世界史の発展動向を「第1地域」と「第2地域」の2つの地域グループのタイプ別に分けて，西ヨーロッパと日本といった「第1地域」を，封建体制のあった地域であり，そのもとでブルジョアジーが成長して現在では高度資本主義体制の成立している地域とし，そして，「第2地域」としてのその他の国々については，資本主義体制は未成熟であり，革命以前の体制は封建体制ではなく専制君主制か植民地体制であり，革命によっておおむね独裁体制がもたらされたような歴史的発展をとげている国々である，といったかたちでの相異なる歴史的発展が展開されているとする歴史的把握[22]についても，その現実的基礎と歴史的展開についての理解にあたって問題になりうるところである。

　そのような未知の歴史的事実やさらには現実的状態の展開についての解明によって，唯物史観の内容は，ヨリ具体化され豊富化されあるいは修正されていくことによって，歴史的現実への接近がすすめられていくことになるものである。

　とはいえ，近代社会が「資本制生産様式」という特有の近代的な歴史的形態を規定的要因としたものであって，近代以前のヨリ古い歴史的形態の「生産様式」を基礎とした古い社会形態の解体と変革によって生み出されてきたものであるということは，明らかな事実である。

　それにたいして，資本制生産様式の歴史的限界と終結，すなわち，その将来的展望にかんしては，現実的には未知の未来的展望を示すものであって，そのような資本制生産様式の変革による近代社会の超克についての見解にかんしては，事前的にどこまでの予測が可能であるのか，慎重さを要するところであろう。

　近代的な歴史的形態としての「資本制生産様式」は，その解体と変革によって新しい「生産様式」の形態を基礎にした新しい社会への歴史的移行がおこな

われることになるであろうという点については，共産主義者としてのマルクスは確信をもっていたところであるが，具体的な変革形態と変革された新しい社会の具体的内容については，マルクスはほとんど語っていない。

　『経済学批判』「序言」における人類史の歴史的変遷についてのマルクスの指摘においては，「アジア的，古代的，封建的および近代ブルジョア的生産様式が経済的社会構成のあいつぐ諸時期として表示されうる」といったかたちで，近代ブルジョア的生産様式が変革されたあとに形成される「社会主義的」あるいは「共産主義的」生産様式については言及していない。それは，経験的事実としての歴史的現実についてのみ言及したためであるからなのだろうか。

　　注
 1) エンゲルス／マルクス『聖家族』『マルクス・エンゲルス全集』第2巻，158ページ。
 2) マルクス「フォイエルバッハにかんするテーゼ」『マルクス・エンゲルス全集』第3巻，3ページ。
 3) マルクス／エンゲルス『ドイツ・イデオロギー』〔序文・第1巻第1章〕〔草稿完全復元版〕1998年，渋谷正編・訳，新日本出版社，52–54ページ。
 4) 同上，56ページ。
 5) 同上，76–78ページ。
 6) マルクス『経済学批判』『マルクス・エンゲルス全集』第13巻，6–7ページ。
 7) 同上，6–7ページ。
 8) マルクスの『パリ・ノート』の内容については，杉原四郎・重田晃一訳『マルクス経済学ノート』(1962年，未来社) 8–22ページ参照のこと。
 9) マルクスのブリュッセル（マンチェスター時代を含む）時代の『ブリュッセル・ノート』の内容については，同上の杉原四郎・重田晃一訳『マルクス 経済学ノート』における「訳者解説」197–211ページを参照されたい。
10) エンゲルス「〔書評〕カール・マルクス『経済学批判』」〔『ダス・フォルク』1859年8月6日付，第14号〕『マルクス・エンゲルス全集』第13巻，472ページ。
11) 同上。
12) 同『『フランスにおける階級闘争』1895年版への序文』『マルクス・エンゲルス全集』第7巻，518ページ。
13) マルクス／エンゲルス『ドイツ・イデオロギー』80ページ。
14) エンゲルス『ルートヴィヒ・フォイエルバッハとドイツ古典哲学の終結』(1886年)『マルクス・エンゲルス全集』第21巻，268ページ。
15) 同『家族，私有財産および国家の起源』「1884年初版の序文」『マルクス・エンゲルス全集』第21巻，27ページ。
16) マルクス／エンゲルス『ドイツ・イデオロギー』78ページ。
17) 同上，38ページ。

18) 同上，39-41ページ。
19) マルクス「ヴェ・イ・ザスーリチの手紙への回答の下書き」〔第 2 草稿〕『マルクス・エンゲルス全集』第19巻，399ページ。
20) 同上，〔第 3 草稿〕405ページ。
21) 日中社会主義フォーラム"マルクスと東方社会"2008年 9 月27日，主催：日中社会主義フォーラム実行委員会，協賛：社会主義理論学会。
22) 梅棹忠夫『文明の生態史観ほか』中公クラシックス，2002年，参照。

III 「ブルジョア的生産様式」
—— 資本主義範疇の認識 ——

梗概 あらたな歴史観としての唯物史観を確定したマルクスは，ただちに，その唯物史観を"導きの糸"としながら，近代社会の規定的内容についてのそれまでの「疎外された社会」としての人間主義的な把握から転換して，生産的基礎における近代社会に特有の特殊歴史的な形態を基軸的な基礎として，近代社会の経済的諸関係についての歴史的形態としての把握をおこなうようになる。そして，そこにおける生産および生産様式の近代社会に特有の歴史的形態を「ブルジョア的生産」および「ブルジョア的生産様式」という用語でもって表現する。ここに，マルクスによる資本主義範疇の発見がおこなわれたのである。

資本主義範疇としての「ブルジョア的生産」においては，基本的生産要因としての生産手段は資本の形態をとり人間労働は賃労働の形態をとりながら，剰余価値をめざす生産活動をおこなうものとして，近代社会におけるブルジョアジーとプロレタリアートとの基本的階級関係がとらえられることになる。そして，そのようなものとして，『哲学の貧困』『共産党宣言』「賃労働と資本」などにおける資本主義的経済関係の把握がおこなわれることになる。

1 「生産のブルジョア的形態」の確定

「アンネンコフあての手紙」

1846年10月，プルードンの著作『経済的諸矛盾の体系，別名 貧困の哲学』全2巻がパリで出版された。

その直後の11月1日，ロシアの自由主義的批評家アンネンコフ（П. В. Анненков, 1812-1887）が，パリからマルクスあてにフランス語で手紙を書いているが，そのなかで新しく出たプルードンの著作についてふれ，精神と物質との対立といった哲学の部分は「非常に混乱した考え」におちいっているが，「経済学の部分は真にずぬけた力をもっているように思われる」と述べ，プ

ルードンの「この体系の隠された欠陥を知りたい」のでマルクスの考えを教えてほしい、と頼んでいる[1]。

マルクスは、『経済学・哲学草稿』第Ⅰ草稿や『聖家族』においてプルードンの『財産とはなにか』を取り上げているが、『貧困の哲学』については、1846年の12月にやっと手に入れて2日間で大急ぎで読みあげ、アンネンコフから尋ねられていたこの本にたいする意見を、フランス語で長文の手紙にしたためている[2]。それが1846年12月28日付の「マルクスよりアンネンコフあての手紙」である。

マルクスは、手紙のはじめの挨拶のあと、すぐさまプルードンの『貧困の哲学』にたいする評価にはいり、「あからさまに申しますと、この本は総体によくない、いや、じつによくないと思います」と厳しい評価をくだしている。

そこでは「プルードン氏は、おかしな哲学をもっているから、経済学の誤まった批判を与えるのではなく、彼は彼がほかの多くのものといっしょにフーリエから借りていることばで言えば、現在の社会状態をその噛合せ（engrènement）において理解していないので、おかしな哲学を与えるのです」[3]と、「現在の社会状態」の把握の欠陥にその誤りの根源があるとする。

そして、マルクスは、社会と歴史についての自分たちの見解である唯物史観を提示しながら、プルードンの無理解を論じていく。

マルクスは、「社会とは……人間の相互行為の産物」であるとしたうえで、「もし人間の生産諸力の一定の発展状態を前提するならば、そこにはまたそのような交易と消費との形態が……またそのような社会的構成の形態（forme de constitution sociale）、そのような家族や諸身分や諸階級の組織、一言でいえばそのような市民社会（socièe civile）がある」のであり、しかも、「人間がそのもとで生産し、消費し、交換する経済的諸形態は、一時的で歴史的なのです。あらたな生産諸力が獲得されるとともに、人間は彼らの生産様式を変え、また、生産様式とともに、この特定の生産様式の必然的諸関係にほかならなかったすべての経済的諸関係を変える」（強調はマルクスによる）ものであるにもかかわらず、「このことをプルードン氏は理解していないし、まして論証などはさらさらしていません」と批判する。

そして、そのような人間社会の歴史的発展過程とその展開形態を理解するこ

とができないプルードンは,「主として歴史的認識の不足のために」「経済学的諸カテゴリーを, 現実の, 一時的な, 歴史的な社会的諸関係からつくられた抽象とは考えないで」, 経済学的諸カテゴリーのうちに永遠の諸法則をみて歴史的諸法則をみない「ブルジョア経済学者たち（des èconomistes bourgeois）の誤謬」におちいることになっている, と批判する。そのうえで, マルクスは,「プルードン氏は, 頭のてっぺんから足の爪先まで小ブルジョアジーの哲学者で経済学者なのです」と性格づけてプルードン批判を終えている。

唯物史観にもとづく近代社会の生産的基礎の把握

この「アンネンコフあての手紙」におけるそのような唯物史観を積極的な観点としたプルードン批判のなかで, マルクスは, 近代社会の経済的諸関係における生産的基礎について,「ブルジョア的生産形態 les formes de la production bourgeoise」とか, あるいは,「生産のブルジョア的形態 la formes bourgeoise de la production」という用語でもって表現している。

そして, ブルジョア的意識においては, このような歴史的な一時的な生産形態が非歴史的な永久的形態とみなされてしまうという誤謬におちいってしまっている, というのである。

> 「実際, 彼のしていることは, すべての善良なブルジョアのしていることです。……彼らは, みな, 不可能事を, すなわち, ブルジョア的生活条件の必然的諸結果をともなわないブルジョア的生活条件を, 欲しています。彼らは, みな, 生産のブルジョア的形態（la forme bourgeoise de la production）が1つの歴史的な一時的な形態であることは, 封建的形態がそうだったのとまったく同じだ, ということを理解しません。このような誤謬は, 彼らにとってはブルジョア的人間があらゆる社会の唯一の可能な基礎であるということ, 人間がもはやブルジョアではなくなった社会の状態を彼らは考えてもみないということ, からきているのです。」[4]

ここで提示されている「ブルジョア的生産形態」こそ, まさに, 近代社会に特有の社会諸関係の歴史的形態にとっての基礎をなす経済的諸関係の規定的要

因をなすものとしての,生産の近代社会に特有の歴史的形態を示す資本主義範疇にほかならないものである。

　唯物史観は,人間社会のそれぞれの歴史的時代における社会的諸関係を,土台としての経済的諸関係のあり方において,それもさらに経済的諸関係における物質的生産のあり方に規定されるととらえるものであるが,そのような意義をもつものとしての「近代社会」に特有の歴史的形態規定性をもつものとしての生産のあり方——「アンネンコフあての手紙」において打ち出された「ブルジョア的生産形態」こそ,まさにそれである。

　マルクスによる資本主義認識,すなわち「資本主義の発見」は,ここに,その第一歩を踏み出した,ということができる。

確定された資本主義範疇の内容

　このようにして,唯物史観を"導きの糸"とした近代社会についての歴史的形態としての把握とその用語表現が,まず,この「アンネンコフあての手紙」のなかで,フランス語形での「ブルジョア的生産形態」という用語でもっておこなわれたのである。そして,このような「資本主義」的カテゴリーの把握と用語表現を,マルクスは,『哲学の貧困』において,さらにヨリ明確かつヨリ積極的なかたちですすめているのである。

　それでは,この「アンネンコフあての手紙」を書いた時点においてマルクスが確定していた「資本主義」範疇の内容はいかなるものとしてとらえられているのだろうか。

　マルクスは,「アンネンコフあての手紙」のなかでは,近代社会の経済的諸要因や諸関係さらには運動諸形態の理論的な展開形態の内容についてはまったく示していない。

　しかし,これまでマルクスがおこなってきた経済学研究の蓄積と,そして,新しく打ち立てた歴史＝社会観としての唯物史観の基本的内容から推し量るならば,この時点においてマルクスが確定している資本主義範疇の概略は明らかである。

　まず,そこにおける資本主義範疇の確定にあたって設定されている対象は「近代社会」あるいは「近代社会の経済的諸関係」である。この「近代社会」

あるいは「近代社会の経済的諸関係」こそが、マルクスが「ヘーゲル国法論批判」などの初期3論稿からパリ時代の『経済学ノート』や『経済学・哲学草稿』などを経て『ドイツ・イデオロギー』にいたるまでに取り上げてきた基本的な研究対象にほかならない。

そして、そのような「近代社会」の規定的内容をとらえるために確定した独自的な歴史＝社会観が「唯物史観」であって、それは「現実的な生産過程を、しかも直接的生活の物質的生産から出発して……、そして、この生産様式と結びつき、それによって産みだされた交通形態を、したがって市民社会を、そのさまざまな段階において歴史全体の基礎としてとらえる」というとらえ方をするものである。

そのようなものとしてとらえられた近代社会における「直接的生活の物質的生産」の形態は、「ヘーゲル法哲学批判 序説」で取り上げられたブルジョアジーとプロレタリアートによる生産活動、あるいは、マルクスがアダム・スミスの『国富論』から学びながら『経済学・哲学草稿』第Ⅰ草稿のはじめの3欄併記によって取り組んだ近代社会の経済的諸関係における3大階級たる資本家・賃労働者・土地所有者の対抗関係のもとでの生産活動がとらえられることになる。そして、そこにおいては、『経済学・哲学草稿』の「疎外された労働」断片におけるように、私的所有から切り離された無産のプロレタリアートが労働活動によって生み出した生産物はブルジョアジーの所有に帰するようになる「疎外された労働」としておこなわれる生産活動が、「生産のブルジョア的形態」の実態的な内容としてとらえられる。そして、そのような生産的基礎のうえに、それに規定され照応するものとして、さまざまな生産や流通や信用の経済的諸形態が「近代的」な歴史的形態をもった経済諸関係として打ち立てられ、近代社会に特有の経済構造を構成するものとしてとらえられることになっているところであろう。

すなわち、『パリ・ノート』としての『経済学ノート』において取り上げられているエンゲルス「国民経済学批判大綱」、セー『経済学概論』、スカルベク『社会的富の理論』、アダム・スミス『国富論』、リカードウ『経済学と課税の原理』、ジェームズ・ミル『経済学綱要』、マカロック『経済学の起源、進歩、固有の対象および重要性に関する講義』、デステュット・ドゥ・トラシ『イデ

オロギー要論』，ボアギュベール『富，貨幣および貢納の本質にかんする論究』『穀物の本性，耕作，商業および利益についての概論』といった諸著作，さらに，ブリュッセルにおいて取り組まれた11冊の読書ノート[5]としての『ブリュッセル・ノート』での膨大な著書における近代社会の経済学的諸要因や諸関係の内容についても，それら経済学研究の成果がことごとく，基礎的カテゴリーとしての「ブルジョア的生産形態」に規定されるものとしての歴史的形態規定性をもつものとしてとらえ返されていることは間違いないところであろう。

そこにおける経済的諸要因や諸関係についての確定している内容やそれらのあいだの関連についての理解がまだ不明確で不十分であっても，あるいはその理論的体系化がまだ未完成であっても，すでに資本主義範疇についての基本的内容把握は確定しているのであって，その後の経済学研究の進展のなかで資本主義範疇の内容把握の進化やあるいは部分的なかたちでの手直しがおこなわれることがあるにしても，基本的には資本主義範疇の認識は確定しているということができるであろう。そのことは，この「アンネンコフあての手紙」以後にマルクスが著述している『哲学の貧困』『共産党宣言』「賃労働と資本」といった諸著作や諸論文が明らかに示しているところである。

2　確定された資本主義範疇

『哲学の貧困』

マルクスは，1846年12月末に「アンネンコフあての手紙」を書いたあと，つづけて1847年6月にかけてプルードン批判の著作の執筆に取り組んでいる。それはフランス語で書かれ，『哲学の貧困　プルードンの《貧困の哲学》への返答』という書名でもって，1847年7月はじめにブリュッセルとパリで出版されている。

マルクスは，その「はしがき」において，「プルードン氏は，……フランスでは，りっぱなドイツ哲学者としてとおっているがために，へぼな経済学者である権利を有している。ドイツでは，フランスきっての経済学者としてとおっているがために，へぼな哲学者である権利を有している」としたうえで，「われわれは，ドイツ人であると同時に経済学者でもあるわれわれの資格において，

この二重の誤解にたいして抗議しようと思いたったのである」[6]と述べている。

このように,マルクスみずから自分を「経済学者」として押し出しているところにも示されているように,マルクスは,この『哲学の貧困』執筆時点においては,それまでの哲学意識にひきつけられた問題意識と内容把握から大きく踏み出して,経済学それ自体を正面きって問題にしているものであり,さまざまの不十分さや未成熟さをふくみながらも,経済学の水準も大いに深められているのである。

この『哲学の貧困』は,全体が2つの章からなっていて,第1章「1つの科学的発見」では,「価値にかんする論究」が主題とされており,商品の使用価値と交換価値,労働による価値規定のあり方,貨幣,労働の剰余,等についてのプルードンの主張についての検討がおこなわれている。

そして,第2章「経済学の形而上学」では,はじめに経済学の方法にかんしてプルードンのヘーゲル弁証法についての無理解が明らかにされたあと,分業と機械,競争と独占,土地所有と地代,労働者の団結と解放について,プルードン批判がおこなわれている。

第1章「1つの科学的発見」では,マルクスは,プルードンによる経済学上の発見のすべてを構成する「構成された価値」について,「要するに,1つの生産物の構成された価値というものは,たんに,その生産物に体現されている労働時間によって構成される価値であるにすぎない」[7]として,そのうえで,「構成された価値」は必ずしも「前代未聞のもの」ではなく,リカードウにおいて明確に指し示されているものであるとしている。

そして,プルードンが労働者解放の革命的理論とみなし「未来再生の公式」としている「労働時間による価値の決定」なるものは,「プルードン氏よりもはるか以前にリカードウが明快鮮明に証明したように現存社会の経済的諸関係の科学的表現であるにすぎない」[8]ものであり,さらにいえば,「この公式の『平等主義的』適用」もプルードン独自のものではなくて,「イギリス……の社会主義者たちがほとんどすべて,さまざまな時代にリカードウ学説の平等主義的適用を提唱した」ものであるとして,ホプキンズ,タムソン,エドモンズの名前をあげ,さらにブレイの言説を取り上げている。

そして,マルクスは,ブレイの主張そのものにたいして,マルクス自身の見

解を次のように述べている。

> 「はじめにあったのは、生産物の交換ではなくて、生産に協力する労働の交換である。生産物の交換様式は、生産諸力の交換様式に依存するのである。一般に、生産物の交換の形態は、生産の形態に照応する。後者を変えれば、それに応じて前者も変化するようになるであろう。それゆえにわれわれは社会の歴史のなかに、生産物を交換する様式がそれらの生産物を生産する様式にもとづいて規定されるのを見るのである。私的交換もまた一定の生産様式に照応している。そして、この生産様式そのものがまた、諸階級の敵対関係に照応しているのである。だから、階級対立がなければ私的交換はありえない。」[9]

　この時点のマルクスは、そのように「階級対立がなければ私的交換はありえない」と理解していて、そこから、現代社会のもとでの「私的交換の浄化」による「敵対関係の除去」という「平等的関係」を提案するブレイを論破しえたつもりになっているのである。

　すなわち、この『哲学の貧困』におけるマルクスは、商品・貨幣関係を資本＝賃労働関係にもとづくものとしてストレートに結びついたものとしている。そのことは、この時点のマルクスにおける商品・貨幣関係と資本＝賃労働関係との区別と連関についての把握の未成熟を示すものである。マルクスが商品・貨幣関係と資本＝賃労働関係との区別と連関について明確に理論的に確定するのはほぼ10年のちの1857-58年に取り組んだ『経済学批判要綱』においてである。

唯物史観にもとづくプルードン批判

　第2章「経済学の形而上学」では、マルクスは、「難解なプルードン氏の方法を明らかにする」ために「これからわれわれは、経済学を論じながら、しかも、形而上学を論じなければならない」とする。

　プルードンの方法の摘出と批判にあたって、マルクスは、「プルードン氏は、ほかの経済学者たちとどう違うのか？　そしてヘーゲルは、プルードン氏の経済学においてどんな役割を演じるのか？」というかたちで問題を提起し、ほか

の経済学者たちとの相違からみてゆこうとする。

　ここでマルクスが「ほかの経済学者たち」といっているのは，これまで「国民経済学」という表現で示していたセー，ミル，スミス，リカードウなどのいわゆるブルジョア経済学者たちのことである。

　マルクスは，まず，「ほかの経済学者」とされているブルジョア経済学者たちについて，これらの「経済学者たちは，ブルジョア的生産諸関係，企業，貨幣等々を，固定した，永久的なカテゴリーとして表現する」[10]ものであるとして，次のように指摘する。

　　「経済学者たちにとっては，2種類の制度が，人為の制度と自然の制度とが，存在するにすぎない，封建制の諸制度は人為的制度であり，ブルジョアジーの諸制度は自然的制度である。……現在の諸関係——ブルジョア的生産諸関係——は自然的なものである，と語ることによって，経済学者たちは，それらの関係こそ，自然の諸法則に従って富が創造され，生産諸力が発展する関係である，と了解させるのである。だから，これらの関係それ自体が，時代の影響とはかかわりない自然法則なのである。つねに社会を規制すべき永久的な諸法則なのである。それゆえ，かつては歴史が存在した。しかしもはや歴史は存在しない。かつては歴史が存在したというのは，封建制の諸制度がかつて存在したし，これらの封建制の諸制度のなかには，ブルジョア社会の生産諸関係とはまったく異なる生産諸関係が見いだされるからである。ところが経済学者たちは，このブルジョア社会の生産諸関係を自然的なもの，したがって永久的なものとして，通用させようとするのである。」[11]

　また，マルクスは，別の箇所で，リカードウの地代論にかんして，同様なことを次のように述べている。

　　「リカードウはブルジョア的生産をば地代を決定するうえで必要なものとして，前提しておきながら，しかもなお，それを，あらゆる時代，あらゆる国々の土地所有に，適用する。これは，ブルジョア的生産諸関係を永久的

な諸カテゴリーとして表現するすべての経済学者の常套手段である。」[12]

　そのように，マルクスは，「歴史的な，一時期の経過的な」ものである近代社会のブルジョア的生産諸関係を，固定的な永久的なカテゴリーとして表現しているブルジョア経済学者たちの方法と論理を，唯物史観としての歴史把握の観点と論理にもとづいて明確に批判しているのである。

　マルクスは「経済学的諸カテゴリーは，社会的生産諸関係の理論的表現，その抽象であるにすぎない」と理解しているのであるが，それにたいして，プルードンは「物事をあべこべに解釈し，現実的諸関係をば，『人類の非人格的理性の』胸裡にまどろんでいたあの原理，あの諸カテゴリーの託身としか考えないのである」と批判する。

　これまでみてきたところからも明らかなように，『哲学の貧困』のなかで，マルクスは，資本主義的な経済諸要因の実体的内容と論理的性格について，リカードウ理論の理論的内容とくに価値論を基本的にはほぼそのまま受け入れながら，そのカテゴリーとしての性格については，唯物史観にもとづく歴史把握によりながら，リカードウをふくむブルジョア経済学者たちによる近代社会の経済的諸カテゴリーについての非歴史的な固定的・永久的なカテゴリーとしての把握にたいして真向から批判をくわえ，歴史的な一時的な規定的性格をもつカテゴリーとしてとらえるべきものであることを，繰り返し強調している。

　ここに，われわれは，マルクスにおける古典派経済学からの批判的継承の基本的方法をみいだすことができる。すなわち，社会的諸関係の理論的表現である経済学的諸カテゴリーや社会諸思想などについての，唯物史観を"導きの糸"とした批判的把握とその階級的性格の解明の方法をみいだすことができるのである。

　同時に，この『哲学の貧困』において，「アンネンコフあての手紙」にひきつづいて，だが一般に公開される著作においてははじめて，近代社会の社会的諸関係にとっての規定的要因をなすものとしての特有の歴史的形態を示す資本主義カテゴリーとして，「ブルジョア的生産 la production bouegeoise」や「ブルジョア的生産諸関係 les rapports de la production bourgeoise」という用語表現が使われているのである。

「ブルジョア的生産諸関係」という用語によって示されているカテゴリーは，まさに，唯物史観における特有のカテゴリーとしての「生産関係」についての，近代社会に特有の特殊形態としての歴史的形態規定性をもったカテゴリーの把握が，「ブルジョア的」という規定的用語によって表現されていることを，明確に示している。

すなわち，そこにおいては，社会的諸関係の基礎は物質的生産諸力の一定の発展水準に規制された生産のあり方によって規定されるものとしながら，そのような歴史＝社会観にもとづいて近代社会における生産関係のあり方がとらえられ，それを「ブルジョア的」という特殊的限定詞でもってその歴史的なものとしての規定的内容を表現するものとして，「ブルジョア的生産諸関係 les rapports de la production bourgeoise」という用語が使われているのである。

この「ブルジョア的生産」あるいは「ブルジョア的生産諸関係」は，生産諸力の発展のなかで「封建制度」のもとでの「古い経済形態」としての「封建的生産」の打破のうえに打ち立てられ，近代社会において全面的に展開されるものとして，近代社会としての「現代の社会」の経済的諸関係の基礎とその展開形態を示すものという規定性をもつものとされているものである。そして，さらに，それは，「全面的革命」によって「諸階級とその敵対関係を排除する1つの共同社会」としての「あらたな社会」に置き換えられるものとされている。そのようなものとして，ここにおいて資本主義範疇が表現されているのである。

「道徳的批判と批判的道徳」——ドイツ語での「ブルジョア的生産様式」

「アンネンコフあての手紙」と『哲学の貧困』において使われていたフランス語での「ブルジョア的生産 la production bouegeoise」や「ブルジョア的生産諸関係 les rapports de la production bourgeoise」といった資本主義的用語をうけながら，そのような表現用語のドイツ語での使用があらわれるのは，マルクスの「道徳的批判と批判的道徳——ドイツ文化史に資して，カール・ハインツェンにたいするカール・マルクスの反論」（『ブリュッセル・ドイツ語新聞』第86号（1847年10月28日付）から第94号（11月25日付）まで）においてである。

それは，ドイツの小ブルジョア急進主義者カール・ハインツェン（Karl Heinzen, 1809–1880）が『ブリュッセル・ドイツ語新聞』に載せた共産主義者批判の投書

論文にたいして，エンゲルスが同新聞に反批判論文を書き，それにたいしてハインツェンがさらに批判論文を書いたのにたいして，マルクスが批判を加えたものである。

そのなかで，とくに焦点をしぼって論じられているのは，所有と権力とについてである。

ハインツェンが「エンゲルス氏やその他の共産主義者たちが，権力は所有をも支配しかつ所有関係における不公正は権力によってのみ維持されることを洞察できないほどに盲目であるのは，私のせいではない。──貨幣を取得するからといってブルジョアを敵視し，権力を取得するからといって国王をかまわずにすてておくような人はだれでも，私はこれを愚者とよび臆病者とよぶのである」[13]（強調はハインツェンによる）とエンゲルスたち共産主義者を批判する。それにたいして，マルクスは，たしかに所有関係は国家権力によって維持されているけれども，しかし，政治的な力によって所有関係は生じるのではなくて，ブルジョア的生産関係によってブルジョア階級の政治的支配は生じるのであると，次のように指摘している。

> 「ブルジョアジーは，政治的に，すなわち国家権力によって，『所有関係における不公正を維持する』けれども，そのものをつくりだすのではない。近代的分業，近代的交換形態，競争，集中などによってひきおこされている『所有関係における不公正』は，けっしてブルジョア階級（Bourgeoisklasse）の政治的支配から生じるのではなく，反対に，ブルジョア階級の政治的支配は，ブルジョア経済学者（bürgerliche Ökonomen）によって必然的・永久的法則と宣言された，この近代的生産関係から生じるのである。それゆえ，プロレタリアートがブルジョアジーの政治的支配を打倒するとしても，歴史の経過のなかに，その『運動』のなかに，ブルジョア的生産様式（bürgerliche Produktionsweise）の廃止を，したがってまたブルジョアの政治的支配の決定的打破を必然にする物質的諸条件がまだつくりだされていないかぎりは，その勝利は一時的なものになるにすぎず，1794年と同じように，ブルジョア革命（bürgerliche Revolution）そのものに役立つ一契機となるにすぎないであろう。」[14]

Ⅲ 「ブルジョア的生産様式」　75

　この「道徳的批判と批判的道徳」において，マルクスは，「アンネンコフあての手紙」と『哲学の貧困』で使われていたフランス語形での「ブルジョア的生産 la production bouegeoise」や「ブルジョア的生産諸関係 les rapports de la production bourgeoise」といった用語表現をうけながら，それらをうけついだドイツ語での用語として「ブルジョア的生産 bürgerliche Produktion」や「ブルジョア的生産様式 bürgerliche Produktionsweise」という用語を使っている。

　この「道徳的批判と批判的道徳」における生産や生産様式における「bürgerlich ブルジョア的」な形態という限定詞の実態的内容は，封建的所有関係の廃止のうえに打ち立てられる「労働者階級の支配かブルジョア階級の支配か」が問題になっている「近代ブルジョア（bürgerlich）社会」における生産諸関係や生産様式の特殊歴史的形態とされているのである。それは，けっして自立的な私的個人としてのアトム的な市民たちの取り結ぶ「市民社会」や，あるいは，たんなる商品生産者や商品所有者たちの取り結ぶ交換関係における社会関係としての「商人社会」を示すものではない。

　ドイツ語での「ブルジョア的生産 bürgerliche Produktion」や「ブルジョア的生産様式 bürgerliche Produktionsweise」という用語は，ヘーゲル『法の哲学』において取り上げられている「市民（bürgerlich）社会」においてつけられている限定詞たる「bürgerlich（市民的，ブルジョア的）」をそのままもちいながら，その規定的な意味内容は，資本家・賃労働者・土地所有者といった諸階級からなる近代社会における「生産」や「生産様式」のとる特有のあり方を示すものとして，使われているのである。

　そのことは，ハインツェンにたいするマルクスの批判のなかでの次のような叙述においても示されているところである。

　　「たとえば，私的所有は，単純な関係でも，または抽象的な疑念でも，原理でもなく，ブルジョア的生産関係（bürgerliche Produktionsverhältnis）の総体であること——ここで論ずるのは，もちろん副次的な，没落した私的所有ではなく，現存のブルジョア的私的所有である——，というのはブルジョア的生産関係の総体は，階級関係であり，このことはどんな学生でもアダム・スミスやリカードウから習得しているにちがいない程度の洞察である

から——，だから，このような関係の変化は，いわんや廃止は，もちろんこれらの階級とその相互関係の変化からだけ起こりうるのであり，階級関係の変化は，1つの歴史的変化であり，社会的活動の総体の一産物であり，一言でいえば，一定の『歴史的運動』の産物である。」[15]

かくして，ドイツ語での「ブルジョア的生産 bürgerliche Produktion」や「ブルジョア的生産様式 bürgerliche Produktionsweise」という用語表現によって近代社会に特有の生産や生産様式にとっての歴史的形態規定性が示され，しかも，そのような規定的用語が示す実在的事物はブルジョアジーとプロレタリアートを基軸とする階級関係からなるものであるところから，「ブルジョア的生産」や「ブルジョア的生産様式」という用語が事実上は資本＝賃労働関係的な階級関係のあり方を示すという使い方がされることになっているところである。

だがしかし，やがて，マルクスは，近代社会における「生産」や「生産様式」や「生産諸関係」にとっての特有の歴史的形態規定性を示す表現用語としては「ブルジョア的 bürgerlich」という限定詞はふさわしくないことを確信するようになり，「資本制生産 kapitalistische Produktion」や「資本制生産様式 kapitalistische Produktionsweise」といった表現用語に取り替えられることになるのであるが，それは10年以上ものちのことである。

3　近代社会の経済的諸関係の解明

『共産党宣言』

「1つの妖怪がヨーロッパをさまよっている——共産主義の妖怪が」という冒頭の言葉にはじまり，「万国のプロレタリア団結せよ！」という言葉で結ばれている『共産党宣言』は，マルクスが，共産主義者同盟第2回大会の依嘱によって書き上げた政治的綱領であって，それは社会主義運動にとっての歴史的意義をもつ文書である。それと同時に，この『共産党宣言』は，この執筆時点（1847年12月～1848年1月）におけるマルクスとエンゲルスとの理論的研鑽と歴史的および現実的分析の成果が要約されて，そのエッセンスが簡潔かつ総括的に示されているものである。

Ⅲ 「ブルジョア的生産様式」

　そのなかで取り上げられている内容は、「1 ブルジョアとプロレタリア」においては、これまでの社会の歴史、近代社会の基本的階級関係、そこにおける階級的対立と階級闘争について、「2 プロレタリアと共産主義者」では、プロレタリアにたいする共産主義者の関係、共産主義者のめざす当面の目的と政策、労働者革命の当面の課題と変革への展望について、「3 社会主義的および共産主義的文献」においては、さまざまな社会主義や共産主義の諸見解とその特徴について、「4 種々の野党にたいする共産主義者の立場」では、既成の労働者諸党のみならず急進派やブルジョアジーと共産主義者とのあいだの関係について、各国の状況に応じた提携関係のあり方の方針が示されている。

　それは、基本的には、近代社会の性格と構造、そして変革の展望を示し、変革への取り組みにあたっての戦略と戦術を明らかにしたものである。

　この『共産党宣言』において明らかにされた多様かつ広範な諸問題にとって基軸をなすもっとも基本的な内容は、近代社会の歴史的性格の把握である。

　すなわち、近代社会の規定的基礎を、生産諸関係の特殊歴史的な近代社会に特有の形態としての「ブルジョア的生産諸関係」としてとらえることを基軸とし、そのうえに近代ブルジョア社会は基本的にはブルジョアジーとプロレタリアートとの分裂という直接に相対立する2大階級からなるものとしてとらえ、そのような把握を中心にすえながら、その歴史的な発生過程を示したものである。そして、歴史的社会としての近代社会の経済的基礎における基本的構造とそれを構成する基本的諸階級のあり方を明らかにし、そのうえで、生産諸力の発展のなかでの「ブルジョア的生産諸関係」の歴史的限界を示しながら、変革による新しい社会への転換のためのプロレタリアートの戦略と戦術、ならびに、革命後のさしあたりの諸政策と共同社会への展望を指し示したものである。

　すなわち、マルクスは、「これまでのすべての社会の歴史は階級闘争の歴史である」という指摘のもとに、近代ブルジョア社会について、それは「貴族、騎士、平民、奴隷」の諸階級からなる「古代ローマ」の時代につづく、「封建領主、家臣、同職組合親方、職人、農奴」といった諸階級をもつ「中世」の「封建社会」の没落から生まれたものとして取り上げている。

　そして、近代ブルジョア社会におけるブルジョアジーそのものの発生と発展を、封建的な同職組合的な工業経営から、マニュファクチュアへ、そして蒸気

と機械による近代的大工業の出現のなかで現われたものとみて,そのように「近代のブルジョアジーそのものが,……生産様式と交通様式におこった一連の変革の産物なのである」とその歴史的発生をとらえ,そのうえに,ブルジョアジーのそのような発展は政治の分野においては「近代の代議制国家において独占的な政治的支配を獲得するにいたるものであって,近代の国家権力は,ブルジョア階級 (Bourgeoisklasse) 全体の共同事務を処理する委員会にすぎない」と指摘する。

そのうえで,封建的所有関係が封建社会のなかで発展してきた生産諸力にもはや照応しえない桎梏となって爆破されて,ブルジョア階級 (Bourgeoisklasse) の支配が現われたように,ブルジョア的生産諸関係にとって「それと同様の運動が目の前で進行している」として,次のように指摘している。

> 「ブルジョア的生産諸関係と交通諸関係,ブルジョア的所有諸関係,すなわち,このような巨大な生産手段と交通手段を魔法のように忽然と出現させた近代ブルジョア社会は,自分で呼びだした地下の悪霊をもはや制御できなくなった,あの魔法使いに似ている。この数十年来の工業と商業の歴史は近代的生産諸関係にたいする,ブルジョアジーとその支配との存立条件である所有諸関係にたいする,近代的生産諸力の反逆の歴史にほかならない。周期的に繰り返し襲ってきて,ブルジョア社会全体の存立をますます威嚇的に脅かす,あの商業恐慌をあげるだけで十分である。……だが,どうしてこういうことが起こるのだろうか? 社会が文明を,生活手段を,工業を,商業を,あまりに多くもちすぎたためである。社会がもっている生産諸力は,もはやブルジョア的文明やブルジョア的所有諸関係を促進する役にはたたなくなっている。それどころか,生産諸力はこの所有諸関係にとって強大になりすぎて,いまではこの所有諸関係が生産諸力の障害となっている。」[16]

このように,マルクスは,規則的な恐慌の爆発にみられる「ブルジョア的生産諸関係」を桎梏化せしめるところまで発達している生産諸力に,ブルジョアジーにとっての「自己に死をもたらす武器」をみいだすとともに,さらに,ブ

ルジョア的生産諸関係の展開のなかで「自分自身の墓掘り人」として「この武器を使う人々」としての近代的労働者たるプロレタリアートをもつくりだした，とするのである。

『共産党宣言』の不十分さと積極的意義

この『共産党宣言』は，イギリス資本主義の産業革命後20年ほどしかたっていない1847-48年の時点において，29歳のマルクスが，それも経済学の研究をはじめてからまだ4年足らずの時期に書き上げたものであって，その内容は，理論的にも，また，歴史的および現実的な実証的分析についても，不十分あるいは未成熟なところが多々ある。

たとえば，「労働力」範疇はまだ確定されていないし，商品・貨幣関係と資本＝賃労働関係との区別と連関はまだ明らかにしえていない。さらに，のちに『経済学批判要綱』をへて『資本論』に結実する生産・流通・総過程における資本制的経済諸関係の諸カテゴリーや諸法則についての特有の独自的な内容の解明や理論的体系化にはまだほとんど手がつけられていない。また，資本制社会の桎梏化やその歴史的発展の限界についての把握はあまりにも性急であるし，労働者階級の革命的統一への見通しや国民的あるいは国家的利害の超克への理解はあまりにも楽観的すぎる。労働運動や社会主義運動についての把握も，その後の現実におけるさまざまな曲折やかなりの偏差をみせている展開から振り返ってみるならば，極度に単純化されたとらえ方になっている。さらに，エンゲルスものちに指摘しているところであるが，原始共同体の欠落をもふくめて歴史的事実についての認識の不十分さはいうまでもないところである。仔細に詮索すれば，不十分なところや問題点はかぎりなくみいだすことができる。

しかし，それにもかかわらず，『共産党宣言』における近代社会の解明とその歴史的変革への展望については，多彩にしてかつ簡潔で明確な把握をおこなっており，不十分さや未成熟なところをもちながらも現在なお迫力ある内容を示している。

そのような近代社会にかんする多面的な諸問題の基本的内容の包括的把握にとって基軸となっているのは，近代社会の経済的諸関係の歴史的形態としての把握であり，端的にいえば資本主義範疇としての「ブルジョア的生産諸関係」

を基軸的な規定的要因として把握していることである。

　すなわち，『共産党宣言』において解明され展開されている諸状況の基本的部分は，近代社会を，生産諸力の発展による封建的所有関係の桎梏化とその変革，そして，「ブルジョア的生産諸関係」や「ブルジョア的所有諸関係」の発生と展開のうえに形成されたものとして，ブルジョアジーとプロレタリアートとの対立と抗争をとらえたうえで，「ブルジョア的生産諸関係」の桎梏化とプロレタリアートによるその変革の歴史的展望を指し示したものである。

　このように，近代社会にとっての規定的な基礎を生産関係の特有の歴史的形態としての「ブルジョア的生産諸関係」においてとらえるということは，『共産党宣言』にとっての唯物史観の果たした"導きの糸"としての役割と意義を示すところである。

　それと同時に，『共産党宣言』によって，近代社会の特殊歴史的な構造や，人類社会の歴史的発展のなかでの歴史的諸社会の変遷，近代社会における周期的恐慌によって示される生産力の発展による桎梏化とその変革への展望といったことの解明がおしすすめられて，唯物史観の内容の具体化と豊富化もまたおこなわれているところである。

「賃労働と資本」

　『共産党宣言』が出版された1848年2月には，フランスで1848年革命あるいは2月革命とよばれる革命が勃発し，それはさらに他のヨーロッパ諸国に波及していく。

　だが，1848年6月のパリの労働者蜂起の敗北後，反革命の波が全ヨーロッパを襲うようになるなかで，マルクスは，1849年4月5日から，『新ライン新聞』に論説のかたちで〈賃労働と資本〉について掲載しはじめるが，5回の連載ののちこれを中断している。

　この〈賃労働と資本〉は，1847年12月にブリュッセル・ドイツ人労働者協会での連続講演をもとに活字にしたものである。

　『新ライン新聞』に掲載されたかぎりでの「賃労働と資本」の内容は，大きくいって，近代社会の基本的2大階級たる資本家階級と賃金労働者階級の所得源泉について，賃金とはなにか，資本とはなにか，ということについての基本

的内容を明らかにし，そして，賃労働と資本との相互関係，資本による生産の発展がひきおこす諸状況とくに労働者階級におよぼす影響について述べ，ブルジョアジーとプロレタリアートとの階級闘争の客観的根拠を明らかにしたものである。

「賃金」とはなにか

マルクスは，まず，「賃金とはなにか？ それはどのようにして決められるか？」という問題を取り上げる。そこにおいて，マルクスは，賃労働においては，労働者自身の生命活動としての労働活動が生活資料を手に入れるための手段にすぎないものに堕してしまい，そのため労働者にとっての自分自身の生活は労働活動がやむところで，すなわち食事や睡眠においてのみ存在するようになるという，疎外された形態をとることを指摘する。そのうえで，さらに，「労働はいつでも賃労働，すなわち自由な労働であったわけではない」として，賃労働をその特有の歴史的形態規定性においてとらえるべきものであることを明確にする。

すなわち，奴隷のように「彼自身が 1 つの商品なのであって，労働が彼の商品なのではない」あり方や，農奴のように「土地に付属し，土地の持ち主に収益をもたらす」あり方でもない。賃労働は，それらとは区別されるものとして，自己の労働を商品として彼自身がブルジョアジーに切り売りするという独自なあり方をとるものであることを指摘し，近代社会に特有の歴史的特殊形態をとる労働のあり方であることを示している。

そして，賃金の内容とその大きさについては，「賃金とは，労働という特定の商品の価格である」[17]として，その大きさは他の商品と同じように「生産費」すなわち「商品の生産に必要な労働時間」によって決められるものとみなし，「労働という商品を生産するのに必要な労働時間」，すなわち，労働者の維持のための生活必需品の価格，労働者としての育成費，労働者種族の繁殖費からなるものであるとする。

そのように，マルクスは，賃労働を，人間の生命活動としての労働の疎外された形態として，しかも，それを近代社会に特有の歴史的形態を示すカテゴリーとして確定しながら，賃金の実体的な大きさについては，リカードウの投

ド労働価値説的な把握を継承しつつこれを深化させるという方法によってとらえようとしている。

「資本」とはなにか

このような歴史的形態規定性を明らかにしながらとらえ返すという方法は，資本の把握においても貫かれている。

すなわち，「資本」について，それは，さまざまなモノを生産するために使用される労働用具や原料や生活資料から成り立つものであって，そのようなものとしての蓄積された労働であるが，しかし，たとえば機械はそれ自体が資本であるのではなくて，それは一定の社会的諸関係のもとでのみ資本となるものである。その諸関係から離れるとそれは資本ではない。

では，どのような諸関係のもとで，そのような蓄積された労働は資本になるのか。

マルクスは，資本を構成する労働用具，原料，生活資料を，単なる物質的生産物としてだけでなく交換価値としてとらえ，そのような交換価値の社会的一定量が「直接の生きている労働との交換」をつうじて「それ自身を維持し，かつ，増やす」ことによって，「蓄積された労働は資本になる」とするのである。

すなわち，「資本の本質」は，たんに新しい生産の手段として役立つという点にあるのではなく，生きている労働すなわち労働者の労働との交換によって交換価値の大きさを増やすという価値増殖をおこなうという点にある，ということを明らかにする。

そのさい，資本の交換価値の大きさを増やす「資本と賃労働との交換では，どのようなことが生じるのであろうか？」という点については，「労働者は，彼の労働と交換に生活資料を受け取るが，資本家は彼の生活資料と交換に労働を，労働者の生産的労働を，創造力を受け取る。そして労働者は，この力によって，彼の消費するものを補塡するだけでなく，蓄積された労働にたいして，それがまえにもっていたよりも大きな価値を与えるのである」としているのである。

そのように，「資本は，労働と交換されることによって，賃労働を生みだすことによってはじめて，ふえることができる」[18]のであり，そのような価値増

殖がおこなわれることによって蓄積された労働は資本になるのであるとしながら、そのような資本は特定の生産関係におけるあり方であるとして、マルクスは、次のように指摘する。

「資本もまた、1つの社会的生産関係である。それは1つの・ブ・ル・ジ・ョ・ア・的・生・産・関・係であり、ブルジョア社会の一生産関係である。資本を構成する生活資料、労働用具、原料、それらは、一定の社会的条件のもとで、特定の社会的関係のなかで、生産され、蓄積されたものではないだろうか？ それらは、一定の社会的条件のもとで、特定の社会的関係のなかで、新しい生産に使用されるのではないだろうか？ そしてほかならぬこの特定の社会的性格こそ、新しい生産に役立つ生産物を資本にするのではないだろうか？」[19]

しかも、そのような指摘の直前には、「諸個人がそのなかで生産する社会的関係、すなわち社会的生産諸関係は物質的生産手段、生産力が発展するにつれて、変化し変動する。全体として生産関係は、社会的関係、社会と呼ばれるものを、しかも一定の歴史的発展段階にある社会、独特で特色のある性格をもった社会を、形づくる。古代社会、封建社会、ブルジョア社会は、そういう生産関係の全体であり、同時にそれぞれ、人類史上の特別の発展段階をあらわしている」[20]といった唯物史観にもとづく人類社会の歴史的諸形態の変遷について述べているのであって、「資本は……ブルジョア社会の一生産関係である」という指摘は、近代社会に特有の歴史的カテゴリーとしての把握にもとづくものであることを明らかにしているのである。

すなわち、資本についても、近代社会に特有の「ブルジョア的生産関係」によって社会的属性をもたされたものとして、その歴史的形態規定性を確定しながら、賃労働にもとづいて価値増殖をおこなうという近代社会における資本の「本性」を明確にしているのである。

このように、「賃労働と資本」は、唯物史観の確立のうえに立って、近代社会の経済的諸関係にとって規定的要因である資本主義範疇としての「ブルジョア的生産関係」における基軸的構成要因である賃労働と資本についての近代社

会に特有の歴史的形態規定性をもつカテゴリーとしての把握を基礎としながら，さらにその量的な関係や動態的な運動をも追究しようとしているものであって，この時点におけるマルクスの経済学的研究の到達水準を示すものである。このような「賃労働と資本」における資本主義的経済関係にとっての基軸的で規定的な要因の把握は，さらにいえば，1850年代末以降の『経済学批判要綱』や『経済学批判』等のいわゆる中期マルクスへの進展と展開のための地固めをおこなっている，といえるものである。

注
1) 「アンネンコフからマルクス（在ブリュッセル）への手紙」(1846年11月1日付) 新MEGA, Ⅲ-2, S. 316.
2) 「マルクスからアンネンコフ（在パリ）への手紙」(1846年12月28日付)。この手紙は，MEW にはドイツ語訳しか載っていないが，新 MEGA にはフランス語原文が載っている（新 MEGA, Ⅲ-2, S. 70-80）。なお，邦訳『マルクス・エンゲルス全集』の第4巻に『哲学の貧困』への補録として載っているものはフランス語原文からの訳であるが，第27巻の書簡集に載っているのはドイツ語訳からの重訳であって，訳文にはかなりのニュアンスの相違がある。
3) 同上，562ページ。新 MEGA, Ⅲ-2, S. 70.
4) 同上，570-571ページ。S. 77-78.
5) ブリュッセル時代のマルクスの読書ノートにおける著者のリストについては，杉原四郎・重田晃一訳『マルクス 読書ノート』1962年，未来社，197-211ページをみられたい。
6) マルクス『哲学の貧困 プルードンの《貧困の哲学》への返答』1847年，『マルクス・エンゲルス全集』第4巻，61ページ。Karl Marx, MIsère de la philosophie: Rêponse à la philosophie de la misère de M. Proudhon. 旧 MEGA, Ⅰ-6, S. 119.
7) 同上，73ページ。S. 130.
8) 同上，96ページ。S. 149.
9) 同上，105ページ。S. 156.
10) 同上，129ページ。S. 176.
11) 同上，143-144ページ。S. 188.
12) 同上，178ページ。S. 217.
13) ハインツェン『ブリュッセル・ドイツ語新聞』第84号，マルクス「道徳的批判と批判的道徳」『マルクス・エンゲルス全集』第4巻，354ページ。
14) マルクス「道徳的批判と批判的道徳」『マルクス・エンゲルス全集』第4巻，355-356ページ。
15) 同上，374ページ。
16) マルクス／エンゲルス『共産党宣言』『マルクス・エンゲルス全集』第4巻，481ページ。

17) マルクス「賃労働と資本」『マルクス・エンゲルス全集』第6巻，397ページ。
18) 同上，406ページ。
19) 同上，403-404ページ。
20) 同上，403ページ。

Ⅳ 「資本制生産様式」
── 資本主義範疇の厳密化 ──

梗概 マルクスは，1846年12月に「アンネンコフあての手紙」で示した資本主義範疇を表現する「ブルジョア的生産（様式）」という用語を10年以上にわたって使いつづけながら近代社会の経済的諸関係の構造と運動を解明してきたが，1857-58年の『経済学批判要綱』を執筆するなかで，資本主義範疇を示す用語の転換をおこなうようになる。すなわち，『要綱』における経済学理論体系の展開における「貨幣にかんする章」と「資本にかんする章」との2章構成による解明のなかで，商品・貨幣関係と資本制生産における社会的関係の規定内容の相違について理論的に確定し，商品・貨幣関係のもとでの自由・平等の等価交換関係における生産活動については「交換価値にもとづく生産（様式）」という用語でもってとらえ，そして，それと区別されるものとして，資本による賃労働にたいする指揮・命令による価値増殖をめざす資本＝賃労働の階級関係のもとでの生産の内容は「資本にもとづく生産（様式）」という用語でもって示すようになる。そしてこの「資本にもとづく生産（様式）」用語は，さらに，厳密化された資本主義範疇として「資本制生産（様式）」というあらたな用語でもって表現されることになる。

そして，この「資本制生産（様式）」という資本主義範疇を表現する用語が，『1861-63年の経済学草稿』と『資本論』における資本主義的経済関係の把握において使われているのである。

1　経済学理論体系の形成

1850年代の理論活動

ロンドン亡命後の1850年代は，マルクスにおける経済学研究の深化とその独自的な理論体系の展開にとって，きわめて重要な意義をもつ時期となった。

この1850年代の時期に，マルクスは，資本主義世界の中心地イギリスでの膨大な経済学文献の取り組みをおこなって24冊の『ロンドン・ノート』を書き上

げ、そのうえで、『経済学批判要綱』とその「序説」を執筆し、さらに、経済学批判体系の第1分冊としての『経済学批判』とその「序言」を公刊している。このことは、マルクスの経済学批判体系の基本的確立を意味するものである。

この1850年代のマルクスにおける経済学体系の確立と深化のプロセスは、次のように3つの時期に分けることができる。

その第1の時期は、マルクスがブルジョア経済学批判の仕事を再開した1850年9月末から1856年頃までの時期であって、この時期には膨大なブルジョア経済学の諸著作や雑誌・資料類へのあらたな取り組みがおこなわれている。そこでの中心的な仕事は、1850年9月末から1853年8月にかけての24冊の『ロンドン・ノート』の作成である。

第2の時期は、1857年7月から1859年1月にかけての時期であって、この時期には、マルクスの経済学体系にとってのはじめての体系的な理論展開と叙述がおこなわれている。すなわち、1857年7月から1858年5月末にかけての『1857-58年の7冊のノート』における経済学草稿すなわち『経済学批判要綱』の作成と、1858年11月から1859年1月にかけての『経済学批判』（第1分冊）の執筆がそれである。

第3の時期は、それにつづく1859年春ないし夏頃から1861年8月末あるいは9月後半頃までであって、この時期には、『経済学批判』（第1分冊）の続きとしての『経済学批判要綱』の「資本についての章」にもとづく『経済学批判』第2分冊の執筆（のちに『資本論』に計画変更）のための「資本にかんする章へのプラン草案」の作成や『経済学批判要綱』の抜粋の再整理等がおこなわれている。

このような1850年代になし遂げた経済学研究の深化と体系的展開のうえに、1860年代のマルクスの経済学体系の彫琢と完成が、すなわち、1861年から63年にかけての『資本論』全4巻（『剰余価値学説史』をふくむ）の草稿たる『23冊のノート』（『1861-63年の経済学草稿』）の執筆と、1866年から67年にかけての『資本論』第1巻の完成稿の執筆・公刊がおこなわれることになる。

この1850年代における第2期の『経済学批判要綱』において、マルクスにとっての資本主義範疇を示す用語は、商品・貨幣関係についての「交換価値にもとづく生産」や「交換価値にもとづく生産様式」と区別されるものとしての、

資本＝賃労働関係における価値増殖をおこなう生産についての「資本にもとづく生産」や「資本にもとづく生産様式」といった用語と概念においてとらえなおされ，それが1860年前後の第3の時期のはじめに「資本制生産」や「資本制生産様式」という用語に結実しているのである。

『ロンドン・ノート』

　『ロンドン・ノート』は，J. S. ミルの『経済学原理』の抜粋からはじまり，ついで，通貨論争における銀行学派の代表的理論家とされているJ. フラートンの『通貨調節論』(1844年) からの大量の抜粋，そして，トマス・トゥックなど通貨問題を中心とした銀行業や商業恐慌等についての諸著作の研究と抜粋がおこなわれている。この段階で，マルクスは，通貨論争に精通しただけでなく，銀行学派の優位に着目したようである[1]。

　そのあと，主として貨幣論が取り組まれているが，リカードウ『経済学および課税の原理』からの抜粋は「貨幣にかんする学説 Lehre vom Geld」と題されており，それは通貨論争における通貨学派批判に通じるものである。そして，D. ヒュームなどの貨幣・信用理論の先駆的労作が研究されたのち，信用・銀行制度にかんする理論的・実証的文献が数多く抜粋されている。

　さらに，アダム・スミス『諸国民の富』からの抜粋と論評ののち，抜粋傾向が変化し，ジェームズ・ステュアート『経済学原理』やリカードウ『経済学および課税の原理』やマルサスやホジスキンなどの経済学原理にかかわる一般経済書などの諸文献の取り組みへと向かうようになっている。

　そして，J. バートン『社会の労働階級の状態を左右する諸事情にかんする考察』(1817年) をはじめとして，労賃，工場制度の影響，雇用，労働組合等についての文献に集中的に取り組み，さらに賃金基金説にとっての収穫逓減法則と関連して農業問題に，そして，マルサスの人口論に取り組んでいる。

　そのあと，研究のあらたな局面がはじまり，人類史における社会的発展段階や構造にかんする問題，植民問題に取り組んでいる。ついで，工場制度における機械の影響に関連して技術論と技術史が研究されている。そして，ふたたび貨幣，信用，銀行論にかんする諸文献に集中的に取り組んでいるが，そのあと，マルクスは経済学研究をしばらく中断している。

というのは，1851年12月2日にフランスでルイ・ボナパルトのクーデターが勃発し，マルクスは『ルイ・ボナパルトのブリュメール18日』の執筆にエネルギーを集中する。さらに，翌1852年の2月頃には極度に困窮し，衣服を質屋に入れたため図書館にも通えなくなっていたが，5月下旬にエンゲルスからのマルクス一家への援助が増え，ふたたび諸著作の研究と抜粋に取りかかる。同時に，この8月頃から『ニューヨーク・デイリー・トリビューン』紙への寄稿のための論説の執筆にも時間をさくようになる。

そのこともあってか，この時期のマルクスは，ドイツ史や中世史，文学史等に，婦人史や文化史に，そして，1853年にはいると，文化史，そのあと，とくにインド論とインド史に取り組み，『ニューヨーク・デイリー・トリビューン』紙にしばしばインド問題についての論稿を寄稿している。

そして，7月頃から11月にかけてヨーロッパ風俗史と議会演説集に取り組み，ここで24冊の『ロンドン・ノート』を終えている。

この『ロンドン・ノート』は1857-58年の『経済学批判要綱』の執筆のための重要な素材となり体系的展開にあたっての思索の糧となったものであるが，とくに貨幣・信用論についての集中的な検討とリカードゥ研究が注目されるところである。

「省察」

ところで，マルクスは，この『ロンドン・ノート』への抜粋の途中や，あるいは，しばらくたった後に，それまでの抜粋や研究にもとづく経済学の一定のテーマについての簡単な準備草稿の執筆や，抜粋文献の再整理的とりまとめなどをおこなっている。

その1つに，『ロンドン・ノート』Ⅶに書き込まれている「省察 Reflection」[2]と題された貨幣，信用，恐慌にかんする小論稿がある。

この「省察」で取り上げられているのは，恐慌期における貨幣と信用のあり方をどうとらえるかという問題であるが，その取り組みにおいて中心的視点となっているのは，経済的諸関係における商品・貨幣関係と資本制的階級関係との区別と連関ということである。

マルクスは，まず，スミスやトゥックによってなされた「商人たちと商人た

ちとのあいだの取引き」と「商人たちと消費者たちとのあいだの取引き」との区別の重要性を強調し,「商人たちと商人たちとのあいだの取引き」を自身の貨幣（Money）をもっておこなわれる「資本の移転」とみ,「商人たちと消費者たちとの取引き」を鋳貨（Münze）をもっておこなわれる「所得と資本との交換」とみながら，その大部分は「労働者たちと小売商人たちおよび職人たちとのあいだの交換」であるととらえかえ，それは「労働者たちと産業資本家たちとのあいだの交換」にかかっているとみなしている。

そのなかで，ヴィリヒ，シュティルナーなどの小ブルジョア的民主主義者たちが，「商人たちと消費者たちとのあいだの交換」のなかに「正直者がやる価値と価値との交換」をみて,「階級対立はこの交換では問題にならない」としているのにたいして，マルクスは，賃金・利潤・地代といった所得の階級的源泉を指摘し，さらに，消費者たちが交換するものは靴屋，食料品店等の資本であるととらえることによって，みかけは単純な「商人たちと消費者たちとの交換」のなかに「いっさいの階級関係が現われ出てくる」のであり,「諸階級が前提されている」としている。

だが，同時に，マルクスは,「貨幣の形態，つまり金，銀，または銀行券の形態」への転化は「階級性格をあいまいにし，それを糊塗する」ものであって,「そこから，ブルジョア社会における平等の外観が生じる」[3]ようになるとみる。

このように,「省察」のマルクスには，近代社会の経済的諸関係における商品・貨幣関係を階級関係のうえに存立するものとしながらも，同時に，商品・貨幣関係においては諸個人は階級的な相違をもたない市民的平等のなかにあるという外観を生じることになるという内容把握への歩みがみられる[4]。

資本主義用語の転生

ところで，マルクスは,「アンネンコフあての手紙」以来，資本主義範疇を表現する用語として「ブルジョア的生産」「ブルジョア的生産様式」を十数年の長きにわたって使いつづけたのち，1860年前後の時期になって「資本制生産」「資本制生産様式」という用語への転換をおこなうようになる。

すなわち，1860年前後の時期に,「資本にかんする章へのプラン草案」や「私自身のノート〔『経済学批判要綱』〕にかんする摘録」などにおいて「資本制

生産」や「資本制生産様式」という用語を確定し，その用語は『1861-63年の経済学草稿（資本論草稿）』や『資本論』において確定的に使われるようになっているのである。

　マルクスは，どうして，資本主義範疇について，「ブルジョア的生産」「ブルジョア的生産様式」という用語のかわりに「資本制生産」「資本制生産様式」という用語の使用へと転換したのだろうか。

　そのことを解くカギは『経済学批判要綱』にある。

　『要綱』において，マルクスは，「ブルジョア的生産」や「ブルジョア的生産様式」という用語から，資本主義範疇を表現する新しい用語としての「資本制生産」や「資本制生産様式」という用語への転生にとっての前段階的な用語たる「資本にもとづく生産」や「資本にもとづく生産様式」といった用語への転換をおこなっている。

　そのようなマルクスの資本主義範疇を表現する用語の転換が『要綱』においておこったのは何故であるのか。そして，それは如何にしておこなわれたものであるのか。

2　これまでのわたしの見解における問題点

「ブルジョア的生産様式」から「資本制生産様式」への転生

　『資本主義の発見——市民社会と初期マルクス——』（1983年，御茶の水書房）以来，わたしは，マルクスの資本主義認識と関連させながら，資本主義範疇とその表現用語の問題について取り組んできた。

　だが，これまでのわたしの研究においては，「ブルジョア的生産様式」から「資本制生産様式」への資本主義用語の《転生》[5]にかんしては，転生の契機とプロセスについていささか不正確な理解をしており，そのため，マルクスの資本主義概念と用語の最終的確定とその意義についてのとらえ方に不十分なところが生じていた。そこで，本書では，そのことの自己批判的再吟味をおこないながら，論点の追求をすすめていくことにしたい。

　マルクスの資本主義範疇についての「ブルジョア的生産」や「ブルジョア的生産様式」から「資本制生産」や「資本制生産様式」という用語への転生につ

いて，わたしは，1983年の『資本主義の発見』においては，次のように指摘していた。

>「……『要綱』のなかで，生産と生産様式についての『市民的〔ブルジョア的〕』という言葉に代わるあらたな表現〔『資本にもとづく生産（様式）』といった用語表現〕のこころみは，『序説』と『貨幣にかんする章』にはみられないで，『資本にかんする章』にはいってから出現しているのである。／おそらく，マルクスは，資本による価値増殖過程としておこなわれる近代社会に特有の生産のあり方を明らかにするなかで，それを『市民的〔ブルジョア的〕』な生産あるいは『市民的〔ブルジョア的〕』な生産様式と表現することに内容にそぐわない感じをもち，その規定的内容にふさわしい表現用語を模索して，そのような〔『資本にもとづく生産（様式）』といったかたちでの〕多種多様な言いあらわし方をこころみたものであろうと推察されるところである。」[6]

この『資本主義の発見』時点においては，多義的な「ブルジョア的生産様式」用語から「資本にもとづく生産様式」用語への転換を，『要綱』の「資本についての章」における剰余価値生産をおこなう近代社会の生産様式の理論的解明にもとづくものとしてストレートな転換と継承の関係においてとらえようとしていた。

そして，先年出版した『マルクスの資本主義』（2006年，桜井書店）においては，『要綱』における「貨幣にかんする章」と「資本にかんする章」との２章構成による商品・貨幣関係における「交換価値にもとづく生産（様式）」用語と資本＝賃労働の生産活動についての「資本にもとづく生産（様式）」用語との規定的内容の理論的相違に着目して次のように述べている。

>「かつては『ブルジョア的生産』『ブルジョア的生産様式』という用語でもって表現されていたマルクスの資本主義用語は，その多義的な相違する内容が理論的に明らかにされることによって用語的に分解がひきおこされ，より明確な規定的内容にもとづく用語として打ち立てられることになる。

すなわち,『経済学批判要綱』における近代社会の経済的諸関係の商品・貨幣関係と資本＝賃労働関係による生産的形態との規定的内容の区別が明らかにされることによって,『資本』に規定された生産・生産様式は,『資本を基礎とした生産』『資本にもとづく生産様式』といったかたちでの用語への転生をとげ,ついには,『資本制生産』『資本制生産様式』という資本主義用語の確定へと結晶化するにいたったものであることは明らかである。」[7]

「ブルジョア的生産様式」から「資本制生産様式」への転生の契機とプロセスについてわたしがここにおいて理解していたことは,マルクスは,『要綱』での近代社会の経済的諸関係における商品・貨幣関係と資本＝賃労働関係による生産形態についての理論的明確化のなかで,「ブルジョア的生産（様式）」という用語そのものにおける多義的な不明確さにたいして違和感を感じるようになり,そこから,それを契機として,「ブルジョア的生産（様式）」にかわるヨリ明確な用語を模索するというプロセスのなかで,「資本にもとづく生産（様式）」という新しいヨリ明確な表現用語を確定することになり,そこから「資本制生産（様式）」という『資本論』的な用語と概念へと転生することになったのであろう,というものであった。

用語転生のもつ意義

このような判断の背景には,1970～80年代にわが国で大きく論議をよんでいた平田清明氏の「市民社会」論的資本主義把握をめぐる論争にかかわる一定の問題意識があった。

当時のわが国のマルクス主義者においては,bürgerliche Gesellschaft を「ブルジョア社会」と訳し bürgerliche Produktionsweise を「ブルジョア的生産様式」とのみ訳して,それを資本＝賃労働関係にもとづく階級的な社会や生産様式として一元論的に理解する傾向があった。

それにたいして,平田清明氏は,そのようなわが国のマルクス主義者における「忘れられた範疇」の1つとして「市民社会」の復権の必要を強調され,bürgerliche Gesellschaft にたいしては「市民社会」という訳語を, bürgerliche

Produktionsweise にたいしては「市民的生産様式」という訳語を与えて，「市民社会」論的資本主義把握を主張された。

そこにおいて，平田氏は，bürgerliche Gesellschaft については，階級社会としての「ブルジョア社会」としてではなくて，自由・平等の市民たちからなる「市民社会」としての意味内容をもつものであることを重視すべきであるとされ，そこから，「市民的生産様式」については，資本＝賃労働の階級的性格をもった「資本制生産様式」とは規定的内容において区別されるところの，自由・平等の市民たちの取り結ぶ生産様式としての規定的性格をもつカテゴリーとして提示・強調されながら，近代社会の規定的要因としての近代的生産様式を「市民的生産様式の資本制生産様式への絶えざる転化」においてとらえられるべきである，と主張されていたのである。

わたしは，平田氏の「市民社会」論的見解にたいして一定の共感を感じながらも，「市民的（ブルジョア的）生産様式 bürgerliche Produktionsweise」については，平田氏のように自由・平等の市民たちが取り結ぶ生産様式に一元論的にひきつけた理解ではなくて，マルクスにおいては「自由・平等な市民たちにおける商品・貨幣論的な社会関係を基礎づける生産様式」と「近代的な資本＝賃労働の階級関係をもった生産様式」との多義的複合的な意味内容においてとらえられていた，と理解すべきものであるとみなしていた。

というのは，マルクスの理論発展史における「ブルジョア的生産様式」用語から「資本制生産様式」用語への資本主義範疇を表現する用語の転生について理解しようとすると，「ブルジョア的生産様式」用語を旧来的なマルクス主義者のように階級論的な一元論的理解の場合においても，あるいは，平田氏的な市民社会論的に一元論的理解をする場合においても，いずれの場合においても奇妙なことにならざるをえないからである。

もし，いわゆる旧来的なマルクス主義者のように「ブルジョア的生産様式」を階級的な「資本制生産様式」と同じ規定的内容の用語であるとみなすならば，マルクスにおける理論的発展史における「ブルジョア的生産様式」から「資本制生産様式」への転生ということはまったく無意味なことになってしまい，なぜマルクスはそのような用語の転換をおこなう必要があったのかということがまったく理解できなくなってしまう。

他方，平田氏のように「市民的(ビュルガーリヒ)生産様式」を自由・平等の市民社会論的な生産様式であって階級的な「資本制生産様式」とは規定的内容を異にするものと一元論的に理解して，「市民的（ブルジョア的）生産様式」用語と「資本制生産様式」用語とは規定的内容が相違するものと理解する場合には，マルクスにおける「ブルジョア的生産様式」用語と「資本制生産様式」用語とのあいだには資本主義範疇としての規定的内容の継続性は存在しないことになってしまい，「ブルジョア的生産様式」用語しかもちあわせていなかった1846年の「アンネンコフあての手紙」から1857-58年の『要綱』以前までのマルクスにおいては階級構造をもった資本主義範疇としての「資本制生産様式」は存在せず，資本制的な階級的経済構造を内容的に示す資本主義用語をもちあわせていなかったことになる。

「ブルジョア的生産様式」のもつ多義的意味内容

だが，もともとマルクスが近代社会の解明のために取り組んだヘーゲル『法の哲学』における「市民社会 bürgerliche Gesellschaft」という用語は，きわめて多様で多義的な意味で使われてきたものであって，マルクスにおいては，①ヘーゲル的な世俗的な現実社会としての意味内容としてとらえられながら，さらに，②自由・平等な市民たちの取り結ぶ社会としても，あるいは，③近代社会における資本＝賃労働の階級社会といった意味内容をもつものとしても使われていた。「bürgerlich（市民的，ブルジョア的）」という規定詞は，そのように多義的な意味をもつ用語として使われていたのである。

わたしは，「ブルジョア的生産様式 bürgerliche Produktionsweise」という用語を，そのような多義的な規定的意味をもつ規定詞としての「bürgerlich」による生産様式という意味内容をもつものとして理解した。そして，そこから，マルクスが『経済学批判要綱』における資本主義範疇についての「市民的(ビュルガーリヒ)〔ブルジョア的〕生産様式」から「資本にもとづく生産様式」への転生をおこなったその契機とプロセスの理解にあたって，それまで使っていた「ブルジョア的生産様式」という多義的意味をもった不明確な用語にたいして『要綱』のなかで違和感を感じて，ヨリ明確な意味内容を示す用語の模索をおこなうことになり，そこから，「ブルジョア的生産様式」という多義的な用語にとってかわる

ものとして「資本にもとづく生産様式」といった用語を確定することになったものであろう，とみなしたのである。

そして，そのような「資本にもとづく生産様式」といった用語が，さらに，1860年前後の「資本にかんする章へのプラン草案」や「私自身のノート〔『経済学批判要綱』〕にかんする摘録」などにおいて「資本制生産様式」という用語に結晶化されることになり，その結果，『資本論』においてはそのような「資本制生産様式」用語と概念が全面的に使用されるようになったのであろう，と理解したのである。

だが，その後のさらなる検討のなかで，そのような用語転換の契機とプロセスの理解にかんして，疑問が生じるようになってきた。

すなわち，多義的な意味内容をもった「ブルジョア的生産様式」という用語からヨリ明確な規定性をもった「資本制生産様式」という用語への転生という基本的な流れについては間違いなくそのとおりであるけれども，しかし，「ブルジョア的生産様式」という用語にたいして資本主義範疇の表現用語として違和感を感じたという契機と，そして，「ブルジョア的生産様式」にかわるヨリ正確な表現用語を求めての模索を通じて「資本についての生産様式」という表現用語を確定するにいたり，そこから「資本制生産様式」といった用語に結晶化するにいたったというプロセスの理解には，難点があると思うようになった。

その難点とは次のようなことである。

「ブルジョア的生産様式」用語の継続的使用

『要綱』や『経済学批判』における「ブルジョア的生産様式」という用語の使い方についてヨリ詳細にみてみると，そこにおいてマルクスが「ブルジョア的生産様式」用語に違和感を感じたという気配をみいだすことは困難であった。

マルクスは，『経済学批判要綱』の「貨幣にかんする章」においても，「資本にかんする章」においても，さらにそのあとの『経済学批判』においても，「ブルジョア的生産（様式）」という用語を若干ながらそれなりに使いつづけている。

すなわち，『要綱』においては，基本的には「交換価値にもとづく生産様

式」や「資本にもとづく生産（様式）」といった用語が使われるようになっており，それにくらべて「ブルジョア的生産（様式）」という用語は使用頻度数が少なくなっているけれども，「貨幣にかんする章」において「ブルジョア的生産」が1回，「資本にかんする章」と「補足」では「ブルジョア的生産」が6回，それに，「ブルジョア的生産様式」や「ブルジョア的生産体制」「ブルジョア的生産諸関係」といった表現が計4回使われている。さらに，『要綱』につづいて執筆された『経済学批判』においては，「ブルジョア的生産」と「ブルジョア的生産様式」という用語のみが全面的に使われている。そのうえ，さらに『1861-63年の経済学草稿』においても，「ブルジョア的生産（様式）」という用語は，「資本制生産（様式）」用語に比して使用頻度は非常に少なくなってはいるが，なお使われている。

　『要綱』のなかで使われている「ブルジョア的生産（様式）」等の用語は，『要綱』全体において「ブルジョア的生産」7回，「ブルジョア的生産様式」1回，「ブルジョア的生産諸関係」2回，「ブルジョア的生産体制」1回，計11回であるが，そのなかで商品・貨幣論的な意味内容で使われているのが3回，資本＝賃労働関係にもとづく生産として使われているのが8回となっている。

　そのように，『要綱』のなかでなお使われている「ブルジョア的生産（様式）」という用語の意味内容は，商品・貨幣関係を基礎づける生産（様式）と，そして，資本＝賃労働の階級関係を基礎づける生産（様式）との，どちらの意味にも使われているのである。

　マルクスは，『要綱』のなかで，ある箇所では「ブルジョア的生産，すなわち交換価値を措定する生産」[8]（強調は重田）といったかたちで，「ブルジョア的生産」と商品・貨幣関係についての「交換価値を措定する生産」とを等置しているのに，別の箇所では，「資本にもとづくブルジョア的生産」[9]といったかたちで「資本にもとづく生産」と「ブルジョア的生産」とを等置したり，「資本による他人の労働の取得は，ブルジョア的生産様式の基本条件であってブルジョア的生産様式にとってどうでもよい偶然事ではけっしてない」[10]（強調は重田）といったかたちで，資本＝賃労働関係を「ブルジョア的生産様式」の基本条件としたりしている。このような「ブルジョア的生産（様式）」という用語の多義的な使い方の存続は，この用語の多義的性格にたいする違和感をこの時

点のマルクスは感じていなかったことを示すものである。

さらにいえば、『要綱』のあと取り組まれた『経済学批判』においては、「ブルジョア的生産」「ブルジョア的生産様式」といった用語が全面的に使われているのである。

マルクスが『経済学批判』で取り扱っている内容は、商品・貨幣関係のみであるが、その『批判』本文においては、商品・貨幣関係についての規定的な生産的基礎を示すカテゴリーとして、「ブルジョア的生産」（7回）あるいは「ブルジョア的生産諸関係」（3回）といったかたちで、もっぱら「ブルジョア的」という規定詞によって表現される用語が統一的に使用されている。

そして、『批判』の「序言」においては、マルクスのそれまでの研究の歩みと唯物史観の定式を示すなかで、「大づかみにいって、アジア的、古代的、封建的および近代ブルジョア的生産様式（modern bürgerliche Produktionsweisen）を経済的社会構成が進歩していく諸時期としてあげることができる。ブルジョア的生産諸関係（die bürgerliche Produktionsverhältnisse）は、社会的生産過程の最後の敵対的形態である。敵対的というのは、個人的敵対という意味ではなく、諸個人の社会的生活諸条件から生じてくる敵対という意味である」[11]といったかたちで、この「序言」における「ブルジョア的生産様式」という用語は、人類社会の経済的社会構成のあいつぐ諸時期の1つとしての近代社会の生産様式たる資本＝賃労働関係にかかわる「資本制生産様式」を表現するという含意をもつ意味内容での用語として使われている。

もし「ブルジョア的生産（様式）」という用語の多義的な性格に違和感を感じて、その概念内容の多義的な規定的内容を分解して、商品・貨幣関係と資本＝賃労働関係との区別にもとづいて「交換価値にもとづく生産（様式）」と「資本にもとづく生産（様式）」というかたちにそれぞれ別の概念と用語でもって表現することを意識的におこなったのであれば、そのような決断ののちにおいては、もはや「ブルジョア的生産様式」という用語を使うことはありえないであろう。ましてや多義的に使うことは考えられないところである。

「資本にもとづく生産（様式）」用語の確定のプロセス

そのように、「ブルジョア的生産（様式）」という多義的な意味内容をもつ用

語についての違和感とそれを契機とした用語的分割という気配が『経済学批判要綱』や『経済学批判』期のマルクスにおいてはみられないのであって，『要綱』において出現するようになった商品・貨幣関係を基礎づけるものとしての「交換価値にもとづく生産（様式）」という用語，そして，資本＝賃労働関係にもとづく階級的な生産についての「資本にもとづく生産（様式）」という用語の形成は，「ブルジョア的生産（様式）」という用語についての違和感を契機とした，その多義的な意味内容の分解によって生み出されたと理解すべきではないか，とみるべきであろう。

マルクスのあらたな資本主義範疇を示す「資本にもとづく生産（様式）」という用語と概念の確定は，「資本についての章」において，近代社会に特有な経済的諸関係やその運動形態を直接に対象として，これを理論的に解明し展開するなかで，価値増殖をおこなう「資本」にもとづく資本＝賃労働関係という階級関係を基礎づける生産や生産様式の規定的内容を確定する過程において，それを直接に表現する用語および概念として打ち立てられたものであろう，と思われる。

3　『経済学批判要綱』における資本主義範疇

（1）「貨幣にかんする章」

『要綱』における2章構成

『経済学批判要綱』は，基本的には，「貨幣にかんする章」と「資本にかんする章」との2章によって構成されている。

なお，『要綱』において，ダリモン『銀行の改革について』の書評と注解をおこなうなかで，急遽，「貨幣にかんする章」という章を立てて，『要綱』の章別構成を打ち立てることになった経緯については，拙著『マルクスの資本主義』（2006年，桜井書店）において取り上げているので，ここでは省略する。

ともあれ，『要綱』において，商品・貨幣関係について理論的に解明する「貨幣にかんする章」が自立的な章として設定されて，商品・貨幣関係の特有の内容が理論的に解明されるようになって，商品・貨幣関係のもつ自由・平等

な等価交換関係にもとづくものとしての規定的性格が明確化されるようになり，それとは規定的内容を異にする価値増殖をおこなうものとしての「資本」にかかわる経済的諸要因・諸関係についての特有の規定的性格が区別されて明らかにされることになる。その結果，それまで多義的であいまいな内容であった「ブルジョア的生産（様式）」概念とちがって，価値増殖をおこなう資本にもとづく資本主義範疇は等価交換を規定的内容とした商品・貨幣関係についての「交換価値にもとづく生産（様式）」とは区別されるものとして，「資本にもとづく生産（様式）」という概念と用語によって理論的に明確なかたちで確定されることになるのである。

　このような「貨幣にかんする章」と「資本にかんする章」との2章構成による「貨幣」と「資本」とについての理論的考察によって，『要綱』におけるマルクスの近代社会の経済的諸関係についての理論的解明において，商品・貨幣関係と資本＝賃労働関係のもとでの生産形態との規定的内容の相違が明確にされることになる。このことは，資本＝賃労働関係を基礎づける「資本」にもとづく資本主義範疇の規定的内容の確定にとって，きわめて大きな意義をもつものであった。

　ここに，「ブルジョア的生産（様式）」から「資本制生産（様式）」へと資本主義範疇の転生をもたらした転換の根拠がひそんでいる。

商品・貨幣関係における交換価値にもとづく交換

　『要綱』の「貨幣にかんする章」において，マルクスは，まず，商品そのものの価値と価格について，「すべての商品（労働〔力〕も含めて）の価値（実質的交換価値）は，その商品の生産費用によって，別の言葉で言えば，その商品の生産のために必要とされる労働時間によって規定されている。価格は，この商品の交換価値が貨幣で表現されたものである」[12]（強調はマルクス。以下同様）としている。

　こうして，マルクスは，商品・貨幣関係における社会的諸関係の規定的内容の基礎を，経済学的カテゴリーとしての「交換価値」にもとづいた等価関係を取り結ぶ「交換価値の基礎のうえでの生産」といった用語と概念において，とらえている。

そのような把握のなかで，マルクスは，対象化された労働時間の分量によってその大きさが規定されているものとしての「交換価値」を，商品交換や貨幣による売買をとらえるにあたってのキー・カテゴリーとしているのである。

そのような商品や貨幣の「交換価値」にとっての「労働時間の対象化」としての規定的関係を，マルクスは『要綱』の「貨幣にかんする章」のなかで繰り返し強調している。

「商品（生産物または生産用具）はいずれも，一定の労働時間の対象化に等しい。商品の価値，すなわち商品が他の諸商品と交換され，あるいはまた他の諸商品がその商品と交換される割合は，その商品に実現されている労働時間の分量に等しい。……商品が価値（交換価値）であるのは，交換（現実の交換であれ，表象された交換であれ）においてだけである。この商品の交換能力一般だけではなく，商品の特有な交換可能性が価値なのである。」[13]

このように，「貨幣にかんする章」においては，商品・貨幣関係を基礎づける生産や生産様式は，基本的には，商品・貨幣流通における「交換価値」に規定される用語によって表現されることになる。

「……交換価値に立脚する一般的な生産（die allgemeine auf dem Tauschwerth beruhenden Produktion）の一契機は，生産物と生産作用因とを貨幣の規定のうちにおくことであって，この規定は生産物とは区別された1つの貨幣を想定しているからである。また，生産をその総体性において考察するばあいには，貨幣関係それ自体が1つの生産関係であるからである。」[14]

ところで，「交換価値」に立脚する「生産」の体制について，マルクスは，次のように述べている。

「流通の前提とは，労働による諸商品の生産であるとともに，諸交換価値としての商品の生産でもある。これが流通の出発点であり，また流通はそ

れ自身の運動をとおして，みずからの運動の結果としての諸交換価値をつくる生産にたちかえるのである。……／この運動は，異なる姿態をまとって現われる，すなわち価値を生産する労働へ歴史的につながるものとして現われるとともに，また他方ではブルジョア的生産，すなわち交換価値を措定する生産の体制（innerhalb des Systems der bürgerlichen, d. h. der Tauschwerth setzenden Produktion）そのものの内部においても現われる。」[15]

　この「交換価値」にもとづく「生産」の規定的な内容は，基本的には「交換価値」を目的としておこなわれる生産ということである。それは，「使用価値のための労働という性格を失」って，「流通によって規定され，交換価値を措定する生産に転化」されたところの，なんらかのかたちでおこなわれる「交換価値」をめざした生産にほかならないものである。
　すなわち，「交換価値にもとづく生産」とは，そのような商品・貨幣関係におけるキー・カテゴリーとしての「交換価値」を基軸として規定的性格をとらえた「生産」にほかならないものである。
　この「交換価値にもとづく生産」といった用語は，政治学的性格の濃い「市民（ブルジョア）社会」用語にとっての規定詞である「bürgerlich 市民的（ブルジョア的）」という表現用語を組み入れた「ブルジョア的生産 bürgerliche Produktion」という用語とはちがって，まさしく経済学的カテゴリーとしての「交換価値」を規定的要因とした「生産」であるという経済学的性格をもった用語にほかならないものである。

自由と平等の体制の実現としての貨幣システム

　そのように，「貨幣にかんする章」におけるマルクスは，「交換価値」の交換としての商品・貨幣関係においては，諸個人，諸主体は単純に交換者としての平等の連関をもつものであって，それ以外の人格的な区別や社会的あるいは階級的な差異は消えてしまっている，とみなしている。
　すなわち，そこにおいては「主体はどちらも交換者である。すなわち，そのどちらもが，相手が彼にたいしてもっているのと同じ社会的関連を相手にたいしてもっている。それゆえ交換の主体として，彼らの関連は平等の関連である。

彼らのあいだになんらかの区別とか、ましてや対立をさがしだすことさえ不可能である」のであって、「貨幣体制は、事実上この自由と平等の体制の実現でしかありえない。……3シリングで商品を買う労働者は、売り手にたいしては、商品の同じ買い方をする国王と、同じ機能、同じ平等のなかにあるものとして、——つまり3シリングという形態で、現われる。両者のあいだの区別はいっさい消し去られている」と、商品の売り手と買い手との交換者の相互関係における平等性がとらえられる。

それとともに、さらに、商品の買い手としては、「労働者」であろうと、「国王」であろうと、売り手にとっては同じ機能、平等の買い手であって、そこには「区別はいっさい消し去られている」ととらえていくのである。

そして、そのような諸個人や諸主体の平等を措定する交換は、自由をももたらすものである。

すなわち、「経済的な形態すなわち交換が、あらゆる面からみて諸主体の平等を措定するとすれば、交換をうながす内容、すなわち個人的でもあれば物象的でもある素材は、自由を措定する。したがって平等と自由が、交換価値にもとづく交換で重んじられるだけではなく、諸交換価値の交換が、あらゆる平等と自由の生産的で実在的な土台である」のである。

『経済学批判要綱』における商品・貨幣関係の独自的性格の明確化

このような商品・貨幣関係についての、「交換価値」を基軸的要因とした自由・平等の等価交換関係を取り結ぶ社会関係としての規定的性格の把握を、マルクスは、『経済学批判要綱』の「貨幣にかんする章」においてはじめて、理論的に明示的かつ自覚的なかたちで確定したのである。このことは、この時期以降におけるマルクスの理論の展開にとってきわめて重要な意義をもつものである。

『要綱』以前のマルクスは、唯物史観の確立直後に「ブルジョア的生産（諸関係）」といった表現用語によって資本主義範疇を確定した『哲学の貧困』（1847年）の執筆時点においては、「生産物の交換様式は、生産諸力の交換様式に依存するのである。一般に、生産物の交換の形態は、生産の形態に照応する。……それゆえにわれわれは社会の歴史のなかに、生産物を交換する様式がそれらの生産物を生産する様式にもとづいて規定されるのを見るのである。私的交

換もまた一定の生産様式に照応している。そして，この生産様式そのものがまた，諸階級の敵対関係に照応しているのである。だから，階級対立がなければ私的交換はありえない」[16]といったかたちで，「階級対立がなければ私的交換はありえない」と理解していたのである。

　さらに，マルクスは，1850年代前半の『ロンドン・ノート』の時期においても，小論稿「省察」にみられるように，「貨幣」における経済関係について，商人と商人とのあいだの取引を「資本の移転」ととらえ，また，商人と消費者との取引においては「資本と所得との交換」がおこなわれていると把握し，さらに，賃金・利潤・地代といった所得の階級的源泉を指摘するなどして，商品・貨幣関係には「諸階級が前提されている」[17]ととらえて，商品・貨幣関係を資本＝賃労働の階級関係に基礎づけられたものとして把握していたのである。

　それにたいして，『要綱』の「貨幣にかんする章」では，商品・貨幣関係については，基本的に，商品交換や売買において労働時間の対象化による「交換価値」にもとづく等価交換がおこなわれるものととらえて，そこでは自由・平等の商品経済的関係が貫徹しているという把握に純化しているのである。

　マルクスにおいては，このような商品・貨幣関係における諸個人，諸主体の「交換価値」を基礎とする関係の理論的な範疇としての明確化によって，はじめて，商品・貨幣関係における対等・自由・平等の等価交換関係を基礎とした「市民的な関係」（ビュルガーリヒ）と，そして，価値増殖をおこなう資本制生産における資本＝賃労働の階級関係における「ブルジョア的な関係」との，それぞれの規定的性格と範疇的な区別が明確になり，そこから，「貨幣」と「資本」とのそれぞれについて論述する章ないしは篇の区別立てがおこなわれることになっているのである。

（２）「資本にかんする章」

「資本にかんする章」の内容
　『要綱』の「資本にかんする章」において取り上げられている経済的諸関係は生産過程における「資本制生産」であって，そこにおけるもっとも基本的な重要な問題として取り組まれているのは，「資本制生産」における資本の価値

増殖すなわち剰余価値の生産について明らかにすることである。そして，そのうえで，生産力の発展のなかで資本の運動がひきおこす長期的な歴史的状況についての解明に取り組んでいる。

すなわち，この「資本にかんする章」における基本的課題とされているのは，まさしく資本主義範疇としての「資本制生産」そのものについての解明であって，近代社会の経済的諸関係にとっての規定的な基礎としての資本制生産における基本的な階級関係である資本＝賃労働関係の基軸的内容たる剰余価値の生産と資本によるその取得について，その本質的内容を確定し，そして，その展開諸形態を示すことである。

そのうえで，資本制生産の長期的発展のなかでひきおこされる剰余価値と利潤の獲得条件の変化の動向を明らかにすることによって，資本制生産の桎梏化とあらたな社会への変革の展望を示すこと，これがもうひとつの課題とされている論点である。

この2つの基本的論点は，マルクスにとっては，それまでのブルジョア経済学の批判のうえにあらたな経済学理論体系の構築による特殊歴史的形態としての近代社会の経済構造とその運動法則の解明をおこない，それとともに，世界経済恐慌の切迫に促されて『経済学批判要綱』の執筆で取り組んだ現実的変革への理論的根拠を示そうとするものである。

「資本と労働のあいだの交換」

この「資本にかんする章」においては，まずはじめの〔貨幣の資本への転化〕の節と〔資本と労働のあいだの交換〕の節において，〈貨幣の資本への転化〉が取り上げられている。

〈貨幣の資本への転化〉については，まず，「貨幣」と異なる「資本」の概念的な一般的特質が示されたうえで，商品・貨幣関係的な交換を通じての貨幣の資本への転化の契機となる過程が問題にされている。

なお，この時期のマルクスにおいては，「労働」と「労働力」の概念と用語上の区別があいまいであるため，必要な場合には〔　〕をつけて補うことにする。

マルクスは，「資本と労働のあいだの交換」は，「形式的に異なっているばかりでなく質的にも異なり，また対立さえしている2つの過程にわかれている」

と指摘する。

資本と労働とのあいだの交換における 2 つの過程とは，(1)商品としての労働〔能力〕の売買という等価での商品交換関係と，(2)資本家が手に入れた労働者の労働力による価値を生み出す生産的活動としての労働そのものの活動によって資本の維持・倍加としての価値増殖がおこなわれる，という過程とである。

ところで，そこにおける第 2 の資本の側からする労働者の労働活動の領有という独特の過程が，どうしておこなわれることになるのか。それは「貨幣と交換して手に入れたものの使用価値が特殊的な経済的関係として現われ，貨幣と交換に手に入れたものを特定の仕方で使うことが，この 2 つの過程の究極の目的をなしている」からである。

そもそも労働者の労働能力は，他の商品とちがって，財貨としての使用価値物ではない。それは，生きた人格をもった労働者の労働能力である。そして，使用価値としての労働者の労働能力の消費は，生産過程において，資本家の指揮・命令のもとで，資本家の所有する生産手段と合体させるかたちで労働者を労働させ，新生産物を生産すると同時に剰余価値を生み出させて，それを資本家が所有物として領有するというものである。

他人の労働能力の領有と消費

この第 2 の行為において取り結ばれている社会関係の規定的内容は，商品としての労働能力の売買としての貨幣所有者と商品（労働力）所有者とのあいだの自由・平等の交換関係ではなくて，資本家による他人の労働能力の処分権の領有と生産過程におけるその消費にほかならないものである。そこにおいて取り結ばれている社会関係は，交換者と交換者とが関係を取り結ぶ商品形態としての規定的性格をもつ社会関係ではない。

すなわち，労働過程における労働者の労働力は商品ではない。そこにあるのは資本家によってその使用権が獲得されている他者である労働者の労働力についての，資本家の指揮・命令による消費過程にほかならないものであり，同時に，資本家に領有される価値増殖過程でもあるのである。財貨（労働力をもふくむ）の消費過程において，消費されつつある財貨は商品形態という社会関係をもつものではない。「資本制生産過程における労働者は労働力商品である」

という見解は，そもそも「商品」とはいかなるものであるかという点についての無理解にもとづくものである。

このような「資本と労働とのあいだの交換」における2つの過程がとらえられることによって，労働者と資本家とが取り結んでいる関係についての自由・平等の商品経済関係の内容は「仮象」的なものでしかないことが明らかになる。

この「資本と労働のあいだの交換」における2つの過程の区別と連関は，商品・貨幣関係と資本＝賃労働関係との結節点をなし，貨幣の資本への転化をもたらすものとして，マルクスの近代社会の経済的諸関係についての規定的内容の理論的把握にとって，きわめて重要な枢軸的意義をもつものである[18]。

ここにおいて，マルクスは，資本による労働者の労働の領有と支配の過程としての生産過程へと論議をすすめることになる。

資本の生産過程

この「資本の生産過程」の項においてマルクスが取り組んでいる基本的内容は，剰余価値を生み出す価値増殖過程についての理論的な解明と，そして，労働生産力の長期的発展のなかでひきおこされる剰余価値と利潤の獲得条件の変化の動向についての検討である。

マルクスは，まず，剰余価値について，「資本が生産過程の終わりで手に入れる剰余価値とは，交換価値の一般的概念にしたがって表現すれば，生産物に対象化された労働時間が資本のはじめの構成諸要素のなかに存在する労働時間よりも大きいということにほかならない」ととらえる。

ところで，「資本のはじめの構成諸要素」のなかの「労働者の価値」について，マルクスは「労働者の価値は，どのようにして決められるのだろうか？　彼の商品のなかに含まれている対象化された労働によってである。この商品は彼の生命力のうちに存在している。この生命力を今日から明日まで維持するためには，彼は一定量の生活手段を消費し，使いはたされた血液の補充などをしなければならない。彼は等価物を受けとるだけである」とする。

すなわち，商品としての労働者の〔労働能力の〕価値の大きさは，基本的には，労働能力を維持するための労働者の生活費によって規定される対象化された労働の分量にほかならない，とみなすのである。

Ⅳ 「資本制生産様式」　109

　マルクスは,『経済学批判要綱』のなかで,剰余価値論の理論化のために,労働者の労働能力のもつ創造的な力による剰余価値の生産とそれにたいする資本による領有について,手をかえ品をかえての論述をおこなっている。

　資本が剰余価値を手に入れることができるのはいかにしてか。それは,商品としての労働者の労働能力についての等価交換の結果として資本に譲渡されることになった労働能力の消費が,資本の指揮・命令のもとで資本の所有する原材料および労働用具と合体されるかたちでの労働者の労働活動としておこなわれ,その過程で,労働能力の交換価値に対象化された労働時間を超えておこなわれる労働活動によって剰余価値をふくむ労働生産物が生み出され,それを資本が領有することになる,という経済的関係にもとづくものである。マルクスは,このようにして,「剰余価値」の生産の基本的内容を確定したのである。

剰余価値増大をめざす資本の運動

　そのうえで,マルクスは,剰余価値の増大をめざす資本の運動と,そのことがひきおこす経済的諸関係の諸矛盾について取り組んでいる。

　すなわち,労働生産性の上昇による必要労働時間の短縮とそれにもとづく剰余労働時間の増大による剰余価値の増大という相対的剰余価値の生産,そして,それにもとづく生産力の発展のなかでの資本の長期的な歴史的動向,さらには,必要労働時間を超える過剰労働時間によって基礎づけられる「自由に使える時間の創出」についての《時間の経済》論,あるいは,資本のたえざる蓄積がもたらす歴史的傾向と「資本の偉大な文明化作用」について論じ,そのうえで,生産力の発展にとっての資本による内的制限,ならびに,〔資本制生産に先行する諸形態〕について瞥見する。

　ついで,「資本の流通過程」の項においては,まず,リカードウの価値論を中心として〔剰余価値および利潤についての諸学説〕が取り上げられている。そのあと,〔固定資本と流動資本〕の節にはいり,固定資本と流動資本との区別と資本の回転の問題,そしてそれらを組み入れての資本の流通と剰余価値の生産の問題が取り上げられ,工場内における固定資本としての機械についての論議,ならびに,それと関連して,労働活動における機械の主導的役割と労働者の機械への従属化や,必要労働時間の短縮と剰余労働時間の拡大による「自

由に処分できる時間」の問題などが論じられている。

そして，最後の「第3の項目　果実をもたらすものとしての資本。利子。利潤。（生産費用，等々）」の項においては，利潤論と利潤率の傾向的低下法則が問題にされていて，社会的生産力の発展にとっての資本制生産様式の不適合は，もろもろの矛盾，恐慌，痙攣をもたらすものであり，恐慌における資本の強力的破壊はその桎梏化を示すものであって，「最後には，資本の強力的な転覆にいたることになる」と資本制生産様式の崩壊に言及している。

「資本にかんする章」における規定的用語

このように，「資本にかんする章」においては，近代社会において剰余価値の獲得をおこなう資本＝賃労働関係にもとづく生産活動とそれを基礎にした経済的諸関係が取り上げられ，それらが「資本にもとづく生産」や「資本にもとづく生産様式」といった資本主義範疇を表現する用語と概念によって展開されている。

『要綱』においては，「資本」に関連づけられた「生産」や「生産様式」についての用語と概念が，「一般に資本と賃労働にもとづく生産（die auf dem Capital und der Lohnarbeit beruhende Produktion）が，ただ形式的に他の諸生産様式と異なるばかりでなく，同様にまた物質的生産の1つの全面的な革命と発展とを前提しているのと同様である。資本は商業資本としては，土地所有のこのような変革がなくとも，完全に発展することができる（……）けれども，産業資本としては，そうはいかない」[19]といったかたちで，あきらかに，「他の生産諸様式」と異なるだけでなく，「産業資本」による「物質的生産の1つの全面的な変革と発展」を前提しているものとして，近代社会に特有の生産の歴史的形態としての資本主義範疇として「資本と賃労働にもとづく生産」が取り上げられているのである。

この『経済学批判要綱』において使われている用語についてみると，『要綱』全体で，商品・貨幣関係についての「交換価値を基礎とした生産」が13回，「交換価値にもとづく生産様式」が4回使われており，それにたいして，「資本（賃労働を含む）にもとづく生産」が41回，「資本（賃労働を含む）にもとづく生産様式」は36回（「資本の生産様式」9回を含む）使われている。なお，「ブ

ルジョア的生産」も6回,「ブルジョア的生産様式」も1回使われている。

4 「資本にもとづく生産様式」から「資本制生産様式」への結晶化

「資本制生産様式」用語の確定

　ところで,『経済学批判』(第1分冊)出版の後の2年ほどたった時期に,マルクスは,『経済学批判』の第2分冊に予定していた「資本にかんする章」の執筆準備のための経済学の研究をおこなうが,どうやら,マルクスは,この1859～61年の時期に,『要綱』においていろいろと模索していた「資本」にかんする経済的諸関係についての「資本にもとづく生産」や「資本を基礎とした生産様式」といった用語表現の結晶化として,「資本制生産 kapitalistische Produktion」「資本制生産様式 kapitalistische Produktionsweise」という用語表現を確定したようである。

　『経済学批判』第2分冊の原稿(のちに『資本論』に予定変更)としての『1861-63年の経済学草稿』のなかでは,「資本制生産」「資本制生産様式」という用語が明確に確定したものとして繰り返し使用されている。

　このことは,『1861-63年の経済学草稿』の執筆が開始された1861年夏頃までに,「資本制生産」ならびに「資本制生産様式」という用語表現が確定されたにちがいない,ということである。

　1859年1月から1861年の夏までのほぼ2年半の時期にマルクスが作成したと推定されている主な諸資料のなかの「資本にかんする章へのプラン草案」において,「資本制生産」という用語が1回使われており,さらに,「私自身のノートにかんする摘録」のなかでは「資本制生産」という用語は12回,「資本制生産様式」という用語は2回と,数多く使われている。

　ところで,この「私自身のノート〔『経済学批判要綱』〕にかんする摘録」においては,『要綱』で使用されていた「資本にもとづく生産」「資本にもとづく生産様式」といった用語表現から「資本制生産」「資本制生産様式」という用語への結晶化の状況が明らかに示されている。

　たとえば,『要綱』における「道路,運河等々のような生産の一般的条件のすべてが……それら〔の建設〕が共同体組織それ自体を代表する政府によって

ではなく,資本によって引き受けられるためには,資本にもとづく生産（die auf das Capital gegründete Production）のきわめて高度の発展を前提するのである」[20]という叙述が,「摘録」では「道路,運河,灌漑等々の例はすべて,それがそれまでの公共事業でなくなり,資本制生産の対象（Gegenstand der capitalistischen Production）となる……」[21]というかたちで,「資本にもとづく生産」が「資本制生産」という用語に取り替えられている。

　また,『要綱』では「固定資本の存在は,とくにすぐれて資本の,生産的資本としての存在なのである。だからこそ,資本に立脚する生産様式（die auf dem Capital beruhende Productionsweise）のすでに達成された発展段階が固定資本の現存の大きさで測られるのである」[22]という叙述が,「摘録」では,「固定資本の大きさは,資本制生産の水準をしめす（Umfang des capital fixe zeigt dem Hohegrad der capitalistischen Production.）」[23]といったかたちで,「資本に立脚する生産様式」が「資本制生産」という用語によって表現されている。

　このような対応関係は,『要綱』においてさまざまなかたちで「資本」にかかわる「生産」や「生産様式」というかたちで表現されていた用語が,「資本制生産」や「資本制生産様式」という用語に結晶化され,統一的な用語として確定されたことを示している。

　かくして,マルクスは,近代社会のさまざまな経済的諸関係における資本にもとづく諸要因や諸関係については,「資本制生産」や「資本制生産様式」という用語をもちいて資本主義範疇についての概括的な表現をおこなうようになっているのである。

資本主義範疇の規定的内容

　そのように『要綱』において多様なかたちで「資本に基礎をおく……」「資本にもとづく……」「資本に立脚する……」ところの「生産」や「生産様式」といった表現をとっていた資本主義用語が「kapitalistische Produktion 資本制生産」や「kapitalistische Produktionsweise 資本制生産様式」という用語に集約されることになったということ,そして,そこにおいてマルクスが規定的モメントを示す限定詞として「kapitalistisch 資本制」という言葉をあてたということは,資本主義カテゴリーを示す用語にとって規定的役割を果しているモメン

トがなにはともあれ「資本」であるということを表現するものであることは明らかである。

このように，「資本制生産」や「資本制生産様式」という用語で示される資本主義カテゴリーは，まさしく「資本にもとづく生産」によってその独自的な規定的性格が示される生産形態であり生産様式にほかならないものである。それは，けっして「商品形態」によって特徴づけられ「商品」論的性格を規定的内容としたものでないことは，その用語表現における「資本制的 kapitalistisch」という規定的限定詞そのものによっても示されているところである。

この「資本制生産」「資本制生産様式」という資本主義カテゴリーを示す用語は，社会構造についての唯物論的把握にとって基礎的な規定要因としての「生産」「生産様式」と，生産の歴史的形態を示すものとしての近代社会の経済関係にとって特有の「資本」と結びついたあり方を表現する「資本制 kapitalistisch」という限定詞との，用語上での結びつきを明確に示すものであって，人間社会における特殊「近代社会」的な歴史的形態に特有の規定的内容にふさわしい表現用語の定立を示すものである。

5　『1861-63年の経済学草稿』

『1861-63年の経済学草稿』の内容

1861年8月から63年7月にかけて，マルクスは，23冊の『1861-63年の経済学草稿』を執筆している。それは2年前の1859年に公刊した『経済学批判』第1分冊の続きとしての第2分冊のための印刷用の清書原稿として書かれはじめたものである。だが，それはやがて『資本論』という新しい構想にもとづく著作のための下書き草稿となる。

『経済学批判』第2分冊用の原稿として，この23冊の『ノート』の冒頭には，「経済学批判　第3章　資本一般」という見出しがつけられている。

こうして，この『1861-63年の経済学草稿』は，『経済学批判』第1分冊で取り扱われた「第1章　商品」と「第2章　貨幣または単純流通」につづくものとして，「第3章　資本一般」からはじめられていて，『ノート』Ⅰ～Ⅴではその第1節「資本の生産過程」が取り上げられいる。そこでは，「1．貨幣の資

本への転化」,「2．絶対的剰余価値」,「3．相対的剰余価値」が解明されている。そして、そこでの資本の生産過程についての取り組みのなかで，マルクスは，剰余価値をめぐる諸問題についての詳細な検討をおこなっている。

それにつづく『ノート』Ⅵ～ⅩⅤと『ノート』ⅩⅧの後半部分は、いわゆる『剰余価値学説史』を構成する。さらに、『ノート』ⅩⅥ～ⅩⅧの前半部分では、資本と利潤，利潤率，商人資本および貨幣取扱資本が取り上げられている。そのあと、『ノート』ⅩⅨ～ⅩⅫの途中までは相対的剰余価値論の続きとなっていて、さらに労働の形態的包摂および実質的包摂についての研究や資本の蓄積過程の諸問題が論じられており，そのあとにはさまざまな諸著作の抜粋がおこなわれている。

このように、『1861-63年の経済学草稿』においては、『経済学批判要綱』ではまだきわめて不十分にしか取り上げられていなかった理論的諸問題について詳細な論究がおこなわれており，そのかぎりにおいては、先に刊行した『経済学批判』第1分冊と合わせて近代社会の経済的諸関係の基礎的諸要因について体系的な理論展開をすすめようとしているものである。

そのなかでは、『要綱』ではほとんど取り上げられていなかった絶対的剰余価値論や、「協業」「マニュファクチュアと分業」「機械と大工業」といった相対的剰余価値の3段階についての論究，資本のもとへの労働の形態的包摂および実質的包摂についての研究，資本の蓄積過程，社会的総資本の再生産，資本と利潤，利潤率，価値の生産価格への転化，資本の有機的構成の高度化による利潤率の低下，商業資本および貨幣資本，絶対地代論といった諸問題についての詳細な理論的検討と展開がおこなわれている。

そして、量的に約半分を占める《剰余価値に関する諸学説》においては、ブルジョア経済学の剰余価値についての理論を検討するだけでなく，関連する理論的諸問題についての展開をおこなっている。

『1861-63年の経済学草稿』における「貨幣の資本への転化」

マルクスは，この『1861-63年の経済学草稿』の冒頭の「第3章　資本一般」の「Ⅰ　資本の生産過程」を，まず，「1　貨幣の資本への転化」という見出しのもとに，貨幣の資本への転化についての叙述からはじめている。

そこでの叙述は，商品経済関係と資本制生産諸関係との質的区分の明確な把握にもとづいて展開されている。商品経済関係は定式 W—G—W として特徴づけられ，資本制生産諸関係は G—W—G′ によって特徴づけられる。それによって，商品経済関係においては等価交換によって交換される使用価値が目的とされるものであるのにたいして，資本制生産諸関係においては，価値の増殖すなわち剰余価値の生産が生産の目標となっていることが表現されている。

そこで，マルクスは，「剰余価値はいかにして発生するのか，ということの研究が，重農学派から最近時にいたるまで，経済学の最も重要な問題をなしてきたのである。それは事実上，貨幣（あるいは商品——というのは，貨幣は商品の転化された姿にすぎないのだから——）が，そもそもある価値額が，いかにして資本に転化するのか，資本はいかにして成立するのか，という問題である」[24] として，剰余価値の形成と展開についての解明に取り組んでいる。

そして，「価値が，貨幣の形態で存在する対象化された労働が，増大することができるとすれば，それはただ，次のような商品，すなわち，その使用価値そのものが交換価値を増加させることにほかならず，その消費が価値創造あるいは労働の対象化と同義であるような一商品との交換によってでしかないであろう。……だが，そのような使用価値をもっているのは生きた労働能力だけである。それゆえ，価値，貨幣は，生きた労働能力との交換によってのみ，資本に転化されうるのである」[25] として，次のように指摘している。

> 「資本制生産は，自由な労働者，すなわち，売るべきものとしては自分自身の労働能力しかもっていない売り手が，流通の内部に，市場に，見いだされる，という前提から出発する。つまり資本関係の形成は，はじめから，この関係が社会経済的発展の——社会的生産諸関係および生産諸力の——一定の歴史的段階にしか現われることができない，ということを示している。それははじめから，歴史的に規定された経済的関係として，すなわち経済的発展の，社会的生産の，一定の歴史的時代に属する関係として現われるのである。」[26]

そして，そのような労働能力は，「売り手である労働者の生きた身体のなか

にある単なる素質として存在する」ものであるが，その使用価値は，「それの消費——が労働そのものであり，したがって交換価値の実体であるということ，それは交換価値そのものの創造的実体であるということである。それの現実的使用，消費は交換価値を生むことである。交換価値を創造することがそれの独自な使用価値なのである」[27]が，そのような商品としての労働能力は，「交換価値」を，すなわち，「その労働能力の生産費に規定された交換価値をもつ」ものであって，その交換価値の大きさは「まず第1に，……労働者を労働者として生かしておくために……必要な生活手段の価値に帰着」する。さらに「第2。……子供たち……を養うのに足るだけの生活手段を維持」し，「〔最後に〕……ある特定の労働能力を発達させるため……の訓練または授業を，なんらかの教育を必要とするのであるが，……これがまた労働能力の生産費にはいるのである。」[28]としている。

そして，未来の資本家としての貨幣所有者は，労働市場において，そのような労働能力の交換価値にみあう賃金と引き換えに労働者の労働能力を一定の期間について買い入れるのである。

これこそが貨幣所有者としての資本家による自由な労働者の労働能力の商品としての購入であって，商品としての労働力の売買すなわち「労働力商品化」とはまさにこのことにほかならない。すなわち，「労働力商品化」とは流通過程としての労働力市場における商品としての労働力の売買においてとる労働者の労働力の規定的性格を示すものにほかならない。

労働過程と価値増殖過程との統一（資本制生産過程）

このような労働力市場において，貨幣所有者としての資本家は，労働力の所有者から労働力の使用価値を消費する権利を一定の期間について商品として購入したのち，購入した労働能力の使用価値を消費する。「貨幣所有者は，労働能力を買った——自分の貨幣を労働能力と交換した（……）——のちに，こんどはそれを使用価値として使用し，それを消費する。だが，労働能力の実現，それの現実の使用は，生きた労働そのものである。つまり，労働者が売るこの独自な商品の消費過程は労働過程と重なり合う。あるいはむしろ，それは労働過程そのものである」[29]のである。

ところで，そのような購入された労働能力の消費としての資本家の指揮・命令によって労働者がおこなう労働過程について，マルクスは，「労働過程そのものは，……労働能力の購買という資本家の側での行為とはなんの関係もない。彼は労働能力の購買を済ませた。いまや，それを使用価値として使用すべきときである。労働〔能力〕の使用価値は，労働そのもの，労働過程である」[30]と，商品としての労働力の購入という資本家側の行為とは無関係な行動としての資本の支配のもとで，労働者の労働の強制という労働力の使用価値の消費としての労働がおこなわれることになる，ととらえているのである。

　そこにおいては，労働者は，資本家の指揮・命令のもとで，資本の所有する生産手段，すなわち，労働手段としての道具，容器，機械を使用し，労働材料としての原材料をもちいて，労働者の労働能力を発揮するというかたちで労働能力の消費活動としての労働をおこない，剰余価値をふくむ労働生産物を資本のために生産するのである。

　「自己のもとへの労働過程のこの*形態的包摂*・労働過程を自己の統制のもとにおくこと・は，労働者が労働者として資本の，あるいは資本家の監督下に，したがってまた指揮下に陥る，ということである……自分の労働能力を時間ぎめで労賃と引き換えに資本家に売ってしまえば，労働者はいまや，自分が労働者として，資本が働くさいに必要とする諸要因の１つとして，労働過程にはいらなければならないからである。現実の生産過程は，労働による，したがって労働者自身の活動による，この過程にはいる諸使用価値の生産的消費であるが，それは他方では同じく，資本，あるいは資本家による労働能力の消費でもある。資本家は，労働者に労働させることによって，労働者の労働能力を使用するのである。……労働過程が，同時にまた労働および労働者自身が，資本の統制のもとに，その指揮のもとにはいるのである。私はこれを，*資本のもとへの労働過程の形態的包摂*と呼ぶ。」[31]

　そのように，資本制生産過程における資本家と労働者とが取り結ぶ社会関係は，商品としての労働力の売買におけるような商品・貨幣所有者の相互関係と

しての商品経済関係ではなくて，資本家の意思にしたがって労働者の労働能力の消費がおこなわれる関係，すなわち，資本の指揮・命令のもとで労働させられる階級的な包摂と統制のおこなわれる関係である，とマルクスは指摘するのである。

転化過程の2つの構成部分

かくして，貨幣の資本への転化過程は，2つの構成部分からなることになる。その第1は商品としての労働力の売買という単純流通の過程であり，第2は資本家による労働力の消費がおこなわれる資本制生産の過程である。

> 「貨幣が自己を資本に転化するために通り終える運動の全体は，異なった2つの過程に分解する。——第1の過程は単純な流通の行為であって，一方からは購買，他方からは販売である。第2の過程は買われた財貨の買い手による消費であって，この行為は流通の外部にあり，流通の背後で行なわれる。買われた財貨の消費は，ここでは，この財貨の独自な本性のために，それ自身1つの経済的関係をなす。買い手と売り手とは，この消費過程のなかで，同時に生産関係でもあるところの，相互間の新しい関係にはいる。」[32]

商品としての労働力の売買は等価交換をおこなう商品流通であるが，労働力の消費がおこなわれる生産過程におけるあり方はそのような商品流通関係とはまったく無縁な現象を示す「支配＝奉仕関係」である，とマルクスは強調している。

> 「第1の行為は，これが属する商品流通の諸法則に完全に合致している。諸等価物が諸等価物と交換される。……／第2の行為は，次のような現象を，すなわち，その結果においてもその諸条件においても，単純な流通の諸法則にはまったく無縁であるばかりでなく，単純な流通とは矛盾するように見えさえもする現象を示す。第1に，売り手と買い手との社会的な位置が，生産過程そのもののなかで変化する。売り手が労働者としての彼の

人格をもって買い手の消費過程そのものにはいるかぎり、買い手は売り手の指揮者となる。それは、単純な交換過程の外で、1つの支配＝奉仕関係となるが、この関係をこの種の歴史的関係の他のすべてのものから区別するのは、この関係は、売り手が売る商品の独自な本性から結果として出てくるのにすぎない、ということ、したがってここでは、この関係は売買から、両当事者が商品所有者として行動することから生じるのであり、したがってそれ自体としては政治的な関連も、その他の関連も含むものではない、ということである。買い手は長、主人（master）となり、売り手は彼の労働者（man, hand）となる。」[33]

　このようにして明確化された生産過程における資本のもとに包摂されている資本＝賃労働関係にもとづく「資本が規定的で支配的な生産様式」を、マルクスは「資本制生産」と名づけている。これこそまさに資本主義範疇にほかならない。

　「生産過程が資本のもとに包摂されているところの、言い換えれば、資本と賃労働との関係にもとづいているところの、しかもその結果として、資本が規定的、支配的な生産様式〔となっているところの〕、生産の社会的様式〔die gesellschaftliche Weise der Produktion〕を、われわれは資本制生産と呼ぶ。」[34]

　そのようにして確定された資本主義範疇の理解のうえたって、マルクスは、資本と労働との交換における2つの行為の区別の必要を強調している。

　「資本と労働との交換では、2つのことが区別されなければならない。
　（1）労働能力の販売。これは、他のいかなる売買の場合でもそうであるような、単純な売買、単純な流通関係である。この関係の考察では、買われた商品の使用あるいは消費はどうでもよいことである。／ここでは買い手と売り手とはただ商品所有者として対し合うにすぎず、取引の独自な、他と区別される性格は現われないので、調和主義者たちは、資本と賃労働

との関係をこの第1の行為に還元しようとする。
　(2) 資本が交換によって入手する商品（労働能力）の消費，それの使用価値の使用は，ここでは，独自な経済的関係をなす。これにたいして，商品の単純な売買の場合には，商品の使用価値は，この商品の実現——消費——とまったく同様に，経済的関係そのものにとってはどうでもよいことである。
　資本と労働との交換では，第1の行為は交換（購買または販売）であって，まったく，単純な領域に属するものである。交換者たちは，買い手と売り手として対し合っているにすぎない。第2の行為は，交換とは質的に異なった過程である。それは本質的に別のカテゴリーである。」[35)]

　このように，マルクスは，商品としての労働力の売買という経済的関係と，生産過程における労働力の消費における経済的関係とは「本質的に別のカテゴリーである」として，その区別について強調しているところであって，資本＝賃労働関係による「資本制生産」における経済的関係の内容を「労働力商品化」における商品経済関係に還元してとらえる理解はブルジョア的な「調和主義者たち」の見解にほかならない，としているのである。
　すなわち，資本制的経済諸関係における近代社会に特有の生産の歴史的形態としての資本主義範疇にとっての種差としての基軸的で規定的な関係は，「資本制生産」における経済的関係にほかならないものである。それは，労働力市場での「労働力商品」の売買としての雇用契約関係においてではなく，工場内の生産過程での資本の指揮・命令のもとでの労働活動における支配と強制の関係という階級関係においてのものである，とマルクスは強調しているのである。

絶対的剰余価値の生産

　このようにして，近代社会に特有の歴史的形態にとって規定的要因である生産の特有の形態としての「資本制生産」を確定したマルクスは，そのあと，資本制生産の規定的内容としての剰余価値生産における「絶対的剰余価値」と「相対的剰余価値」の解明へとすすめている。
　まず，「剰余価値のさらに詳しい展開」として，「絶対的剰余価値」の考察に

はいっていく。そこでの,「剰余価値の分析」においては,「資本と労働能力との交換によって媒介される（あるいは,労働能力がその価値で得られる）という事情は,剰余価値の分析だけが問題となっているここでは,どうでもよいこととなる」として,商品としての労働能力の交換（労働力商品化）という事情は「剰余価値の分析」においては「どうでもよいことである」と指摘して,資本制生産における剰余価値の生産についての考察をすすめているのである。

> 「資本と労働能力との交換によって媒介される（あるいは,労働能力がその価値で売られる）という事情は,剰余価値の分析だけが問題となっているここでは,どうでもよいこととなる。ここで問題となるのはむしろ,一方では,労賃（労働力の価値）に対象化されている労働時間の大きさがどれだけか,そして他方では,労働者がその代わりに実際に資本家に引き渡した労働時間の大きさがどれだけか,言い換えれば労働者の労働能力の使用の大きさはどれだけか,ということである。」[36]

そして,剰余価値は,資本のうちの労賃に投下された部分にみあう必要労働時間を超えて資本家のために労働する労働時間に帰着する,ととらえる。

> 「どんな事情のもとでも,生産物がもつ剰余価値は,剰余労働の対象化にすぎない。そもそも価値とは対象化された労働時間にすぎないのであって,同様に剰余価値とは,対象化された剰余労働時間にすぎないのである。つまり剰余価値とは,労働者が必要労働時間を超えて資本家のために労働する労働時間に帰着するのである。」[37]

したがって,「資本家が労働者に支払うものは労働者の労働能力の日々の価値にたいする等価であるが,彼がその代わりに受け取るものは,労働能力をそれ自身の価値を超えて利用する〔verwerten〕権利である」と,資本家と労働者とのあいだでおこなわれている関係は,資本家にとっては,労働能力の日々の価値にたいする等価分を賃金として支払いながら,労働能力をその価値を超えて利用する権利を獲得するということであるというかたちで,剰余価値を獲得

する権利としてとらえているのである。

そこにおいて，マルクスは，絶対的剰余価値の生産を「資本のもとへの労働の形態的包摂」ととらえる。

> 「絶対的剰余価値にもとづく形態を，私は資本のもとへの労働の形態的包摂と名づける。この形態は，現実の生産者たちが剰余生産物，剰余価値を提供しているが，すなわち必要労働時間を超えて労働しているが，それが自分のためではなく他人のためであるような，それ以外の生産様式と，ただ形態的に区別されるにすぎない。」[38]

そして，必要労働時間と剰余労働時間，不変資本部分（原料＋生産用具）と可変資本部分（労働能力と交換される資本部分），商品の価値構成としての $W = C + (V + M)$，剰余価値率 $m' = M/V$ といった資本制生産にもとづく商品の価値とその価値構成や剰余価値との関係などについての内的諸関係について解明をすすめている。

さらに，剰余労働の限度，過度労働の利点，多人数労働者による同時的労働日，労働しない諸々の社会部分の側での自由な時間としての剰余労働などについても取り上げている。そこにおいて，マルクスは，労働時間についての資本の無制限な要求にたいする制限として，労働者による階級闘争とそれにもとづく国家権力による干渉を指摘している。

> 「労働者が剰余労働をその標準的な限度を超えて提供するか否かは，彼が資本の無際限な要求に対置することのできる抵抗力にかかっているであろう。けれども，近代産業の歴史が教えるところによれば，資本の無際限な要求は，労働者の個々ばらばらの努力によってはけっして抑えられなかったのであり，日々の総労働時間がある諸制限を（……）見いだすまでには，まずもって闘争が階級闘争という形態をとり，それによってまた国家権力〔staatsgewalt〕の干渉が呼び起こされなければならなかったのである。」[39]

そして，「奢侈が可能なのは，それが他人の労働をもって買われるときだけ

である」(シスモンディ) といった指摘とならんで,『デイリー・テレグラフ』
『工場監督官報告書』『工場取締法』などにもとづきながら資本制企業における
多くの過酷な労働条件の実態や,あるいは,大ブリテンの綿織物工業における
夜間労働,ニュー・ラナークの綿紡工場における10歳未満の児童の13時間労働
や成人労働者の18時間労働の制限への要請などについても取り上げており,そ
こで明らかにされている野放しの資本主義の生み出す現実は,グローバル化し
た新自由主義的な現代資本主義のもとで無権利状態にあるわが国の使い捨ての
ワーキング・プアや働きすぎで過労死する労働者の状態を彷彿とさせる記述と
なっている。

　たとえば,『デイリー・テレグラフ』(1860年1月17日付) による次のような記
事が示されている。

> 「州治安判事ブロートン氏は,1860年1月14日,ノッティンガム市の公会堂で開かれたある集会の議長として,次のように言明した。——地域住民のうちレース製造業に従事している部分には他の文明世界のどこにもまったく例がないほどの苦悩と窮乏とが存在している。……9歳から10歳の児童が朝の2時,3時,4時ごろ彼らの汚いベッドから引き離されて,ただ露命をつなぐだけのために夜の10時,11時,12時まで労働することを強制されるのであって,その間に児童の手足は衰え,骨格は萎縮し,顔は労苦をきざみ込み,彼らの人間性はまったく石のような無感覚状態に硬化して見るも無残なありさまである。」[40]

「相対的剰余価値」の生産

　ついで,「相対的剰余価値」の項においては,労働生産性の上昇によってひ
きおこされる生活手段の交換価値の下落による賃金の切り下げにもとづくとこ
ろの,必要労働時間の短縮による剰余価値の増大の方法にかんして,a 協業,
b 分業,マニュファクチュア＝分業にもとづく作業場(アトリエ),c 機械,自然諸力と科
学との応用による大工業,の3つの段階について取り上げ,資本のもとへの労
働の実質的包摂をとらえている。

「資本のもとへの労働の実質的包摂のもとで，……技術学的な過程である労働過程における変化のすべてが始まり，これらと同時に，労働者の自分自身の生産にたいする，また資本にたいする関係におけるすべての変化が始まる。——社会的労働の生産諸力が発展することによって，そしてこの生産諸力とともに，はじめて同時に，自然諸力の大規模な充用，直接的生産への科学と機械装置との運用が可能となることによって，ついに，労働の生産力における発展が始まるのである。つまりここで変化するのは，形態的関係だけではなくて，労働過程そのものである。資本制生産様式は——いまはじめて，1つの独自な種類の生産様式として現われるのであって——，一面ではそれが物質的生産の変化した姿態を創りだす。他面では，物質的姿態のこうした変化が資本関係の発展のための土台となるのであって，それゆえに資本関係に適合した姿態は，ただ物質的生産諸力の特定の発展程度にのみ対応するのである。」[41]

さらに，剰余価値学説史についての詳細な検討をはさんで，「第3章　資本と利潤」という見出しのもとで，剰余価値の利潤への転化によってもたらされるさまざまな論点についての検討，資本制生産の進行にともなう利潤率の低下についても論じ，それとともに，商業資本や貨幣取引業等についても取り上げている。

剰余価値にかんする諸学説

なお，剰余価値学説についての検討においては，ジェイムズ・スチュアートと重農学派の見解の検討からはじまり，重農学派について，「重農学派は，剰余価値の源泉についての研究を流通の部面から直接的生産そのものの部面へ移し，これによって資本制生産の分析のための基礎をすえた」[42]ものであって，「ブルジョア的視野のうちでの資本の分析は，本質的には，重農学派によってなされたものである。この功績こそは，彼らを近代経済学の本来の父となすものである」[43]と指摘している。そのうえで，大きくいって，第1には，アダム・スミスを中心に価値法則にもとづく資本と労働との交換問題についてのさまざまな論議を取り上げており，第2には，リカードウを中心とした価値論お

よび剰余価値についての論議やさらにはリカードウ派社会主義者についても取り上げ，そして，第3には，ブルジョア経済学の衰退と俗流化について論及している。

そこにおいて，マルクスは，古典派経済学による経済的諸関係にかんする科学的解明については高く評価しながらも，これらのブルジョア経済学においては，近代社会に特有の歴史的形態としての資本制生産および資本制生産様式にたいして，これを自然的形態であり，固定的な絶対的な形態としての規定的性格をもつものとして把握する誤ったものである，と批判している。

すなわち，「古典派経済学は，資本の基本形態を，他人の労働の取得を目的とする生産を，社会的生産の歴史的形態としてではなく，その自然形態として把握する点で誤っており，欠陥をもっている……」[44]と，古典派経済学における近代社会の経済的諸関係にたいする歴史的形態としての把握の欠如というその基本的欠陥について指摘しているのである。

「資本制生産様式」用語の確定的使用

この『1861-63年の経済学草稿』において，マルクスは，執筆のはじめから，資本主義範疇を表現する用語として，「資本制生産」「資本制生産様式」という用語を確定したかたちで繰り返し大量に使用している。

そこにおいて，マルクスは，資本主義範疇としての特有の意味をもち，その内容表現を示すところの「資本制 kapitalistisch」という規定詞にもとづく「資本制生産」「資本制生産様式」を基軸的用語として意識的に使用しながら，『資本論』の構築への道をすすめているのである。

この23冊の『資本論草稿』としての『1861-63年の経済学草稿』における「生産」「生産様式」「社会」等についての資本主義カテゴリーの使用頻度をみてみると，その数は「資本制生産」が588回にたいして「ブルジョア的生産」は42回，「資本制生産様式」が147回にたいして「ブルジョア的生産様式」は6回と，「資本制生産」「資本制生産様式」という表現用語が圧倒的に多く使用されている。この『1861-63年の経済学草稿』における資本主義用語の用語種類別・分冊別数量について，さきの『マルクスの資本主義』(2006年)における表の数値には見落としや重複などの遺漏があったので，点検しなおして確定した

第1表　『1861-63年草稿』（23冊のノート）における資本主義用語

『資本論草稿集』　　ノート	I I〜V	II VI〜X	III X〜XIII	IV XIII〜XV	V XVI〜XVIII	VI XIX〜XXIII	計
			『剰余価値学説史』				
ブルジョア的生産	3	2	17	13	4	3	42
資本制生産	77	49	141	128	97	96	588
ブルジョア的生産様式	0	0	4	0	1	1	6
資本制生産様式	18	5	21	9	28	66	147
ブルジョア社会	5	10	4	5	5	3	32
資本制社会	0	2	0	1	0	0	3
資本主義	0	0	1	0	0	0	1

数を示したのが，第1表である。

そこにみられるように，「資本制 kapitalistisch」という規定詞による表現は，生産および生産様式についてみるかぎり圧倒的であって，基本的に「ブルジョア的」という規定詞による用語にとってかわっていることがわかる。

なお，少数ながら残っている「ブルジョア的 bürgerlich」という規定詞が使われている用語についてみると，「ブルジョア的生産 bürgerliche Produktion」という用語が使われている41例のうち3例は『哲学の貧困』のマルクス自身の文章からの引用によるフランス語形での la production bourgeoise という用語である。残りの38例のうち33例は資本制生産と同じ意味内容において使われており，商品生産という意味内容で使われているのは5例となっている。

また，「ブルジョア的生産様式 bürgerliche Produktionsweise」用語の6例のうち3例は資本制生産様式と同義で使われており，商品論的なものが3例となっている。

このように多義的な意味内容をもつものとして使われている「ブルジョア的生産(様式) bürgerliche Productions(weise)」という用語と「資本制生産(様式) kapitalistische Productions(weise)」との相違について，マルクスは，この『草稿』のなかで次のような指摘をおこなっている。

Ⅳ　「資本制生産様式」　127

> 「リカードウは，ブルジョア的(ビュルガーリヒ)(bürgerliche) 生産を，もっと明確に言えば資本制 (capitalistisch) 生産を，生産の絶対的な形態として把握している。」[45]

　すなわち，「ブルジョア的生産(様式) bürgerliche Produktions(weise)」という用語は，資本主義範疇を表現するものとしては〈不明確な〉用語であって，「資本制生産(様式) kapitalistische Production(sweise)」という用語のほうが〈明確な〉用語である，と指摘しているのである。

　「ブルジョア的生産(様式)」という用語が「資本制生産(様式)」という用語に比していかなる意味内容において不明確であるのかということについては，マルクスはまったく説明していない。しかし，この2つの資本主義範疇を示す用語が同じものではなくて，「ブルジョア的生産(様式)」という用語は不明確なところがあり，それに比して「資本制生産(様式)」という用語のほうが明確な表現用語である，ということを明確に意識しているようである。

　そのように，「ブルジョア的生産 bürgerliche Produktion」という用語は，近代社会の規定的形態を示す資本主義範疇を表わす用語としては不明確であるところから，マルクスは，『要綱』において資本主義範疇についての表現用語をさまざまなかたちで模索したうえで，近代社会の経済的諸関係における現実的あり方をより適切に表現する資本主義用語として「資本制生産 kapitalistische Produktion」「資本制生産様式 kapitalistische Productionsweise」という用語を確定して，「ブルジョア的生産 bürgerliche Production」「ブルジョア的生産様式 bürgerliche Productionsweise」という用語のかわりに使用することにしたということであろう。

　ついでながら，「資本制生産」を「生産の絶対的形態として把握している」というリカードウにたいする批判的指摘は，近代社会に特有の歴史的形態規定性をもつものとしての資本制生産を生産の絶対的形態として固定的にとらえている古典派経済学に共通する非歴史的な把握という特徴にたいする基本的批判を示すものであり，同時に，マルクス自身の資本主義範疇についての歴史的形態としての把握という基軸的な立脚点についての独自的な観点をも示すものである。

「ブルジョア的」から「資本制」への規定詞の転生のもつ意義

このように，マルクスの資本主義範疇を表現する用語が，「bürgerlich（市民的，ブルジョア的）」という規定詞から「kapitalistisch（資本家的，資本制）」という規定詞へと取り替えられるようになって，「ブルジョア的生産（様式）」から「資本制生産（様式）」へと転生することになったということは，用語的にみてもきわめて重要な意義をもつものである。

もともと，「市民社会 bürgerliche Gesellschaft」という用語は，政治的な市民組織にかかわる用語であったと，マンフレート・リーデルは『市民社会の概念史』（1975–82年）のなかで次のように指摘している。

> 「ヨーロッパ政治哲学上の術語としての〈市民社会 bürgerliche Gesellschaft〉は，アリストテレス以来伝承され，およそ18世紀中葉にいたるまで通用した，古い言語伝統においては，《市民団体 ビュルガーフェアアイニグンク》ないし《市民共同体 ビュルガーゲマインデ》といったことを意味する。これらの語においては，市民が自由で平等に共存し（通常は市民自身によって担われる），政治的支配形式（たとえば共和政や貴族政あるいは君主政のこともある）に自ら服する社会ないしゲマインシャフトが理解されている。」[46]

したがって，そこにおいて「政治社会」と同義のものとされていた「市民社会」における「市民的 bürgerlich」という規定的形容詞は，経済的形態についての規定詞ではなくて，社会の政治的性格にかかわる用語として使われていたものである。

> 「市民社会 ソキエタス・キウイリス と政治社会 ソキエタス・ポリティカ〔は〕長らく区別されなかった……。すなわち〈政治社会〉の概念が，市民社会 bürgerliche Societät ないし Gesellschaft を指示することによって説明されるのである。したがって，〈市民的 bürgerlich〉という形容詞は，なによりもつねにこの社会の政治的分肢，すなわち市民的に特権的な，支配に関与する人（格）と身分だけに関与する。〈市民的 civilis〉と〈政治的 politicus〉の同義性は，たんに言語的に根拠づけられるだけでなく，そこには古い市民社会の同質的な支配層が表現され

ている。」⁴⁷⁾

　そのように,「〈市民的 bürgerlich〉という形容詞は, なによりもつねにこの社会の政治的分肢」を示すものであって, 経済的要因についての規定詞ではなくて, 政治的諸関係のあり方を示す規定詞にほかならないものである。ところが, マルクスにとっての資本主義範疇は, 唯物史観を"導きの糸"とした社会関係の規定的なものとしての経済関係における基礎的要因としての「生産」や「生産様式」についての近代社会に特有の歴史的形態を示すものである。したがって, そのような資本主義範疇にとっての基軸的で基礎的な経済的要因である「生産」や「生産様式」についての規定的内容を示す形容詞としては, 政治的な規定的性格を示す「〈市民的 bürgerlich〉という形容詞」は, 適合的ではない。そのことは, 日本語の翻訳語としても「市民的生産」や「市民的生産様式」という用語にたいする違和感にも感じられるところである。

　しかも, さらに, ドイツ語の〈市民 Bürger〉という用語は, フランス語での〈ブルジョア bourgeois〉と〈シトワイヤン citoyen〉という2つ以上の言葉で表記されるという多義性をもつものである。マンフリート・リーデルはいう。

> 「〈市民 Bürger〉という言葉は語源的には〈城砦 Burg〉に属し, この城砦という言葉は以前にはまた《都市》をも意味しえた。……したがってすでに, 古高ドイツ語の burgāri, 古英語の burgware, 古高ドイツ語の burgære, burger は《都市の住人》を意味していた。……ロマン語の諸国においては, またイギリスにおいてもそうであったが (〈citizen〉／〈burgess〉), ラテン文化やラテン語の影響の結果, すでに中世中期において〈市民〉という言葉にたいして, 2ないしはそれ以上の表記が生じた。こうしてフランス語では〈bourgeois〉(11世紀),〈citoyen〉(12世紀),〈citadin〉(15世紀) が見られるのであるが, ドイツ語の言語圏では1つの言葉が使えるに過ぎない。」⁴⁸⁾

　そのように,「ブルジョア的生産様式 bürgerliche Produktionsweise」という用語において使われている「生産様式」の規定的内容を示すものとしての「bürgerlich」という規定詞は、そもそもは政治的なものを表わす形容詞であり、しかも、「市民」的なものと「ブルジョア」的なものとの多義的な意味内容を表わすものであって、マルクスのとらえている経済的内容においては、商品・貨幣的な商品経済的内容と、資本＝賃労働関係にもとづく階級的な資本制生産の内容とを表わす、多義的な規定的性格をもつものであった。

　それにたいして、マルクスが、『経済学批判要綱』において商品・貨幣的な商品経済関係と資本＝賃労働関係にもとづく資本制生産との区別のうえに打ち立てた「資本制生産様式 kapitalistische Produktionsweise」という用語は、まさしく資本主義の基軸的で基礎的な経済活動としての「生産」や「生産様式」を規定するにふさわしいカテゴリーであり、「資本制的 kapitalistisch」という「資本」にもとづく「生産」や「生産様式」を表現するにふさわしい規定詞をもちいた用語といえるものである。しかも、さらに、それは「ブルジョア的」という規定詞におけるような流通過程における商品・貨幣的な商品経済関係と生産過程における資本＝賃労働関係にもとづく資本制生産とをふくむ多義的意味内容をもつものとしてではなくて、明確に生産過程における「生産」や「生産様式」における存在形態を規定する用語にほかならないものである。

　マルクスが近代社会の批判的検討にあたって取り組んだヘーゲルの「市民社会」論におけるキー・カテゴリーである「市民社会 bürgerliche Gesellschaft」の「市民的 bürgerlich」を規定詞とした用語として打ち立てられた「ブルジョア的生産（様式）」から、「資本制生産（様式）」という用語への転換は、近代社会の経済的諸関係についてのマルクスの研究の進展にもとづくものである。すなわち、そのような用語転換は、マルクスが経済理論の体系化をはかろうとして取り組んだ『経済学批判要綱』を契機とした商品・貨幣関係と資本＝賃労働関係にもとづく資本制生産との相違の理論的解明にもとづいて明確化された近代社会の経済諸関係を表わす資本主義範疇としての表現用語への転生を示すものにほかならない。

　このように、マルクスの資本主義範疇における「ブルジョア的生産（様式）」から「資本制生産（様式）」への用語の転生ということは、マルクスの近代社会の経済諸関係についての把握内容の発展的深化にもとづく資本主義範疇の明確化に対応するものであると同時に、用語表現そのものが規定的内容の深化と

Ⅳ 「資本制生産様式」 131

厳密化とを明確に示すものとなっている、ということができるのである。

社会についての「ブルジョア（市民）社会」用語

　ところが、そのような経済的な基礎的要因としての生産や生産様式についての表現ではなくて、概括的なかたちでの「社会」についての表現にあたっては、マルクスは、この『1861-63年の経済学草稿』においても、依然として「ブルジョア（市民）社会 bürgerliche Gesellschaft」という用語をかなりウエイトをもった頻度で使っている。

　『1861-63年の経済学草稿』においては、「社会」についての表現としては35例のうち圧倒的大多数の32例について「ブルジョア（市民）社会 bürgerliche Gesellschaft」という用語が使われていて、「資本制社会 kapitalistische Gesellschaft」という表現は3例しかない。そのように、社会については、多くの場合、「資本制社会」という表現に転換することなしに、「ブルジョア（市民）社会」という表現をそのまま使いつづけているのである。

　すなわち、マルクスは、『1861-63年の経済学草稿』においては、生産や生産様式については、当初から、「資本制生産」「資本制生産様式」という表現をほぼ完全に使うようになっているにもかかわらず、社会については、主に「bürgerliche Gesellschaft ブルジョア（市民）社会」という用語を使っているのである。

　このことは、マルクスにおいては、近代社会の経済的基礎ならびにその経済関係の包括的形態を示すものとしての生産や生産様式にかんするかぎりは、ほぼ完全に「資本制」的という用語でもって表現すべきであると確定した時点においても、なお、近代社会そのものの概括的表現にかんしては、生産や生産様式についての表現用語とは一体化しないで、「ブルジョア（市民）社会」という用語を必要としていた、ということである。

　なお、この『1861-63年の経済学草稿』のなかで、「資本主義 Kapitalismus」という抽象名詞としての用語表現が、わずかに1回だけ出現している。

　　「人口の最大の部分すなわち労働者人口がその消費を拡大しうるのは、非常に狭い限界のなかにかぎられているのに、他方、資本主義（Kapitalismus）が発展するのと同じ程度で、労働にたいする需要は、たとえ絶対的

には増大するにしても，相対的には減少する。」[49]

　ここで使われている「資本主義」という抽象名詞での用語は，「資本制生産」や資本制経済諸関係とほぼ同義の使い方がされている。

注

1) Wolfgang Jahn/Dietrich Noske, "Fragen der Entwicklung der Forschungsmethode von Karl Marx in den Londoner Exzerptheften von 1850–1853," *Arbeitsblätter zur Marx-Engels-Forschung 7*, 1979, S. 29. 八柳良次郎「マルクス『ロンドン抜粋ノート』における貨幣・信用論」(東北大学経済学会『研究年報 経済学』第44巻第1号，1982年) 67ページ。

2) この「省察 Reflection」という論稿は，新 MEGA, I -10 に収められており，その邦訳としては，大谷禎之介「カール・マルクス『論評』——貨幣，信用，恐慌にかんする1851年の1論稿——」(法政大学経済学会『経済志林』第46巻第2・3合併号，1978年10月)があり，それは論文表題を「省察」と訳しかえられて，『マルクス・エンゲルス全集』補巻3（大月書店，1981年）に収録されている。

　この「省察」にかんしては, Fred E. Schrader, *Restauration und revolution. Die Vorarbeiten zum Kapital von Karl Marx in seinen Studienheften 1850–1858*, Gestenberg Verlag, Hildesheim 1980. また，さきにあげた John/Noske 論文のほかに，W. S. Wygodski, "Zum Manuskript 'Reflection' von Karl Marx in Heft VII der Londoner Exzerpt," *unsrer Partei einen Sieg erringen; Studien zur Entstehungs- und Wirkungsgeschichte des "Kapital" von Karl Marx*, Ein Sammelband, Berlin 1978. で取り上げられている。

　わが国では，八柳良次郎氏の前掲論文，中宮光隆「マルクス『省察』(Reflection, 1851)における恐慌・信用論——マルクスとシスモンディー——」(『三田学会雑誌』第76巻第5号，1983年12月)がある。

3) K. Marx, Reflection, S. 508–510. 邦訳, 158–160ページ。

4) 服部文男氏は，「省察」においてマルクスが「貨幣制度を階級対立にもとづくものとみなしながらも，貨幣が『階級的性格を消し去り，ぬりかくす』ことを指摘し，『質的な階級の差異が，消費者と商人とのあいだの商業の行為において量的な差異のうちに消失すると』述べていることは，注目すべきである」と指摘されている(服部文男「『資本論』の成立」岡本博之ほか監修『マルクス《資本論》の研究』上，新日本出版社，1980年，103ページ)。

　また，内田弘氏は，「省察」における近代貨幣制度の歴史的にして二重の性格の把握と貨幣の3つの区分を重視し，それは「のちの『要綱』にとっての決定的なメルクマールを措定したことを意味する」とされている(内田弘「第1部，第2章，1850～1867年」遊部久蔵・杉原四郎ほか編『講座 経済学史』Ⅲ，同文舘，1979年，59ページ)。

　なお，シュラーダーは，「省察」の中心概念を「貨幣制度」とみなしながら，商品と貨幣との交換とそして賃労働者と資本家との階級対立との関連についての把握というところに，「省察」の中心的内容があるとみるとともに，それは内容的に『要綱』貨幣章に直結しているとみなしている(Schrader, *a. a. O.*, S. 88–90. 山本孝則「《紹介》フレッ

ト・シュラーダー著『再建と革命——1850〜1858年のマルクスの研究ノートにおける〈資本論〉の準備作業』」,『武蔵大学論集』第31巻第6号,1984年3月,127ページ)。また,ヴィゴドスキーは,この「省察」において「貨幣流通と恐慌の研究における具体から抽象への移行についての一定の歩み」がなし遂げられており,『要綱』や1861-63年の『資本論草稿』に結びつくものとみている (Wygodski, a. a. O., S. 80.)。

5) ここで「資本主義用語の《転生》」というかたちで,通常の経済学文献においては使われることのない「転生」(生まれ変わり) という用語を使ったのは,「ブルジョア的生産様式」という用語から「資本制生産様式」という用語への転換は,対象的事物の内容としては一定の相違をふくんで別の用語に変えられながらも,基本的には資本主義範疇を示す用語として再生され発展的に引き継がれているものであることを表現しようとして,使用したものである。

6) 重田澄男『資本主義の発見——市民社会と初期マルクス』1983年,御茶の水書房,240-241ページ。

7) 同『マルクスの資本主義』2006年,桜井書店,171ページ。

8) マルクス『経済学批判要綱』,『マルクス資本論草稿集』(以下『草稿集』と略す) 大月書店,①298ページ。

9) 同上,②23ページ。

10) 同上,②707-708ページ。

11) マルクス「序言」(『経済学批判』第1分冊),『草稿集』③206ページ。

12) 同『経済学批判要綱』,『草稿集』①105ページ。

13) 同上,112ページ。

14) 同上,233-234ページ。

15) 同上,297-298ページ。

16) マルクス『哲学の貧困 プルードンの《貧困の哲学》への返答』1847年,『マルクス・エンゲルス全集』第4巻,61ページ。

17) 同「省察」,『マルクス・エンゲルス全集』補巻3,153ページ。K. Marx, Reflection, 新MEGA, Ⅰ-10, S. 504.

18) この点について,佐藤金三郎氏は次のように指摘されている。「私自身は,……単純流通と資本の生産過程とのあいだの独特の関係をどのように把握するかがまさに『要綱』におけるマルクスの経済学批判の全体系を理解するための『軸点』であると考えています。……私は,単純流通と資本主義的生産過程との関連を歴史的な移行の関係としてではなく,対象であるこのブルジョア社会の『表面』と『深部』との関係として,いわば同時的な関連としてとらえた点にこそ『要綱』におけるマルクスの最大の理論的達成があったのではないかと考えているのです。」(高須賀義博編『シンポジウム《資本論》成立史 佐藤金三郎氏を囲んで』1989年,新評論,51-52ページ。)

19) マルクス『経済学批判要綱』,『草稿集』①331ページ。

20) 同上,②202-203ページ。

21) マルクス「私自身のノートにかんする摘録」,『草稿集』③517ページ。

22) 同『経済学批判要綱』,『草稿集』①506ページ。

23) 同「私自身のノートにかんする摘録」,『草稿集』③530ページ。

24) 同『1861-63年経済学草稿』第1分冊,『草稿集』④35ページ。

25）同上，51ページ。
26）同上，54ページ。
27）同上，61ページ。
28）同上，61-62ページ。
29）同上，83ページ。
30）同上，103ページ。
31）同上，146-147ページ。
32）同上，163ページ。
33）同上，163-164ページ。
34）同上，211-212ページ。
35）同上，261-262ページ。
36）同上，269ページ。
37）同上，272ページ。
38）同上，第6分冊，『草稿集』⑨369ページ。
39）同上，第1分冊，『草稿集』④286ページ。
40）同上，342ページ。この記事は，『資本論』においても引用されている（『資本論』②415-416ページ）。
41）同上，第6分冊，『草稿集』⑨386ページ。
42）同上，第2分冊，『草稿集』⑤13ページ。
43）同上，11ページ。
44）同上，第4分冊，『草稿集』⑦477ページ。
45）同上，73ページ。新MEGA、II-3, S. 1247-1248.
46）マンフレート・リーデル（河上倫逸・常俊宗三郎編訳）『市民社会の概念史』（原著1975-82年）1990年，以文社，11ページ。
47）同上，43ページ。
48）同上，136ページ。
49）マルクス『1861-63年経済学草稿』第3分冊，『草稿集』⑥692-693ページ。

V　マルクスの資本主義範疇
——『資本論』における商品形態と資本制生産——

梗概　『資本論』全3巻のなかで，マルクスは，資本主義範疇を基軸として近代社会の経済的諸関係の構造と運動についての理論的解明をおこなっている．本章では，『資本論』の構成について瞥見したうえで，『資本論』における資本主義範疇にかかわる中心的論争点としての，商品・貨幣関係における労働力商品化と，資本＝賃労働関係にもとづく資本制生産との，資本主義範疇にとってもつ意義について取り上げ，そのうえで，資本主義範疇としての「資本制生産様式」の規定的内容についてみておくにとどめる．この論点は，まさに，「資本制生産様式」を基軸とした資本主義論を提示するマルクスと，「労働力商品化」を基軸とした資本主義論を主張される宇野弘蔵氏との，資本主義範疇をめぐる理論的な切り結びにとっての重要な中心的論点をなすところである．

1　『資本論』の構成

『資本論』第1巻の完成と出版

　マルクスは，『経済学批判』第Ⅰ分冊の続きとして，「第3章　資本一般」にはじまる『1861-63年の経済学草稿』としての23冊のノートの基本的部分をほぼ書きあげた1862年の末に，それまで考えていた出版計画を変更し，『経済学批判』第2分冊を出すという予定を中止して，そのかわりに，『経済学批判』第1分冊も合わせて独立の著作を『資本論』という表題で出版することにし，「経済学批判」という書名は副題とすることに決める．

　1863年7月に『1861-63年の経済学草稿』を書き終えたのち，マルクスは，さらに，1863年8月から65年12月までの2年半にわたって，大量の文献・統計・文書・報告等の補足的研究をおこなうとともに，新しい原稿の執筆に着手し，あらたに膨大な手稿を作成する．これが『資本論』全3巻の最初の細部まで書き上げられた異文草稿である．

そのうえで，マルクスは，あらためて1866年1月から1年余りをかけて『資本論』の原稿の清書をおこない，1867年9月にやっと『資本論』第1巻の発行にたどりついている。

なお，『資本論』第2巻と第3巻とは，周知のように，マルクスの死後にエンゲルスの編集によって刊行されたものである。それは，1863年8月以降にマルクスが執筆したさまざまな原稿から編集されたものであるが，第2巻は1870年に書かれた原稿が，第3巻は1864-65年に書かれた原稿が中心になっている。

『資本論』の全体構成は次のごとくである。

 第1巻　資本の生産過程
  第1篇　商品と貨幣
   第1章　商品
   第2章　交換過程
   第3章　貨幣または商品流通
  第2篇　貨幣の資本への転化
  第3篇　絶対的剰余価値の生産
  第4篇　相対的剰余価値の生産
  第5篇　絶対的および相対的剰余価値の生産
  第6篇　労賃
  第7篇　資本の蓄積過程

 第2巻　資本の流通過程
  第1篇　資本の諸変態とそれらの循環
  第2篇　資本の回転
  第3篇　社会的総資本の再生産と流通

 第3巻　資本制生産の総過程
  第1篇　剰余価値の利潤への転化，および剰余価値率の利潤率への転化
  第2篇　利潤の平均利潤への転化
  第3篇　利潤率の傾向的低下の法則

第4篇　商品資本および貨幣資本の商品取引資本および貨幣取引資本への（商人資本への）転化
　　第5篇　利子と企業者利得とへの利潤の分裂。利子生み資本
　　第6篇　超過利潤の地代への転化
　　第7篇　諸収入とその源泉

　そこにおいて，『資本論』第1巻の第1篇は「商品と貨幣」を取り扱っており，第2篇は「貨幣の資本への転化」を論じている。資本制生産様式の基礎的過程としての資本制生産についての「資本の生産過程」を解明しているのは，第3篇「絶対的剰余価値の生産」から第7篇「資本の蓄積過程」までにおいてである。
　そして，第2巻「資本の流通過程」においては，第1巻で解明した資本制生産を基礎として，資本制生産様式のもとでの資本の流通過程の諸部面について解明し，そのうえで，第3巻「資本制生産の総過程」においては，資本制的経済諸関係の現実的諸形態としての利潤・商品資本と貨幣取引資本・利子生み資本・地代等と諸階級の諸収入についての解明をおこなっている。

『資本論』の目的と対象

　マルクスは，『資本論』の「第1版への序文」のなかで，『資本論』は「近代社会の経済的運動法則」を明らかにすることを目的として，「資本制生産様式，および，これに照応する生産＝ならびに交易諸関係」を研究したものである，と指摘している。
　『資本論』の研究対象は，まさにこの近代社会という人間社会の歴史的形態の「経済的運動法則」を展開している「資本制生産様式，および，これに照応する生産＝ならびに交易諸関係」にほかならない。そして，そこにおいて，「資本主義」という現在日常化している用語につながる「資本制 kapitalistisch」という規定的用語は，マルクスの言葉に即していうならば，「生産様式，および，これに照応する生産＝ならびに交易諸関係」の「近代社会」に特有の歴史的形態を示す用語にほかならない。
　ところで，その「資本制生産様式」が，近代社会に特有の歴史的形態規定性

をもつ生産様式であることについては、マルクスは、『資本論』全3巻の終わり近くの第7篇第51章「分配諸関係と生産諸関係」のなかで、次のように述べている。

　「資本制生産様式の科学的分析は、……次のことを証明する。すなわち、資本制生産様式は、特殊な種類の、独自な歴史的規定性をもつ生産様式であるということ。この生産様式は、他のすべての特定の生産様式と同じように、社会的生産諸力とその発展諸形態との与えられた一段階を、自己の歴史的条件として前提しているのであり、この条件自体は、1つの先行過程の歴史的な結果および産物であり、また新たな生産様式が自己に与えられた基礎としてのそこから出発する、ということ。この独自な歴史的に規定された生産様式に対応する生産諸関係——人間がその社会的生産過程において、その社会的生活の生産において、取り結ぶ諸関係——は、独自な、歴史的な、一時的な性格をもつということ。さらに、最後に、分配諸関係は、この生産諸関係と本質的に同一であり、その裏面なのであり、したがって両者とも同じ歴史的な一時的な性格を共通にもっているということ。」[1]

　このような近代社会に特有の歴史的形態規定性をもった「資本制生産様式」とそれに照応する「生産＝ならびに交易諸関係」が、『資本論』の研究対象としての経済関係であって、そのようなものとしての『資本論』における資本主義範疇としての「生産」および「生産様式」の規定的特徴は、なによりも近代社会に特有の歴史的形態規定性をもつものであるということであり、その実態的な経済的内容は、価値増殖をおこなうものとしての資本＝賃労働関係にもとづく生産形態のうえに展開する経済的諸関係である、というものである。

『資本論』における資本主義用語

　ところで、『資本論』においても、マルクスは資本主義範疇を「資本主義 Kapitalismus」という用語でもって示してはいない。

　『資本論』における資本主義範疇についてみると、マルクスが生存中にみず

第2表 『資本論』における資本主義用語

	内訳				計
	序文後書き	第1巻	第2巻	第3巻	
ブルジョア的生産	0	2	0	0	2
資本制生産	4	100	98	132	334
ブルジョア的生産様式	0	1	0	1	2
資本制生産様式	4	63	21	201	289
ブルジョア社会	2	8	0	6	16
資本制社会	1	3	7	2	13
資本制体制	0	7	1	8	16
資本主義	0	0	1	0	1

からの手によって公刊した『資本論』第1巻には,「資本主義」という用語はまったく使われていない。「資本主義」という用語は,『資本論』全3巻のなかでは,エンゲルスが編集した第2巻にただ1回使われているだけである。

それでは,『資本論』のなかで,マルクスはいかなる用語でもって資本主義範疇を示しているのか。

『資本論』における資本主義範疇を示している用語と概念は,基本的には,「資本制生産 kapitalistische Produktion」と「資本制生産様式 kapitalistische Produktionsweise」である。『資本論』のなかで使われている資本主義用語としては,「資本制生産」という用語が334回,「資本制生産様式」は289回も使われていて,それをもって近代社会の経済システムの規定的要因を示すものとしているのである。念のために『資本論』における資本主義用語の使用頻度数を示したのが第2表である。

なお,この kapitalistische Produktion や kapitalistische Produktionsweise にたいして,通常日本語としては「資本主義的生産様式」という訳語が与えられているが,それは「生産様式」という社会関係にとっての基礎的土台にたいして近代社会に特有の特殊歴史的な形態規定性を示すものとしての kapitalistisch という規定的形容詞が付けられているである。この『資本論』における用語は,『経済学批判要綱』において使われていた「資本にもとづく生産様式」といった「資本」によって規定された用語が結晶化してつくられたものなので,「資

本主義的」や「資本家的」よりも「資本制」的といった表現用語がより適切であると思われるので、「資本制生産様式」という用語で示している。

2　商品としての労働力の売買と資本制生産

労働力の販売と購買

　ところで、資本主義範疇についての考察においては、なによりも、商品・貨幣関係と資本＝賃労働関係にもとづく資本制生産との相違と関連について、明確に把握する必要がある。

　マルクスは、「商品」経済関係について、「商品交換は、その純粋な姿態においては、等価物どうしの交換であり、したがって価値を増やす手段ではない」[2)]としている。

　そこから、「貨幣の資本への転化」にあたっての出発点と課題について「貨幣の資本への転化は、商品交換に内在する諸法則にもとづいて展開されるべきであり、したがって等価物どうしの交換が出発点をなす。いまのところまだ資本家の幼虫として現存するにすぎないわれわれの貨幣所有者は、商品をその価値どおりに買い、その価値どおりに売り、しかもなお過程の終わりには、彼が投げ入れたよりも多くの価値を引き出さなければならない。彼の蝶への成長は、流通部面のなかで行なわれなければならず、しかも流通部面のなかで行なわれてはならない。これが問題の条件である。"ここがロドス島だ、ここで跳べ！"」[3)]と指摘する。

　そして、流通過程における商品経済的な等価交換にもとづきながら価値増殖がおこなわれるためには、その使用価値が価値の源泉であるような商品——すなわち、労働力——を流通過程においてみいだす必要がある、とする。

　　「資本に転化すべき貨幣の価値の変化は、この貨幣そのもののうえには起こりえない。……この変化は、第一の行為 G—W で買われる商品のうちに起こらなければならないが、しかし、その商品の価値のうえに、ではない。というのは、等価物どうしが交換されるのであり、商品はその価値どおりに支払われるからである。したがって、この変化は、その商品の使用

価値そのものから，すなわちその商品の消費から生じうるのみである。一商品の消費から価値を引き出すためには，わが貨幣所有者は，流通部面の内部で，すなわち市場において，一商品——それの使用価値そのものが価値の源泉であるという独自な性質をもっている一商品を，したがってそれの現実的消費そのものが労働の対象化であり，それゆえ価値創造である一商品を，発見する幸運にめぐまれなければならないであろう。そして，貨幣所有者は，市場でこのような独特の商品を——労働能力または労働力を見いだすのである。」[4]

そこにおいて，未来の資本家としての貨幣所有者は，労働力を商品として販売している商品所有者たる労働者を，すなわち，「自分の労働力を自分の商品として自由に処分するという意味」での自由な人格をもち，しかも，生活手段も生産手段もまったくもたないで生産手段から切り離されて「売るべき他の商品をもっておらず，自分の労働力の実現のために必要ないっさいのものから解き放されて自由であるという意味で自由な」無産の労働者を商品市場においてみいだし，商品としての労働力を商品販売者としての労働者から購入するのである。

ところで，そのような商品としての労働力にたいして支払われる代価の価値の大きさは，そのような労働力の再生産費または維持のための費用にほかならないものであって，①労働力の所有者としての労働者自身の維持に必要な生活諸手段の価値，②労働者"種族"の維持のために必要な労働者家族のための生活諸手段の価値，③労働力のもつ技能と熟練を獲得するに要する教育・訓練のために支出される価値，をふくむ労働力の生産に必要な労働時間によって規定され，それにもとづくものとして賃金として支払われることになるものである[5]。

かくして，「労働力というこの独自な商品の所有者にたいして貨幣所有者から支払われる価値」としての賃金支払いにたいして，「この貨幣所有者が交換で受け取る使用価値は，労働力の現実の使用，すなわちその消費過程においてはじめて現われる」ものである。

すなわち，商品としての労働力をもふくめて「貨幣所有者は，原料その他のこのような〔資本制生産〕過程に必要なすべてのものを商品市場で買い，それ

らに価格どおりに支払う」のであって，「労働力商品」はまさにここにおいて存立するものである。そのようなものとしての「労働力商品」の規定的性格は，労働力市場という商品市場における労働力の売り手と買い手とのあいだに取り結ばれる経済的関係であって，その規定的内容は労働力の再生産に必要な生活資料に規定された交換価値の大きさにもとづく等価交換にほかならないものである。

労働力の売買がおこなわれる商品交換の部面

そのような「労働力の売買がその枠内で行なわれる流通または商品交換の部面」すなわち「労働力商品」の存立する部面について，マルクスは次のように明確な指摘をおこなっている。

> 「労働力の売買がその枠内で行なわれる流通または商品交換の部面は，実際，天賦人権の真の楽園であった。ここで支配しているのは，自由，平等，所有，およびベンサムだけである。自由！ というのは，一商品たとえば労働力の買い手と売り手は，彼らの自由意思によって規定されているだけだからである。彼らは，自由で法律上対等な人格として契約する。契約は，そこにおいて彼らの意思が1つの共通な法的表現を与えられる最終結果である。平等！ というのは，彼らは商品所有者としてのみ互いに関連し合い，等価物と等価物を交換するからである。所有！ というのは，だれもみな，自分のものを自由に処分するだけだからである。ベンサム！ というのは，両当事者のどちらにとっても，問題なのは自分のことだけだからである。彼らを結びつけて1つの関係のなかに置く唯一の力は，彼らの自己利益，彼らの特別利得，彼らの私益という力だけである。そして，このようにだれもが自分自身のことだけ考えて，だれもが他人のことは考えないからこそ，すべての人が，事物の予定調和に従って，またはまったく抜け目のない摂理のおかげで，彼らの相互の利得，共同の利益，全体の利益という事業をなしとげるだけである。」[6]

だが，未来の資本家としての貨幣所有者によって購入された「労働力」は消

費されることになる。そこにおける「労働力の消費過程は，同時に，商品の生産過程であり剰余価値の生産過程である。労働力の消費は，他のどの商品の消費とも同じく，市場すなわち流通部面の外で行なわれる」ものであって，そこにおける経済関係の内容は「労働力商品」の売買という等価交換の関係とは異なるものである。

そこで，マルクスはいう。「それゆえ，われわれも，貨幣所有者および労働力所有者と一緒に，表面で行なわれていてだれの目にもつくこのそうぞうしい流通部面を立ち去って，この二人のあとについて，生産という秘められた場所に，"無用の者立ち入るべからず"と入口に掲示してあるその場所に，はいっていこう。ここでは，どのようにして資本が生産するかということだけでなく，どのようにして資本そのものが生産されるかということもまた，明らかになるであろう。貨殖の秘密がついに暴露されるに違いない」[7]と。

「労働力商品」の売買がおこなわれる流通過程としての「商品」経済関係の世界から，生産過程における資本制生産に移行するにあたっての，そこにおける社会的関係の移り変わりの瞬間について，マルクスは，その転換にともなう当事者たちにとってのドラマティックな人格的変化を，次のように描写している。

> 「この単純流通または商品交換の部面から，俗流自由貿易論者は，資本および賃労働の社会についての見解，概念，および自己の判断の基準を引き出してくるのであるが，この部面を立ち去るにあたって，わが"登場人物たち"の顔つきは，すでにいくぶんか変わっているように見える。さきの貨幣所有者は資本家として先に立ち，労働力所有者は彼の労働者としてそのあとについていく。前者は，意味ありげにほくそ笑みながら，仕事一途に。後者は，まるで自分の皮を売ってしまってもう革になめされるよりほかにはなんの望みもない人のように，おずおずといやいやながら。」[8]

そして，そこにおいて，マルクスは，「資本および賃労働の社会についての見解，概念，および自己の判断の基準」を，「労働力商品」が商品として売買される「単純流通または商品交換の部面」としての「商品経済関係」からひき

だしてくる見解を，"俗流自由貿易論者"の見解であると鋭く指摘しているのである。

資本制生産過程

かくして，『資本論』は，資本制生産の解明にはいっていく。

まず，第3篇「絶対的剰余価値の生産」の「労働過程と価値増殖過程」の章において，「労働過程」について取り組み，労働力の消費は労働そのものであって，労働過程は，そのかぎりにおいては，どのような特定の社会的形態にもかかわりなくおこなわれる超歴史的な活動であるとする。

だが，労働過程は，それが資本家による賃金労働者の労働力の消費過程としておこなわれる資本制的な経済関係のもとにおいては，2つの独自な現象を示すことになる。そのことについて，マルクスは，①資本家の管理のもとでの労働という，資本の管理・統制，すなわち指揮・命令のもとでの労働という労働過程におけるあり方と，②生産物は資本家の所有物であって，直接生産者である労働者の所有物ではないという，労働の成果としての生産物にたいする所有のあり方とについて指摘する[9]。

つづく「価値増殖過程」の節において，マルクスは，「労働力のなかに潜んでいる過去の労働と，労働力が遂行することのできる生きた労働とは，すなわち労働力の日々の維持費と労働力の日々の支出とは，2つのまったく異なる大きさである」としたうえで，「前者は労働力の交換価値を規定し，後者は労働力の使用価値を形成する」と指摘する。

そこから，マルクスは，「したがって，労働力の価値と，労働過程における労働力の価値増殖とは，2つの異なる大きさである。この価値の差は，資本家が労働力を買ったときに念頭においていたものであった」としている。このような労働力の使用価値の消費としての労働こそが「価値の源泉であり，しかもそれ自身がもっているよりも多くの価値の源泉であるという，この商品の独特な使用価値であった。これこそは，資本家がこの商品から期待する独特な役立ち方なのである」[10]として，「剰余価値は，生産物価値のうち，消耗された生産物形成者——すなわち生産諸手段および労働力——の価値を超える超過分をなす」[11]ものであることを示すのである。

そのような「労働過程と価値増殖過程の統一としては，それは資本制生産過程，商品生産の資本制的形態」[12]であって，資本制生産過程はその起動因として剰余価値の獲得と増大をめざすものとして特徴づけられることになる。

　そのように，労働力の価値の大きさに規定された必要労働時間を超えておこなわれる剰余労働時間において剰余価値は生み出されるものであって，このような労働時間の延長によって生み出され資本家に獲得される剰余価値を，マルクスは「絶対的剰余価値の生産」と名づけており，資本は最大限に労働時間を延長してヨリ多くの剰余価値を獲得することをめざす。

労働時間のかぎりない延長と資本制生産

　そのような資本による労働時間のかぎりない延長による剰余価値の増大への渇望が生み出す労働者における非人間的な悲惨な状況と，それにたいする労働者の側からの抵抗，社会的な批判，そして法的規制による標準労働日の制限といった歴史的実態については，「絶対的剰余価値の生産」の篇の「第8章　労働日」のなかで，「工場監督官報告書」などによりながら詳細に指摘されているところである。それは見出しを掲げてみるならば次のごとくである。

　　第8章　労働日
　　　第1節　労働日の諸限界
　　　第2節　剰余労働に対する渇望。工場主とボヤール
　　　第3節　搾取の法的制限のないイギリスの産業諸部門
　　　第4節　昼間労働と夜間労働。交替制
　　　第5節　標準労働日獲得のための闘争。14世紀中葉から17世紀末までの労働日延長のための強制法
　　　第6節　標準労働日獲得のための闘争。法律による労働時間の強制的制限。1833〜1864年のイギリスの工場立法
　　　第7節　標準労働日獲得のための闘争。イギリスの工場立法が他国におよぼした反作用

　資本による剰余労働にたいする渇望にもとづく労働時間の延長について，マ

ルクスは,「本質的に剰余価値の生産であり剰余労働の吸収である資本制生産は, 労働日の延長によって, 人間的労働力の正常な精神的および肉体的発達と活動との諸条件を奪い去るような人間的労働力の萎縮を生み出すだけではない。それは労働力そのもののあまりにも早い消耗と死亡とを生み出す。それは, 労働者の生存時間を短縮することによって, ある与えられた諸期限内における労働者の生産時間を延長する」[13]と指摘しており, そこにみいだされる長時間労働による過労死の惹起という悲劇は, まさに現代資本主義のもとでの市場原理主義による規制緩和のもとでひきおこされている悲劇にも通じるところである。

マルクスは, 資本制生産における資本による労働時間の延長をおしすすめてきた歴史的過程について,「資本が労働日をその標準的な最大限界まで延長し, 次いでこれを超えて12時間という自然日の限界にまで延長するのに数世紀を要したが, そのあとこんどは, 18世紀の最後の3分の1期に大工業が誕生して以来, なだれのように強力で無制限な突進が生じた。風習と自然, 年齢と性, 昼と夜とのあらゆる制限が粉砕された」[14]と指摘している。

そして, そのようにして延長された労働時間の実態について, 1833年の工場法における具体的内容を次のように示している。

> 「1833年の工場法——木綿工場, 羊毛工場, 亜麻工場, および絹工場を包括する——以後, 近代産業にとって1つの標準労働日がようやく始まる。1833年から1864年までのイギリスの工場立法の歴史以上に, 資本の精神をみごとに特徴づけるものはない！／1833年の法律が言明するところによれば, 普通の工場労働日は朝5時半に始業し, 晩の8時半に終業するものとし, また15時間という時限の制限内では, 年少者（すなわち13歳ないし18歳の者）を1日のうちのどんな時間に使用しても, 同一の年少者が1日に12時間以上労働しさえしなければ, 特別に規定されたある場合をのぞき, 適法であるとされる。」[15]

資本の指揮・命令にもとづく資本制生産

そして, そのような具体的事例にみられるような実態にもとづきながら, マルクスは,「労働が資本のもとへ従属することから生じうる生産様式そのもの

のあらゆる姿態変化は別として，剰余価値の生産すなわち剰余労働のしぼり出しが，資本制生産の独特な内容および目的をなす……」[16]と，剰余労働のしぼり出しが「資本制生産の独特な内容および目的をなす」とみなしている。同時に，マルクスは，資本制生産におけるそのようなかたちでの資本家の指揮・命令によって賃金労働者にもたらされる現実について明らかするなかで，労働者が労働力を商品として売買しているときとはまったく異なる状況について指摘する。

「わが労働者は生産過程にはいったときは違うものとなって，そこから出てくるということをわれわれは認めなければならない。市場では，彼は，『労働力』商品の所有者として他の商品所有者たちと相対したのであり，商品所有者が商品所有者と相対したのである。労働者が自分の労働力を資本家に売るときに結んだ契約は，彼が自分自身を自由に処分するものであることを，いわば白い紙に黒い文字で書きとめたようにはっきりと証明した。取引が終わったあとになって，彼は『なんら自由な行為者ではなかった』こと，彼が自分の労働力を自由に売る時間は，彼がそれを売ることを強制されている時間であること，実際に，彼の吸収者は『一片の筋肉，一本の腱，一滴の血でもなお搾取することができる限り』手放しはしないことが暴露される。自分たちを悩ます蛇にたいする『防衛』のために，労働者たちは結集し，階級として1つの国法を，資本との自由意志の契約によって自分たちとその同族とを売って死と奴隷状態とにおとしいれることを彼らみずから阻止する強力な社会的防止手段を，奪取しなければならない。『譲ることのできない人権』のはでな目標に代わって，法律によって制限された労働日というつつましい"大憲章"が登場する。それは『労働者が販売する時間がいつ終わり，彼ら自身のものとなる時間がいつ始まるかをついに明瞭にする』。なんとひどく変わったことか！」[17]

そのうえで，マルクスは，資本制生産における「協業」—「分業とマニュファクチュア」—「機械制大工業」といったかたちで展開する労働組織および労働手段の技術的変革による労働生産性の上昇にもとづく必要労働時間部分の

短縮にもとづく剰余価値の増大の方法としての「相対的剰余価値の生産」について取り組んでいるのである。

他人の労働能力の領有と消費

　この資本制生産過程において取り結ばれている資本家と労働者とのあいだの社会関係の規定的内容は，商品としての労働能力の売買としての貨幣所有者と商品（労働力）所有者とのあいだの自由・平等の交換関係ではなくて，資本家による他者としての労働者の労働能力の処分権の領有と生産過程におけるその消費にほかならないものである。そこにおいて取り結ばれている社会的関係は，交換者と交換者とが関係を取り結ぶ商品形態としての規定的性格をもつ社会的関係ではない。

　資本制生産過程における労働者の労働力は商品ではない。そこにあるのは資本家によってその使用権が獲得されている他者である労働者の労働力についての，資本家の指揮・命令による消費過程にほかならないものであり，同時に，資本家に領有される価値増殖過程でもあるのである。財貨（労働力をもふくむ）の消費過程において，消費されつつある財貨は商品形態という社会的形態をもつものではない。

　このような「資本と労働とのあいだの交換」における，労働力商品の売買という商品経済関係における過程の内容と，資本制生産過程における労働力の使用価値の消費としての資本の指揮・命令のもとでの労働者の労働活動という資本制生産における過程の内容との，2つの過程の内容がとらえられることによって，労働者と資本家とが取り結んでいる関係についての自由・平等の商品経済関係の内容は「仮象」的なものでしかないことが明らかになる。

　この「資本と労働のあいだの交換」における2つの過程の区別と連関は，商品・貨幣関係と資本＝賃労働関係にもとづく資本制生産との結節点をなし，貨幣の資本への転化をもたらすものとして，マルクスの近代社会の経済的諸関係についての規定的内容の理論的把握にとって，きわめて重要な枢軸的意義をもつものである。そして，それとともに，「資本制生産（様式）」という用語によって表現されている資本主義範疇の規定的内容を，明示的に示すものでもある。

3 「資本制生産様式」の規定的内容

資本制生産様式の2つの特徴

　マルクスは，『資本論』において，近代社会に特有の歴史的形態規定性をもつ生産様式である「資本制生産様式」の特徴について，第3巻の最終部分の「第7篇　諸収入とその源泉」のなかの「第51章　分配諸関係と生産諸関係」のなかで，「資本制生産様式をはじめからきわ立たせるのは，次の2つの特徴である」として，商品経済関係と資本制生産との2つの側面から次のような特徴づけを与えている。

　　「資本制生産様式をはじめからきわ立たせるのは，次の2つの特徴である。
　　第1に。この生産様式はその生産物を商品として生産する。商品を生産するということは，この生産様式を他の生産様式から区別するものではない。しかし，商品であるということが資本制的生産物の支配的で規定的な性格であるということこそ，この生産様式を他の生産様式から区別するものである。このことは，まず第1に，労働者自身がただ商品の売り手としてのみ，それゆえ自由な賃労働者としてのみ現われ，したがって労働は一般に賃労働として現われるということを含む。これまでに与えられた展開のあとでは，資本と賃労働との関係が生産様式の全性格をいかに規定するかをあらためて論証することは，余計なことであろう。この生産様式そのものの主要な当事者たち，資本家と賃労働者とは，そのようなものとしては，資本と賃労働との体化であり人格化であるにすぎない。すなわち，それらは，社会的生産過程が諸個人に刻印する特定の社会的性格であり，この特定の社会的生産諸関係の産物であるにすぎない。
　　……
　　資本制生産様式をとくにきわ立たせる第2のものは，生産の直接的目的であり規定的動機としての剰余価値の生産である。資本は本質的に資本を生産するのであり，資本がそうするのは，ただそれが剰余価値を生産する限りでのことである。われわれが相対的剰余価値を考察したさいに，さら

には剰余価値の利潤への転化を考察したさいに見たように，労働の社会的生産諸力——といっても，労働者にたいしては自立化した資本の諸力としての，それゆえ，彼すなわち労働者自身の発展に直接に対立する——の発展の特殊な一形態である資本制時代に特有な生産様式は，このことを基礎としている。」[18]

　ここで「資本制生産様式」の特徴として指摘されている2つのことは，第1は「商品」にかんすることであり，第2は「生産」にかんすることである。
　ここで注意すべきことは，第1の「商品」にかんすることは，商品経済関係という社会的経済関係が資本制生産様式にとって規定的内容をなすという指摘ではない，ということである。そのことは，「商品を生産するということは，この〔資本制〕生産様式を他の生産様式から区別するものではない」とわざわざ強調されているところである。
　そこで問題にされているのは，「生産物」のとる社会的支配的性格のことであって，「生産物」の支配的形態が「商品形態」をとっているということである。そのことを，マルクスは，「商品であるということが資本制的生産物の支配的で規定的な性格であるということこそ，この〔資本制〕生産様式を他の生産様式から区別するものである」と指摘しているのである。
　そのように生産物の支配的形態が「商品形態」をとるのは，資本制生産様式においては社会の基本的な生産者である賃金労働者が二重の意味で自由な存在としての無産者であり，その生存のために必要な生活必需品などの財貨は資本家から「商品」として購入する以外にはないからである。そのため，資本制生産様式のもとでは，社会的生産物の支配的形態は「商品形態」をとることになる，ということである。そして，そのような資本制生産様式における「商品形態」のあり方と関連して，二重の意味での自由な存在としての無産者である資本主義的賃金労働者は，「商品」としての「労働力」の売り手として現われ，彼の労働は賃労働の形態をとることになる，とされているのである。
　このような資本制生産様式のもとで「商品」がとる特徴的状態については，上記引用文の分節のなかでマルクスは，「これまでにあたえられた展開のあとでは，資本と賃労働との関係が生産様式の全性格をいかに規定するかをあらた

めて論証することは，余計なことであろう。この生産様式そのものの主要な当事者たち，資本家と賃労働者とは，そのようなものとしては，資本と賃労働との体化であり，人格化であるにすぎない。すなわち，それらは，社会的生産過程が諸個人に刻印する特定の社会的性格であり，この特定の社会的生産諸関係の産物であるにすぎない」と付言しているところである。

　第2の特徴は，生産の直接的目的であり規定的動機である剰余価値の生産ということであって，賃労働の形態での労働と，資本の形態での生産手段とが前提されて，価値（生産物）の一部は剰余価値として現われ，この剰余価値は利潤として，資本家の利得として資本家に属することになるということであって，このことこそが「資本制生産様式をとくにきわ立たせる」ものである。

　そのように，「資本制生産様式」の規定的内容は，生産が資本にとっての価値増殖の過程としておこなわれるものであって，そこにおいては生産手段は資本の形態をとり，人間労働は賃労働の形態をとるということになるものである。生産過程では，人と人との社会的関係は，けっしてたんなる「市民」として市民社会的関係を取り結んだり，「商品所有者」として商品経済関係を取り結んでいる存在ではない。

　そのようなものとして，マルクスは，「賃労働の形態での労働と，資本の形態での生産諸手段とが前提されている」ところの「資本制生産」とその再生産について強調しているのである。

　　「賃労働の形態での労働と，資本の形態での生産諸手段とが前提されているためにのみ――したがって，これらの2つの本質的な生産作用因のこの独特な社会的姿態の結果としてのみ――，価値（生産物）の一部は剰余価値として現われ，またこの剰余価値は利潤（賃料）として，資本家の利得として，資本家に属する，自由に使用できる追加的な富として現われる。しかし，この剰余価値がこのように彼の利潤として現われるゆえにのみ，再生産の拡大に予定されており利潤の一部分をなす追加生産諸手段は，新たな追加資本として現われ，また，再生産過程一般の拡大は資本制的蓄積過程として現われるのである。」[19)]

かくして，マルクスにおける「資本家的生産」や「資本家的生産様式」といった用語で示される資本主義カテゴリーが基礎となって，近代社会に特有の資本が支配する経済構造や社会体制がとらえられることになっているのである。

注
 1）『資本論』第3巻，新日本出版社，⑬1536-1537ページ。
 2）『資本論』第1巻，②270ページ。
 3）同上，284ページ。
 4）同上，285-286ページ。
 5）同上，291-294ページ。
 6）同上，300-301ページ。
 7）同上，300ページ。
 8）同上，301-302ページ。
 9）同上，316ページ。
 10）同上，330-331ページ。
 11）同上，355ページ。
 12）同上，337ページ。
 13）同上，457ページ。
 14）同上，480ページ。
 15）同上，482ページ。
 16）同上，517ページ。
 17）同上，524-525ページ。
 18）『資本論』第3巻，⑬1539-1541ページ。
 19）同上，1542-1543ページ。

第2部　宇野弘蔵氏の資本主義認識

I 宇野弘蔵氏の唯物史観理解

梗概 宇野弘蔵氏が理解されている唯物史観は，歴史観ではなくて社会構造論にほかならないものである。それは，社会的諸関係における経済的基礎としての下部構造と政治的・法律的・文化的等々のイデオロギー的諸形態としての上部構造との関係についての把握にかんするものである。そして，宇野氏の理解されている唯物史観と経済学との関係は，まずはじめに，唯物史観によって経済的諸関係が基礎的なものであることが示されるところから，それを"導きの糸"として，社会的諸関係にとっての基礎として経済的諸関係をとらえることの必要性が示されるというものである。そして，そこから経済学研究がおこなわれることになる。その結果，経済学によって経済構造における資本主義的諸関係の「自立的運動体」としての性格と内容が明らかにされ，そのことによって土台としての経済諸関係の自立性が確定されることになって，そこにおいて唯物史観が証明されることになる，というものである。

1 唯物史観と経済学

唯物史観の規定的内容と経済学との関係

宇野弘蔵氏は，唯物史観を土台・上部構造論的な社会構造論として理解し，唯物史観と経済学との関係については，まずはじめに，「経済生活がそれ自身に変動する過程として社会現象を規定するものとなるという唯物史観の主張」を"導きの糸"として経済学研究がおこなわれることになる，とされる。

> 「経済的生活過程は，社会生活の他の部面と相関連しつつ，しかもそれ自身に変動するものとして社会関係の決定的役割を占めることには，如何なる時代たるをとわず変わりはないということが，マルクスにおいてはいわゆる唯物史観として，その経済学研究の"導きの糸"として役立ったのであって，従来の経済学がいわば社会諸科学の1つとして独立して来た過程

を，逆にその内面的関連において再構成するということになるのであった。マルクスが法律，政治の部面から経済生活に下っていった過程は，正にかかる関係を示すものにほかならない。」[1]

そして，そこで始められた経済学の研究によって解明された「経済学の原理」としての『資本論』において，「経済過程をそれ自身に動くものとして」その「自立性」が明らかになることによって，経済的過程が「下部構造」として確定されて，「経済学の客観的法則の貫徹される下部構造が上部構造を規定することも明らかになる」のであって，そのようにして唯物史観が科学的に証明されることになる，とされている。

「問題は唯物史観がどの程度まで科学的に論証されてきたかということになると思うのです。私は唯物史観をもってすればあらゆる社会現象が直ちに科学的に解明されるとは思っていない。マルクスはまず経済学で経済過程をそれ自身に動くものとしていわゆる下部構造として研究しようとした。そしてそれを原理的につかむということを大体完成したといってよいと思うのです。それは何といってもマルクスの学者としての偉い点だと思うのです。唯物史観的な考え方は従来にもあったと思うのです。しかし誰ひとりとして経済学をその基礎構造にもっていってこれを体系的に完成しようとした人はなかった。そういう意味でマルクスによって唯物史観が発見されたといってもよいと思うのです。経済学者は事実上たいてい唯物論的にやっているのですが，唯物史観をとるまでにはならなかった，といってよいのではないですか。ただ基礎構造としての経済過程と法律関係，政治形態等の上部構造との関連をはっきりと見通して経済の原理だけをとり出して，これは法則的につかめるということを明確にはしなかった。これを物質的な土台の客観的法則としてつかむということを，さきにも述べたように単に客体的なものとして，物と物との間の法則としてつかむというのでなく，人間の関係が物と物との間の関係としてあらわれるものとして明確にされれば，そこで初めて経済学の客観的法則の貫徹される下部構造が上部構造を規定することも明らかになるのです。しかしマルクスは，この関

係を一挙に片付けようとしないで、まず経済学の原理を完成するということに異常な努力を払っている。われわれはこれを『資本論』としてえているのです。」[2]

このように、宇野弘蔵氏が唯物史観の基本的内容とされているのは、なによりも、社会的諸関係における土台・上部構造論的な社会構造論についての把握であって、経済的土台が基礎的要因であるということがその内容である。そして、そこにおいて、経済学によって、下部構造としての経済的諸関係が「経済的基礎構造がそれ自身に独立の過程として取り扱われて」、土台として「自立的運動体」としての性格をもっているものであることが確定されることによって、唯物史観そのものが証明されることになる、としている。

「唯物史観の基本的なものは何かというと法律・政治・宗教・芸術・哲学に至るまでの、いわゆる上部構造に対して、経済的な過程が基礎になり、これが自立性をもっているということにあるといっていいと思う。これを証明しなければ唯物史観は証明できないのです。……経済学的な証明ができるというのは、経済学の原理で上部構造、イデオロギーの諸形態と区別された、経済的な土台が自分で動くことが論証されるということによるもの——とぼくは思っている。……経済学の原理こそ唯物史観の基礎を（つまり、どうして経済的な過程が決定的要素になるかということを）証明することになると思うのです。」[3]

宇野弘蔵氏の唯物史観理解における問題点

ここで宇野氏が唯物史観の特徴と役割について指摘されていることには、いくつかの重要な問題点がふくまれている。

その第1は、唯物史観は「いわゆる上部構造にたいして経済的過程が基礎」になっているという、土台・上部構造論的な社会構造論であるのかどうか、ということ。

第2に、唯物史観によってとらえられている経済的な過程は、「経済的な土台が自分で動くことが論証される」ようなものとしての「自立的運動体」とし

ての構造と性格をもっているものであるのかどうか，ということ。

　第3に，そのような自立的な経済的な過程を解明したものが「経済学の原理」であるのかどうか，ということ。

　第4に，そのような「自立的運動体」としての性格をもっている経済的な土台を明らかにしている「経済学の原理」によって，唯物史観が証明されることになるのかどうか，ということ。

　本章では，そのような宇野弘蔵氏の理解されている唯物史観の内容と特徴のなかの，第1番目の特徴である土台・上部構造論的な社会構造論としての唯物史観そのものの理解についてみていくことにする。②「自立的運動体」，③「経済学の原理」，④「経済学の原理」による「唯物史観」の証明などの諸点については，次章以後で資本主義概念の内容とその確定にかかわるものとして検討をくわえていくことにしたい。

2　土台・上部構造論としての唯物史観

土台・上部構造論としての社会構造論と歴史観としての唯物史観

　宇野弘蔵氏は，唯物史観の基本的内容を，なによりも「法律・政治・宗教・芸術・哲学に至るまでの，いわゆる上部構造に対して，経済的な過程が基礎になり，これが自立性をもっている」ということにある，とみなされている。

　たしかに『経済学批判』の「序言」に指摘されている唯物史観の定式をみるならば，そのかぎりにおいては，そのような土台・上部構造論的な社会構造論把握が，唯物史観の基本的内容をなすものものと思われるかもしれない。

　しかしながら，マルクスが『ドイツ・イデオロギー』において確定した唯物史観の基本的内容は，そのような土台・上部構造論的な社会構造論ではない。人間社会の社会的諸関係の歴史的形態をとらえ，そのような歴史的諸形態の変遷をとらえるものとしての歴史観こそが，マルクスとエンゲルスによって『ドイツ・イデオロギー』において打ち立てられ提示されている唯物史観の基本的内容にほかならない。

　第1部「マルクスの資本主義認識」において見てきたように，マルクスとエンゲルスが，近代社会の解明にあたって依拠した歴史＝社会観の確定にあたっ

て，土台・上部構造論的な唯物論的社会構造観と，歴史的形態とその変遷についての唯物論的歴史観とは，それぞれが確立された時期も，それぞれの確立にとって触媒的役割を果たした研究内容も，そして，打ち立てられた規定的内容も，さらには，それぞれのその内容を叙述した著作もいずれも異なるものであって，そのことについてはマルクスもエンゲルスも明示的に指摘しているところである。

　マルクスの理論形成史の流れをフォローしてみると，土台・上部構造論的な社会構造論把握は，すでに見てきたように，唯物史観が確定された『ドイツ・イデオロギー』の時点においてではなくて，それより以前の時期における「ヘーゲル国法論批判」などの初期3論文においてすでに確定していたものである。

　第1部第Ⅰ章において引用した指摘であるが，唯物史観の定式を指摘している『経済学批判』の「序言」のなかで，マルクスは，1843年のヘーゲル法哲学の批判にもとづく土台・上部構造論的な社会構造論の確立と，経済学の研究の開始，そして，1845–46年の『ドイツ・イデオロギー』執筆の時期における歴史観としての唯物史観の確定について，次のように述べている。

>　「〔『ライン新聞』辞任後〕わたくしをなやませた疑問を解決するために企てた最初の仕事は，ヘーゲルの法哲学の批判的検討であった。この仕事の序説は，1844年にパリで発行された『独仏年誌』にあらわれた。わたくしの研究が到達した結論は，法的諸関係および国家諸形態は，それ自身で理解されるものでもなければ，またいわゆる人間精神の一般的発展から理解されるものでもなく，むしろ物質的な生活諸関係，その諸関係の総体をヘーゲルは18世紀のイギリス人やフランス人の先例にならって『市民社会』という名のもとに総括しているが，そういう諸関係にねざしている，ということ，しかも市民社会の解剖は，これを経済学にもとめなければならない，ということであった。この経済学の研究をわたくしはパリではじめたが，ギゾー氏の追放命令によってブリュッセルにうつったので，そこでさらに研究をつづけた。わたくしにとってあきらかになり，そしてひとたびこれを得てからはわたくしの研究に導きの糸として役立った一般

的結論は，簡単につぎのように定式化することができる。／〔唯物史観の定式——中略〕／フリードリヒ・エンゲルスとわたくしは，経済学的諸カテゴリーを批判したかれの天才的小論が（『独仏年誌』に）あらわれて以来，たえず手紙で思想の交換をつづけてきたが，かれは別の途をとおって（かれの『イギリスにおける労働者階級の状態』を参照）わたくしと同じ結論に到達していた。そして1845年の春，かれもまたブリュッセルに落ち着いたとき，われわれは，ドイツ哲学の観念論的見解に対立するわれわれの反対意見を共同でしあげること，実際にわれわれの以前の哲学的意識を清算することを決心したのであった。この計画は〔『ドイツ・イデオロギー』において〕ヘーゲル以後の哲学の批判という形で遂行された。」[4]

　マルクスは，近代社会の把握にあたっての理論的出発点の当初においては，急進民主主義的な青年ヘーゲル派の立場に立っていたのであるが，フォイエルバッハの影響をうけて唯物論的見解に転換する。すなわち，フォイエルバッハの『キリスト教の本質』における「神が人間をつくったのではなくて，人間が神をつくったのである」という主語と述語の転倒という唯物論的観点からのヘーゲル批判の方法に学びながら，マルクスは，ヘーゲル『法の哲学』の批判的検討のなかで，「法的諸関係および国家諸形態は，それ自身で理解されるものでもなければ，またいわゆる人間精神の一般的発展から理解されるものでもなく，むしろ物質的な生活諸関係にねざしている」といったかたちで，現実的な物質的生活が社会の基礎的土台をなすものであるという土台・上部構造論的な唯物論的社会構造論を確定する。

マルクスにおける唯物史観へのステップ

　そのように，マルクスが土台・上部構造論的な唯物論的社会構造論を確定したのは，1843年に書かれた「ヘーゲル国法論批判」においてであって，1843年に執筆し1844年の『独仏年誌』に掲載した「ユダヤ人問題について」と「ヘーゲル法哲学批判　序説」においては，すでに確定された社会構造論のうえに立って，近代社会の社会的諸関係の規定的要因の解明が検討されているのである。すなわち，マルクスが土台・上部構造論としての社会構造論を確定したの

は，宇野弘蔵氏が理解されているように1845-46年の『ドイツ・イデオロギー』において唯物史観を打ち立てたことによってではなくて，1843年のヘーゲル法哲学の批判をおこなった初期3論文においてである。

さらにマルクスが，そのような土台・上部構造論的な社会構造論理解にもとづいて，土台としての物質的な生活諸関係を解明する経済学の研究に本格的に取り組んだのは，『ドイツ・イデオロギー』において確立した唯物史観を"導きの糸"として始められたものではなくて，それ以前の初期3論文執筆の直後に，ヘーゲルの法哲学の批判的検討のなかで確定した土台・上部構造論的な社会構造把握にもとづいて始められたものである。

この経済学研究の内容は，1843年10月～1845年2月のパリ時代における J. B. セー『経済学概論』をはじめとして，アダム・スミス『諸国民の富』やリカードウ『経済学と課税の原理』，ジェームズ・ミル『経済学綱要』などを含む56冊の著書・論文の抜粋と評注をおこなっている9冊の『パリ・ノート』[5]，さらには，1845年2月～1846年のブリュッセル時代（1845年6～8月のマンチェスター旅行中の図書館での研究をふくむ）のシスモンディ『経済学研究』，ケネー『経済表の分析』など68冊の著書・論文についての抜粋・評注をおこなっている12冊の『ブリュッセル・ノート』[6]，ならびに，『経済学・哲学草稿』などに示されているところである。

そして，『経済学・哲学草稿』においても，「私有財産の運動――生産と消費――は，従来のすべての生産の運動についての，すなわち，人間の現実化あるいは現実性の運動についての感性的な啓示である。宗教，家族，国家，法律，道徳，科学，芸術等々は，生産の特殊なあり方にすぎず，生産の一般的法則に服する」[7]といった土台・上部構造論的な社会構造論についての指摘をおこなっており，土台・上部構造論的な社会構造論は『ドイツ・イデオロギー』における唯物史観の確定より以前にすでに打ち立てられていた見解であることを明確に示しているところである。

しかも，『経済学・哲学草稿』においては，近代社会にたいする批判的把握が，哲学的把握を乗り越えて，マルクス自身による国民経済学者たちの経済学研究によって深められており，近代社会の社会的諸関係についての疎外形態としての把握という観点を，資本家・賃金労働者・土地所有者という近代社会の

3大階級についての所得の3源泉の対比的分析をおこなったうえで,「疎外された労働」断片において,人間の根源的な生命活動としての労働を疎外された形態によって根拠づけようとしているのである。

さらに,マルクスは,エンゲルスとともに執筆した『聖家族』においては,歴史的な現実把握にかんして,「批判的批判は,……ある時代の産業,つまり生活そのものの直接的生産様式を認識しもしないで,実際に,この時代をすでに認識したつもりでいるのだろうか？……」[8)]とブルーノ・バウアー一派の見解を批判しながら,「歴史の出生地」を「地上のがさつな物質的生産のうちに」みることが必要であるという観点を強く打ち出している。それはたんなる土台・上部構造論的な社会構造論を乗り越えて,歴史的な現実社会としての人類の「歴史」を「自然科学と産業」においてとらえる歴史的な観点としての唯物史観へと向かう歴史的形態による社会把握への前進をおしすすめるものである。

そのように,1843年のヘーゲル法哲学にたいする批判にもとづく初期3論文の執筆後におこなわれた『パリ・ノート』や『ブリュッセル・ノート』にみられる膨大な経済学の文献研究,そして,『経済学・哲学草稿』におけるそれにもとづく近代社会の生産的基礎の把握の試み,『聖家族』や「フォイエルバッハにかんするテーゼ」などにおける現実社会をとらえるものとしての哲学的諸見解の検討などを通じて,マルクスは,近代社会の現実的諸形態にとっての生産的基礎をとらえるものとしての自然科学（科学技術）と産業において生産様式の歴史的形態をとらえることの重要性を明らかにしてきているのであって,そこから,『ドイツ・イデオロギー』における唯物史観の確定へのステップがおしすすめられることになっているのである。

宇野氏が理解されているような土台・上部構造論的な社会構造論とちがって,マルクスの歴史的形態規定性をもつものとしての「物質的生活の生産」にもとづく「生産様式」の特殊歴史的形態を社会経済的諸関係の規定的基礎としてとらえる歴史観としての唯物史観は,宇野氏の言われるように「唯物史観的な考えは従来にもあった」といったものではない。それは,マルクスによって,「ヘーゲル国法論批判」によって確立した土台・上部構造論的な社会構造論にもとづいて始められた膨大な経済学文献についての研究と,多面的な哲学的検

討に裏づけられたところの，人間社会の歴史的形態規定性とその変遷をとらえるものとしての科学的な方法論として，はじめて打ち立てられた社会認識の方法なのである。

歴史観としての唯物史観の確立

かくして，ヘーゲルの法哲学批判のなかで打ち立てられた土台・上部構造論的な社会構造論のうえに，パリからブリュッセルにかけての「経済学の研究」を通じての近代社会の経済的諸関係における生産と産業についての現実的諸形態の内容把握の深化のなかで，フォイエルバッハの観照的な人間主義的唯物論の限界を乗り越えて，人間社会の歴史的諸形態と歴史的発展過程を把握するための歴史＝社会観としての唯物史観が確立されることになる。

その内容は，『ドイツ・イデオロギー』第1巻第1篇「フォイエルバッハ」において示されているところであって，「第1の歴史的行為は，……物質的存在そのものの生産である」という立脚点から出発しながら，そこにおける物質的生産にもとづく人間社会の歴史的形態の把握をおこなう歴史観である。そのような唯物論的な歴史観による歴史的な社会形態のとらえ方について，マルクスとエンゲルスは，次のように指摘している。

> 「特定の生産様式または特定の工業段階がつねに協働の特定の様式と，または特定の社会的段階と結びついているということ，人間たちが利用できる生産諸力の分量が社会的状態を条件づけ，したがって『人類の歴史』はつねに工業および交換の歴史との関連のなかで研究され論じられなければならないということである。」[9]

このような社会的諸関係の基礎としての経済的諸関係における物質的生産の歴史的形態をとらえるマルクスの歴史観としての唯物史観は，近代社会に特有の経済的諸関係の歴史的形態をとらえる資本主義範疇の確定をはじめとして，さまざまな分野や領域におけるそれぞれの時代に特有の歴史的形態をとらえる唯物論的歴史観として，提示されるにいたったものである。

宇野弘蔵氏の唯物史観理解の誤り

これまで見てきたところから明らかなように、宇野弘蔵氏の唯物史観についての理解は、唯物史観の規定的内容についても、唯物史観と経済学との関係についても、いずれも誤っている。

(1) 唯物史観の規定的内容について

宇野弘蔵氏は、唯物史観の規定的内容を「法律・政治・宗教・芸術・哲学に至るまでの、いわゆる上部構造に対して、経済的な過程が基礎」になっている土台・上部構造的な社会構造論であると理解されているが、そのような土台・上部構造論的な社会構造論はマルクスにおいてはヘーゲル法哲学の批判をおこなった初期3論文の「ヘーゲル国法論批判」においてすでに確定しているところである。

『ドイツ・イデオロギー』においてマルクスが確定した唯物史観の規定的内容は、社会的諸関係における規定的内容を経済的基礎における物質的生産の歴史的形態に根拠づけられるものとしてとらえるという歴史観である。端的にいえば、唯物史観の規定的内容は、土台・上部構造論的な社会構造論ではなく、人間社会の社会的諸関係における歴史形態把握のための歴史観である。

(2) 唯物史観と経済学との関係について

宇野弘蔵氏は、唯物史観と経済学との関係について、土台・上部構造論的な社会構造論としての唯物史観の確定によって、下部構造としての経済的諸関係の重要性が示され、それを"導きの糸"とすることによって経済学の研究がおこなわれることになり、その結果明らかにされた資本主義の「原理」によって「経済的な土台が自分で動くことが論証」されることになり、「唯物史観が証明」されることになる、と主張されている。

しかしながら、前述のように、マルクスにおける土台・上部構造論的な唯物論的社会構造論の確定は、『ドイツ・イデオロギー』における唯物史観の確定の以前に、ヘーゲル法哲学の批判のなかでおこなわれたものであって、マルクスの経済学の研究はそこから始められているのである。

そして、そのようなヘーゲル法哲学の批判的検討の結果として打ち立てられた土台・上部構造論にもとづいて始められた経済学の研究の進展のなかで、マルクスは、それまでの人間主義的な疎外論的社会把握を乗り越えて、科学と産

業に基礎づけられた歴史観としての唯物史観を,『ドイツ・イデオロギー』において確定するにいたっているのである。

そして, マルクスは, そこから, 唯物史観を"導きの糸"としながら, それまでにすでにおこなってきた経済学研究にもとづく近代社会の経済的諸関係についての, 特殊歴史的な特有の歴史的形態規定性をもつものとして, 近代社会的な「特定の生産様式」にもとづいて経済的諸関係や諸要因について解明するということをおこなって, 近代社会に特有の歴史的形態規定性をもつ経済的諸関係としての資本主義範疇を確定し, それを「ブルジョア的生産様式」という用語によって表現しているのである。

そのように, マルクスにおける唯物史観を"導きの糸"とする近代社会の経済的諸関係の把握の基本的内容は, 社会的諸関係の規定的基礎としての「物質的生活の生産」の近代社会に特有の歴史的形態としての「ブルジョア的生産（様式）」という資本主義範疇の確定ということであって, 宇野氏の理解されているように下部構造としての経済的諸関係について「経済的な過程が……自立性をもっている」という「自立的運動体」としての規定的内容を明らかにしようとしたものではない。すなわち, 唯物史観を"導きの糸"として経済学研究においておこなわれていることは, 下部構造としての経済的諸関係における「自立的運動体」としての把握ということではなくて, 社会的諸関係における近代社会に特有の歴史的形態規定性をもつものとしての, 生産的基礎における「生産様式」としての資本主義範疇の確定をおこなう, というものである。

そのことは, 『ドイツ・イデオロギー』による唯物史観の確定ののちのマルクスの近代社会の経済的諸関係についての研究成果の内容, すなわち『哲学の貧困』『共産党宣言』『賃労働と資本』等における近代社会に特有の歴史的形態をもった経済的諸関係についての「ブルジョア的生産」や「ブルジョア的生産関係」としての解明がおこなわれていることに明確に示されているところである。

このことこそ, マルクスが「ひとたびこれを得てからはわたくしの研究にとって導きの糸として役立った一般的結論」であると強調しているところの, 「歴史についての唯物論的解釈」としての唯物史観の経済学にたいして果たした役割と意義にほかならないものである。

そして，唯物史観の確立後におこなわれた経済学の研究がもたらした唯物史観にかんする科学的なものとしての確証は，経済学による現実的諸形態についての歴史的形態規定性の解明の深化や拡大によって，仮説的性格をもった歴史観としての唯物史観について現実的具体的な実証と科学性の確証の進展がおしすすめられることになる，というかたちでおこなわれているものである。

注
1）　宇野弘蔵「社会科学はどうしてできたか」（1950年），宇野弘蔵著，桜井毅解説『《資本論》と私』2008年，御茶の水書房，42–43ページ。
2）　同「（座談会）社会科学はどうあるべきか」，同上，《資本論》と私』122–123ページ。
3）　同『経済学の効用』1972年，東京大学出版会，190–191ページ。
4）　マルクス「『経済学批判』序言」『マルクス・エンゲルス全集』第13巻，6–7ページ。
5）　マルクスの『パリ・ノート』の内容については，杉原四郎・重田晃一訳『マルクス 経済学ノート』1962年，未来社，8–22ページ参照のこと。
6）　マルクスのブリュッセル（マンチェスター時代をふくむ）時代の『経済学ノート』の内容については，同上の杉原・重田訳『マルクス 経済学ノート』における「訳者解説」197–211ページを参照されたい。
7）　マルクス『経済学・哲学草稿』MEW-Ergänzungsband, erster Teil, S. 537.『マルクス・エンゲルス全集』第40巻，457–458ページ。
8）　エンゲルス／マルクス『聖家族』，『マルクス・エンゲルス全集』第2巻，158ページ。
9）　同『ドイツ・イデオロギー』〔序文・第1巻第1章〕〔草稿完全復元版〕1998年，渋谷正編・訳，新日本出版社，56ページ。

II 資本主義範疇の認識

梗概 唯物史観を土台・上部構造論的な社会構造論と理解されている宇野弘蔵氏にあっては，マルクスの資本主義範疇の認識について，歴史観としての唯物史観を"導きの糸"とした近代社会の経済的諸関係における基軸的で規定的な要因を近代社会に特有の歴史的形態規定性をもつものとしての「ブルジョア的生産（様式）」というかたちでの確定ということは，まったく理解できない。そのため，宇野氏は，実際にマルクスがおこなった資本主義認識の方法とはまったく異なる方法を考案されることになる。

　宇野氏は，マルクスにおける資本主義範疇の確定は，19世紀中葉のイギリスにおける「旧社会の残滓」の除去による資本主義的「純粋化傾向」にもとづいて，「純粋の資本主義社会」という「原理論」的ビルドを想定するというかたちで対象設定をおこない，その解明によって「資本主義の一般的原理」を確定するといった方法によるものである，とされるのである。そこにおいては，「旧社会の残滓」の除去による資本主義的経済関係の全面化としての「純粋の資本主義社会」への近似化傾向という「資本主義」基準による純粋化傾向と，「原理論」的ビルドへの近似化傾向という「原理論」基準による純粋化傾向との，ダブル・スタンダードの純粋化傾向がおしすすめられているものとされている。

　そのため，資本主義的純粋化傾向にもとづくものとしての資本主義認識の方法においては，対象設定にとっての資本主義的「純粋化傾向」の認識のためには「資本主義的なもの」の「原理」の確定が前提されざるをえず，逆に，「資本主義的なもの」を示す「資本主義の一般的原理」の認識のためには資本主義的「純粋化傾向」の確定が前提されざるをえないという，認識論的悪循環がひきおこされることにならざるをえない。

1　純粋化傾向にもとづく資本主義認識

宇野弘蔵氏におけるマルクスの資本主義認識の方法

　宇野弘蔵氏の理解されている唯物史観は，土台・上部構造論的な社会構造論

にもとづく社会観であって，マルクスにおけるような社会関係の歴史的形態をとらえる歴史観ではない。

そのような宇野氏の理解されている唯物史観からは，マルクスのように唯物史観を"導きの糸"として近代社会の経済的諸関係の把握に適用して，近代社会に特有の特殊歴史的なものとしての形態規定性をもつ資本主義範疇の認識をおこなうことは不可能である。そのため，宇野氏においては，マルクスが実際におこなった資本主義認識の方法とは異なる特異な方法で資本主義範疇の認識がおこなわれたものと考えざるをえないことになる。

宇野氏が考案されたマルクスの資本主義認識の方法なるものは，19世紀中葉のイギリスにおける「旧社会の残滓」の除去による資本主義的「純粋化傾向」にもとづいて，「原理論」的ビルドとしての「純粋の資本主義社会」を想定して，それを対象として「資本主義の一般的原理」を解明する，というものである。

そのような宇野氏の理解されるマルクスの資本主義認識の方法なるものについて，宇野氏は，いたるところで次のように強調されている。

> 「資本主義は16,7世紀に，イギリスにその基地をえて以来，とくに18世紀後半のいわゆる産業革命以後は，発生期の政治的助力をさえ必要としないで，いなむしろかかる助力を障害として排除しつつ，自力をもって『従前の経済的状態の残滓による資本主義的生産様式の不純化と混合とを除去』してきたのである。それは資本主義社会の発展の過程を示すものであって，理論経済学の発展にとっては，きわめて重要な事実である。それはまたペティ，スミス，リカルドによって代表される経済学説の発展の歴史的基礎をなすものであり，商品経済が，資本家的商品経済として，その理論的研究に絶対的に必要な想定とせられる純粋の資本主義社会に漸次に近づきつつあったことを示すものとして，経済学の方法に特有の性格を明らかにする点で，特に重視しなければならないのである。」[1]

要約するならば，宇野氏の理解されているマルクスの資本主義範疇を認識する方法は，次のようなものである。

19世紀中葉のイギリスにおいては，「資本主義はその発達の一定の段階にお

いて自ら非資本主義的関係を排除して純粋化していく傾向」[2]があり,「商品経済が,資本家的商品経済として,その理論的研究に絶対的に必要な想定とせられる純粋の資本主義社会に漸次に近づきつつあったことを示すもの」であったので,そのような「経済原論の想定するいわゆる純粋の資本主義社会に近接しつつあった」[3]ところの「純粋化傾向」なる客観的傾向にもとづいて,「その発展の過程の内に認められる方向を『思惟によって』極点まで推し進め」[4]て,「原理論」的なビルドとしての「純粋の資本主義社会」を想定し,「これを与えられたる対象とすることによってはじめて」[5]「資本主義の一般的原理」としての「経済学の原理」をマルクスは確定することができたのである,とされているのである。

「資本主義」基準と「原理論」基準とのダブル・スタンダードによる純粋化傾向

宇野弘蔵氏によれば,マルクスは,資本主義認識の出発点において,19世紀中葉のイギリスの歴史的発展傾向における「純粋化傾向」をみいだしたとされている。

ところで,「資本主義の発展の一定の時代的傾向」としての「資本主義の発展は一社会をますます純粋に資本主義化するもの」であるという発展傾向にもとづいて「経済学の一般理論」を把握するとされる宇野氏の資本主義認識の方法における客観的基礎としての「純粋化傾向」のなかには,基本的には,「資本主義」基準による純粋化傾向と「原理論」基準による純粋化傾向とのダブル・スタンダードによる「純粋化傾向」が存在しているのである。

(1)非資本主義的関係の除去による「資本主義」基準での純粋化傾向

すなわち,19世紀中葉のイギリスの歴史的発展傾向においては,非資本主義的な「旧社会の残滓」が除去されて「資本主義的なもの」が全面化するという「資本主義的純粋化傾向」がおしすすめられている,とされている。すなわち,そこにおいては,非資本主義的な「旧社会の残滓」の除去による「資本主義的生産様式」の全面化の傾向という,「資本主義」基準による純粋化傾向の進行という事態がとらえられている。

(2)「資本主義の一般的原理」への近似化としての「原理論」基準による純粋化傾向

それとともに、宇野氏は、そこにおいては、同時に、「理論的研究に絶対的に必要な想定とせられる純粋の資本主義社会に漸次に近づきつつあったことを示すもの」としての「原理論」基準による純粋化傾向があったとみなされているのである。

このように、宇野氏の資本主義範疇の認識にとっての客観的な歴史的傾向なるものにおいては、「資本主義」基準での非資本主義的な「旧社会の残滓」の除去による資本主義的経済関係の全面化としての純粋化傾向と、「原理論」基準での「経済原論の想定するいわゆる純粋の資本主義社会に近接しつつあった」ものとしての純粋化傾向との、ダブル・スタンダードの純粋化傾向があったとされているのである。

そして、そのような「原理論」基準での純粋化傾向のなかには、さらに、次のようなさまざまな諸事象が存在していたとされている。

1　「商品経済」論的規定的内容
2　自由競争的「自立的運動体」としての「極点」への近似化傾向
3　「資本主義の一般的原理」としての規定的性格

宇野氏においては、これらのことが認識され確定されることよって、はじめて、「資本主義の一般的原理」を打ち立てることができることになる、とされているのである。

ところで、そのような「原理論」基準における「純粋化傾向」の問題点については次章以降において取り上げることにして、ここでは、まず、「資本主義」基準における「純粋化傾向」にもとづく資本主義範疇の認識にあたっての認識論的悪循環についてみていくことにしたい。

2　「資本主義」認識における認識論的悪循環

資本主義概念なき「資本主義的なもの」の認識

宇野弘蔵氏における「資本主義」基準における「純粋化傾向」は、なにより

も,「資本主義はその発達の一定の段階において自ら非資本主義的関係を排除して純粋化していく傾向」である,とされている。そのことによって,その発展傾向は,「資本主義的なもの」の全面化した「純粋の資本主義社会」の想定にとっての客観的基礎である,とされているのである。

ところで,そのような資本主義的「純粋化傾向」の認識にあたっての重大なる問題点は,「資本主義」という用語も概念も存在していない時点における近代社会認識の出発点において,マルクスは,いかにして19世紀中葉のイギリスの歴史的発展傾向という客観的現実のなかに「資本主義はその発達の一定の段階において自ら非資本主義的関係を排除して純粋化していく傾向」があるということを認識できたのか,ということである。

客観的現実において資本主義的「純粋化傾向」がおしすすめられているということを認識するためには,「資本主義的なもの」とはいかなるものであるかということが,あらかじめ認識されている必要がある。「資本主義的なものとはいかなるものであるか」ということが既知の知識であるときに,はじめて,客観的現実のなかのいかなる諸要因や諸関係が「資本主義的なもの」であり,そして,非「資本主義的なもの」とはどのような諸要因・諸関係であるかということが確定される。そこでやっと,「資本主義は……非資本主義的関係を排除して純粋化していく傾向」を認識することが可能となるのである。

資本主義概念をもつことなしには,客観的現実のなかにある資本主義的要因と非資本主義的要因との区別はできるはずがなく,その区別なしには「資本主義が……非資本主義的関係を排除して純粋化していく傾向」をみいだすことはできるはずがない。

このように,宇野弘蔵氏の理解されているマルクスの「資本主義」認識の方法においては,なによりも,「資本主義」範疇の認識にとっての客観的基礎とされている「純粋化傾向」そのものの認識の不可能性という問題がひそんでいるのである。

資本主義の現実の歴史的発展過程における資本主義的「純粋化傾向」を認識するためには,客観的現実における「資本主義的なもの」と「非資本主義的なもの」との識別が,なにを基準として,いかにしておこなわれるか,ということが明らかでなければならない。

ところで、この「純粋化傾向」は、そもそも「資本主義の一般的原理」の解明のための方法にとっての前提をなす現実的発展傾向とされているものであるから、解明されるべき資本主義の一般的原理の内容を確定する前に、その認識がおこなわれなければならないものである。

宇野氏は、「純粋化傾向」について、それは16,7世紀以来のイギリスの経済的発展過程において「客観的に資本主義の発展のうちに認められる傾向」であり、「純粋の資本主義社会にますます接近するという傾向が認められる」、と「歴史的事実」としての確認をおこなっておられるのであるが、それがいかにして「認められる」のかという認識のあり方については、まったく心にとめようとしていない。

しかし、資本主義の歴史的発展過程における資本主義的純粋化傾向なるものがたとえ客観的事実であったとしても、それは感性的なもの・直観的なものとして直接的に認識されるものでもなければ、先験的なものとしてあたえられる自明の公理でもない。客観的な歴史的発展過程を資本主義的な純粋化がすすむ過程としてとらえるということは、客観的な現実的状態の変化についての概念的判断にもとづく認識によらざるをえないものである。

17世紀以来の歴史的発展過程において「資本主義の発展と共に資本主義社会はますます純粋化する傾向をもっているということ」を「歴史的事実」として「認め」るためには、客観的な歴史的発展過程に存在する現実的諸事実について、なにが資本主義的なものであり、なにが非資本主義的な「旧社会の残滓」としての異質物であるか、という区別がまずおこなわれなければならない。

そこにおいて、そのような識別をおこなうためには、現実的な諸事象のなかにあって具体的な諸形態をもっている諸要因・諸関係について、それらが資本主義的なものであるか否かを明確に区別することのできる一般的基準が、前もって明らかでなければならない。それなしには、歴史的発展過程における諸事実についての「資本主義的なもの」と「非資本主義的なもの」との区別はつくはずがなく、その区別なしには、資本主義的純粋化をおしすすめている現実的過程は、たんに時の流れのなかでさまざまな変化を生じている社会的・経済的な動きという、非規定的な混沌としたものとしてしか把握しえないであろう。

ところが、宇野氏が強調される「原理論」の方法においては、資本主義的経

済諸関係とはどのようなものであるかということが明らかになる前に，むしろ，資本主義的なものを明らかにするための前提として，現実的諸事象として歴史的発展過程のうちに存在する「資本主義的なもの」と「非資本主義的なもの」とを識別して，資本主義的純粋化傾向なる「歴史的事実」を認識しなければならない，とされているのである。

「資本主義」認識における認識論的悪循環

ここにおいて，「資本主義の一般的原理」の確立と「資本主義的純粋化傾向」の認識とは，認識論的には悪循環におちいらざるをえないことになる。

すなわち，宇野氏の「原理論」の方法にとっての出発点となる資本主義的「純粋化傾向」を認識するためには，「資本主義的なもの」と「非資本主義的なもの」との識別が必要であるが，そのような識別をおこなうためには資本主義的なものとはどのようなものであるかを示す基準としての一般的原理が確定されていなければならない。

かくして，「資本主義の一般的原理」の確立は資本主義的純粋化傾向の認識を前提とし，「純粋化傾向」の認識は資本主義的なものの一般的原理の確定を前提とするという，認識論的な堂々めぐりに落ち込まざるをえなくなる。

すなわち，資本主義の一般的原理の確定の前に純粋化傾向をとらえようとすると，「資本主義的なもの」と「非資本主義的なもの」との識別ができないし，同時に，純粋化傾向の認識なしには資本主義の一般的原理の解明のための研究対象が定まらない，ということになってしまうことになる。

したがって，宇野氏の「原理論」の方法論にもとづいて認識しようとすれば，歴史的発展における純粋化傾向も，資本主義の一般的原理も，いずれも認識不可能となる。このような宇野氏の「原理論」の方法における認識論的悪循環は，資本主義的なものについての科学的認識のための方法論としてはまったく役に立たないものである。

ただ，宇野氏においては，資本主義的純粋化傾向の認識のための諸前提については規定されないままになっており，その説明を表面的にみるかぎりは，それなりに資本主義範疇が認識される方法であるかのようなかたちがとられている。しかし，証明されるべきものを前提のなかに組み入れたままにしておくの

は，循環的論理の見せかけの整合性を維持するための一般的なパターンにほかならない。

このような宇野弘蔵氏の「原理論」と純粋化傾向とのあいだの認識論的循環については，梅本克己氏も，宇野氏との対談のなかでふれられていたところである。

> 「**梅本** 私の言う意味をはっきりさせるために少しばかげたことを言いますと，先生は純粋資本主義というものの体系を，自由主義段階に現われた純化傾向というものにもとづいて構成されたわけですが，そうしますと，その場合，何が純化で何が純化でないかということを決めるのは何か。それを決めるのがまさに原理なのですが，その原理を純化傾向によって構成するということになると，この循環は，どういうことになるのか。」[6]

だが，梅本氏は，氏の関心の中心点が論理的な原理体系における出発点と歴史的過程における出発点とのあいだの関連に向けられていたため，この「純粋化傾向」についての認識論的な悪循環のもつ資本主義認識にとっての重大な難点に気づかれていないようで，資本主義認識における循環にはそれ以上ふみこまないで，論点を上向の出発点と下向の出発点へと振り向けてしまっているのである。

マルクスにおける「資本主義」概念なき資本主義認識

ところで，一見したところ，宇野弘蔵氏の「原理論」における「資本主義」認識の方法がおちいることになる認識論的悪循環は，未知なものの科学的認識においては一般的におちいらざるをえないジレンマであるかのように思われるものである。

すなわち，資本主義的なものとはいかなるものであるかは，実在的な客観的事象としての資本主義的関係を研究した結果として明らかにすることができるものである。したがって，未知なものであるにもかかわらず，資本主義的関係という特定の客観的事象を対象として取り上げなければならないものである。

だが，そこにおいて，研究対象として資本主義的経済諸関係を取り出すため

には，資本主義的なものと他のものとの区別を確定しなければならず，そのような資本主義的なものとそれとは異なる非資本主義的なものとを区別するためには，資本主義的なものとはいかなるものであるかという資本主義範疇が確定されていることが必要である。

このように，未知なるものの認識にあたって，対象の内容の認識のためには対象の確定が前提的に必要とされるが，同時に，対象の確定のためには対象の他の事象との内容的区別の認識が前提されるものである。このような相互前提的な認識論的悪循環は，未知なるものの事象の認識においては，いかなるものの認識においてもつきまとうように思われるところである。

このような認識論的悪循環は，「未知」より「知」にいたる科学的認識にとっては避けることのできないジレンマをなすもののように思われるところである。「未知」の事象を解明するときには，未知の事象そのものにはまだ名前がつけられておらず，名前のつけられていない未知の事象を取り出して対象として設定するということは，不可能であるかのように思われる。それではどうすればよいのか。

「資本主義」の認識において，マルクスは，このような認識論的悪循環を，なにによって，いかにして断ち切り，資本主義的なものの対象確定とその内容認識を，いかにしておこなうことができたのか。

「資本主義」という言葉は，現在では自明の用語であるかのように思われがちであるが，しかし，19世紀の中頃にマルクスが経済学の研究を始めたときには，「資本主義」という言葉は市民権をもった用語としてはまだ存在していなかったものであり，さらにいえば，マルクスにおいては「資本主義」という用語と概念は基本的に終生存在していなかったものである。

「資本主義」という用語がいつごろ，誰によって使われ始めたのかについては，わたしは，『資本主義を見つけたのは誰か』（2002年，桜井書店）において点検したところであるが，そこにおいてもふれたように，「資本主義」という用語も概念ももちあわせていなかったマルクスが，いかにして資本主義範疇を確定して，資本主義的経済関係についての理論的解明をおこない，それを『資本論』に結実することができたのか。これが問題の焦点である。

そのことは，すでに第１部「マルクスの資本主義認識」において明らかにし

てきたところであるが，マルクスは，人類社会の歴史的諸形態をとらえる歴史観としての唯物史観を"導きの糸"として，人間社会にとっての超歴史的な一般的な固定的形態におけるものとしてではなくて，近代社会という歴史的な社会形態における特有の経済的諸関係の規定的な基礎としての「物質的生活の生産」の特殊的な形態をとらえるというかたちで，資本主義範疇をみいだしているのである。そして，それを「ブルジョア的生産様式」と名づけて，それに規定されるものとして近代社会の経済的諸関係をとらえている。

このように，マルクスにおける資本主義範疇の確定は，「資本主義」という表現用語（名前）の存在していない，いわば未知の「資本主義的経済関係」なる事象を対象として解明されたものではない。

マルクスは，「資本主義」的なものという用語も概念ももつことなしに，したがって，「資本主義」概念を前提することなしに，「近代社会」という歴史的な社会を対象的事象として，それを特有の歴史的形態規定性におけるものとして解明し，その生産的基礎を基軸的で規定的な要因としてとらえることによって資本主義範疇を確定し，それを「ブルジョア的生産（様式）」と名づけたのである。かくして，「ブルジョア的生産（様式）」という表現用語（名前）をもった資本主義範疇が初めて発見され，確定されることになったのである。

「資本制生産様式」概念の確定の画期的意義

「資本主義」範疇の確定ということは，経済学の300年におよぶ歴史的発展の過程のなかで，自然発生的なかたちでおこなわれたものではない[7]。

マルクスが確定した「資本主義」範疇は，宇野氏が理解されているような，近代社会の経済的諸関係の総体をたんに資本家・賃労働者・土地所有者といった3大階級によって構成さる社会として確定した，ということにとどまるものではない。ましてや，それを「労働力商品」を基軸とした商品経済関係の全面化した社会としてとらえたものでもない。

「資本主義」範疇の認識は，マルクスが，それまでの経済学の歴史のなかでは「未知」であったカテゴリーである近代社会に特有の経済的諸関係の歴史的形態を，それまで存在していなかった歴史観としての唯物史観を"導きの糸"として，資本＝賃労働関係にもとづく利潤の獲得をめざす「資本」に規定され

た生産的基礎の近代的形態にもとづくものとして確定したものであって，それを「ブルジョア的生産（様式）」ならびに「資本制生産（様式）」と命名して，それまでの経済学の歴史においては認識されていなかった資本主義カテゴリーとして確定したものである．

すなわち，マルクスが確定した資本主義範疇は，まず第 1 に，近代社会の経済的諸関係が資本家・賃労働者・土地所有者の 3 大階級から構成されているということ（このことは，アダム・スミスもリカードウも確定していたことである）にとどまらないで，それが人間社会の経済的関係における絶対的な形態としての固定的なものではなくて，近代社会に特有の特殊歴史的形態としての規定的性格をもつものとしてとらえられた社会関係であるというものである．

そして，第 2 に，それは「物質的生活の生産」を基軸的で規定的な要因としながら，一定の社会的生産力の発展のうえに打ち立てられた近代社会に特有の生産の歴史的形態としての，資本＝賃労働関係にもとづく利潤の獲得を目的とする生産活動をおこなう経済関係を示す形態，として明確にとらえられたものである．

そのようなものとして，「ブルジョア的生産（様式）」あるいは「資本制生産（様式）」という用語は，マルクスによって初めて確定された概念を示す用語である．そのような「ブルジョア的生産（様式）」あるいは「資本制生産（様式）」といった用語によって表現されたマルクスの資本主義範疇は，それまでの人類の経済学の歴史において認識されていなかった経済的諸関係の近代社会に特有の歴史的形態規定性をとらえるものである．

そのようなマルクスの資本主義範疇のもつ独自的性格とその意義を理解することなしには，マルクスの経済理論のもつ画期的意義は理解しえない．

すなわち，マルクスの近代社会の経済的諸関係についての研究の理論的な発展史のなかで，「ブルジョア的生産（様式）」さらには「資本制生産（様式）」という用語の確定と展開に示されているところの，資本主義概念とそれを示す表現用語による資本主義範疇の確定と厳密化ということの画期的意義を理解することによってはじめて，『資本論』における資本主義範疇のもつ独自的意義を理解することができるのである．

注

1) 宇野弘蔵『経済学方法論』1962年,東京大学出版会,17ページ。『宇野弘蔵著作集』(以下,『著作集』と略す) Ⅸ,岩波書店,19-20ページ。
2) 同『経済学演習講座 経済原論』(旧版) 1955年,青林書院,9-10ページ。
3) 同『「資本論」と社会主義』1958年,岩波書店,223ページ。『著作集』Ⅹ,159ページ。
4) 同『マルクス経済学原理論の研究』1959年,岩波書店,10ページ。『著作集』Ⅳ,12ページ。
5) 同『経済学演習講座 経済原論』(旧版) 10ページ。
6) 宇野弘蔵・梅本克己「《対談》社会科学と弁証法(続)」『思想』1966年第2号,105ページ。同『社会科学と弁証法』1976年,岩波書店,57ページ。
7) 大内力氏は,「資本主義」範疇の確定による純粋資本主義概念の確定ということを,次のように,経済学の300年におよぶ歴史的発展の過程のなかで,自然発生的なかたちでおこなわれたものであるかのように理解されている。

「純粋資本主義という概念も,それを原理論の展開の場として設定するという方法も,厳密ないみでは,……宇野博士によってはじめて確立されたものである。しかし,それまでにそういう概念なり方法なりがまったくなかったわけではむろんない。マルクスが事実上そこに到達していたことは示唆したが,それはむしろ経済学の300年の歴史のなかで,現実の資本主義のなかから資本主義にとって本質的な要素を抽出する試みが試行錯誤的に何度も積み重ねられているあいだに,おのずから形づくられた社会像であるといっていい。重商主義者やフィジオクラートはともかくとして,スミスやリカードウまでくれば,すでにその理論の解明の場として,かなりの程度まで純粋資本主義に近似した社会像がすでに描きだされているのである。」(大内力『大内力経済学体系 第1巻 経済学方法論』1980年,東京大学出版会,129-130ページ)

このような理解は,マルクスによる近代社会に特有の歴史的形態規定性をもつものとしての「資本制生産様式」概念の確定とそれを基軸的概念とした『資本論』による近代社会の経済的運動法則の解明について,まったく理解されていないものといえる。

III 「原理論」的資本主義

梗概 マルクスは，経済学の理論的体系化にはじめて取り組んだ『経済学批判要綱』において，等価交換関係を取り結ぶ商品・貨幣関係と価値増殖をおこなう資本＝賃労働関係による資本制生産との規定的内容の相違を明確にするにいたった。そして，そのことによって，資本主義範疇を，商品・貨幣関係と区別された「資本にもとづく生産（様式）」としてとらえ，やがてはそれを「資本制生産（様式）」という用語でもって表現するようになる。

　それにたいして，宇野弘蔵氏は，19世紀中葉のイギリスにおける「原理論」的ビルドとしての「純粋の資本主義社会」への近似化としての「原理論」基準による「純粋化傾向」にもとづいて，資本主義範疇を，「労働力商品」を基軸とした「商品経済の全面化した社会」として理解し，資本主義範疇の規定的内容を「商品経済」的なものとしてとらえている。そして，そのような「原理論」基準による商品経済論的な「純粋の資本主義社会」は，自由競争や平均利潤を内包した「自立的運動体」であって，あたかも永久的であるかのごとき繰り返し的運動をおこなうものとして，「純粋化傾向」の「極点」をなし，その構造も運動形態も不変的なものとされているのである。

1　「原理論」基準による純粋化傾向

「原理論」基準による純粋化傾向——「資本主義の一般的原理」への近似化

　宇野弘蔵氏は，19世紀中葉のイギリスにおける歴史的発展においては，「資本主義」基準での純粋化傾向と，「原理論」基準での純粋化傾向との，ダブル・スタンダードの純粋化傾向があったとされている。

　すなわち，宇野氏の「純粋化傾向」においては，「旧社会の残滓」の除去による資本主義的経済関係の全面化としての資本主義的「純粋化傾向」だけでなく，同時に，「資本主義の一般的原理」を示すものとしての「理論的研究に絶対的に必要な想定とせられる純粋の資本主義社会に漸次に近づきつつあったこ

とを示すもの」である「原理論」的なビルドへの近似化としての「純粋化傾向」でもある，とされているのである。

しかも，「原理論」基準での「資本主義の一般的原理」を示すビルドへの純粋化傾向のなかには，次のようなさまざまな規定的内容が存在しているとされている。

①「商品経済」論的規定的内容——その「原理論」的な純粋化傾向は，「商品経済の全面化した社会」としての「商品経済」関係を規定的内容とした「純粋の資本主義社会」を実現するものとしての「純粋化傾向」である。

②自由競争的「自立的運動体」としての「極点」への近似化傾向——そのような「原理論」的な「純粋化傾向」を思惟によっておしすすめると，自由競争が全面的に展開している「自立的運動体」である「商品経済の全面化した社会」としての「純粋の資本主義社会」が，その「極点」において確定されるものである。

③「資本主義の一般的原理」としての規定的性格——そのような「原理論」的な「純粋化傾向」にもとづいて，その「極点」において想定される「完成された姿」としての「純粋の資本主義社会」は，「資本主義の一般的原理」を示すという規定的性格をもつものである。

宇野氏は，みずからのマルクスの資本主義認識理解にもとづいて，これらの内容が，19世紀中葉のイギリスにおける客観的な歴史的発展過程において認識され，確定されて，そのような純粋化傾向にもとづいて想定される「原理論」的な「純粋の資本主義社会」を対象として解明することによってはじめて，「資本主義の一般的原理」を打ち立てることができる，とされているのである。

そのように，宇野氏は，19世紀中葉のイギリスの歴史的発展傾向においては，非資本主義的な「旧社会の残滓」の除去による「資本主義的生産様式」の全面化としての「資本主義」基準による純粋化傾向が存在しているだけでなく，それと同時に，そこには「理論的研究に絶対的に必要な想定とせられる純粋の資本主義社会に漸次に近づきつつあったことを示すもの」としての「経済原論の想定するいわゆる純粋の資本主義社会に近接しつつあった」として，さまざまな規定的内容をもった「原理論」基準による純粋化傾向の実現傾向があったとされているのである。

2　商品経済関係の全面化した社会

「商品経済」関係の全面化

　マルクスの唯物論的な社会構造論としての土台・上部構造論的な社会観にとっての基軸的で規定的な要因は「物質的生活の生産」であり，さらに，唯物史観にもとづくその歴史的形態の把握によるならば，「生産」活動の近代社会に特有の歴史的形態こそがその規定的な要因とされることになるものである。したがって，そのような見地から19世紀中葉のイギリスにおける近代社会の歴史的発展における状況をとらえるとするならば，「生産」的基礎における近代社会に特有の歴史的形態としての「資本制生産」がどうなっているのかということが，把握されるべき基軸的要因となるべきはずである。

　ところが，宇野氏が問題とされている「理論的研究に絶対的に必要な想定とせられる純粋の資本主義社会に漸次に近づきつつあったことを示すもの」としての「純粋化傾向」においておしすすめられている状況は，「生産」の近代的な歴史的形態についての動向ではない。宇野氏が資本主義的発展における「原理論」基準での「純粋化傾向」なる状況について取り上げられている基軸的要因としての主体は，「生産」ではなくて「商品経済」である。

　すなわち，「原理論」基準での「純粋化傾向」の内容は，生産的基礎における「資本制生産」の動向についてではなくて，「商品経済が，資本家的商品経済として，……純粋の資本主義社会に漸次に近づきつつあったことを示すもの」であるとされているのであって，そこにおける主語は「商品経済」である。つまり，主体となっている要因としての「商品経済」がいかに展開していっているのかということを内容とした「純粋化傾向」が規定的内容とされているのである。

　そのように，宇野氏における「原理論」基準での「純粋化傾向」の規定的内容は，マルクスのように生産的基礎における近代的生産形態としての「資本制生産」の全面化としてとらえられたものではない。それは「商品経済が，資本家的商品経済として，……純粋の資本主義社会に漸次に近づきつつあった」というかたちで，「商品経済の全面化した社会」としての「純粋の資本主義社

会」への近似化としてとらえられるものとされているのである。そして，そのような「商品経済の全面化した社会」としての「純粋の資本主義社会」は，経済システムとしては，自由競争の全面化によるところの，あたかも永久的であるかのごとき繰り返し的運動をおこなう「自立的運動体」といった特有の経済構造と運動形態をとるものである。そこにおいては，そのようなかたちで，宇野氏独特の特異な規定的内容が「原理論」的な「純粋の資本主義社会」のなかに組み入れられているのである。

だが，そのような「原理論」基準での「純粋の資本主義社会」にとっての基軸的で規定的な要因が「商品経済」関係であるというマルクスの資本主義範疇とは異なる把握は，なにによって，いかにして確定されたものであるのか。それは，宇野氏によって，恣意的なかたちで，いわば先験的なものとして組み入れられているにすぎないものである。

「商品経済」の全面化としての資本主義範疇

マルクスの『資本論』における資本主義範疇としての「資本制生産」や「資本制生産様式」は，『経済学批判要綱』における商品・貨幣関係についての「交換価値にもとづく生産（様式）」とは区別される「資本にもとづく生産（様式）」を受け継ぐものであり，生産過程における近代社会に特有の資本＝賃労働の階級関係にもとづく利潤追求をめざす「生産」あるいは「生産様式」の歴史的形態を示すものである。

ところが，宇野弘蔵氏の資本主義範疇は，それとは逆に，「商品経済」関係を基本的な規定的内容とするものである。

> 「資本主義は，商品経済を唯一の原理とする社会として体系化される。それは他の社会では他の形態をもってその経済生活を規制しながら部分的にはその生産物の交換を商品形態をもってするというのとは異なって，労働力自身をも商品化することによって，社会存続の物質的基礎をなす生産過程自身をも商品形態を通して行い，それによって商品形態をして全社会を支配するものとすることにほかならない。」[1]

このように，宇野氏は，資本主義社会の規定的内容を，「労働力商品」によって「生産過程自身をも商品形態をもって行うという，一社会の基本的社会関係の商品経済化をも実現する」[2]ものであるとして，そのような「商品経済」的な社会であるというところに資本主義社会の「原理」的内容がみいだされるとされているのである。

「労働力商品」──宇野弘蔵氏の資本主義的経済関係のキー・カテゴリー

だが，そのように，資本制生産過程や「資本主義社会の基本的関係たる資本家と労働者との社会的関係」の規定的内容を，労働力商品化にもとづいて「商品経済」的なものとして把握するということは，マルクスの見解とはまったく異なるものである。

これにたいして，宇野弘蔵氏の資本主義範疇の把握は，「人間の労働力をも商品化して商品の形を与えて売買の対象にする──そういうところまで商品経済化」[3]したものであって，そのような「商品経済の最も発展した状態が資本主義社会」[4]であるとされるものである。

この点について，宇野氏は，『資本論50年』のなかでも次のように強調されている。

「宇野……資本主義的な生産というのは，商品形態をとらなくちゃできない。商品関係があれば，必ず資本主義ができるとはいえないけれども，資本主義がある以上は，商品が基本的な形態でなければならん，それは言えるんですよ。

〇〇　基本的な形態というのは，何の形態ですか。

宇野　社会構成の形態です。資本が生産過程をつかむのには，労働力が商品化されなくちゃ，つかめないでしょう。商品形態というものがなしには，資本が生産過程にはいるわけにいかんじゃないですか。つまり資本という形態自身が初めにあるわけじゃないですよ。資本が生産過程をつかむというのが資本主義でしょう。それは商品形態を基軸にしなきゃ，できないわけですね。だから生産過程自身が，商品形態で行なわれるということを言っているのです。」[5]

このように，資本主義社会を「商品経済を唯一の原理とする社会」として把握されている宇野氏にとって，「労働力商品」こそ資本主義的経済諸関係にとってのキー・カテゴリーとされているものである。「労働力商品」が，宇野氏にとっての「『資本論』の神髄」[6]であり，「法然上人の南無阿弥陀仏」[7]にみあうものであるとされている所以である。

「労働力の商品化」——たしかに，資本主義的経済関係のなかでの労働市場における労働力の売買にあたっては，無産の労働者の労働力は商品形態をとっている。そして，生産過程において必要とせられる労働力は，商品としての売買関係をとおして資本家の手中にはいり，資本制生産過程に投入されるものである。

資本制生産過程における労働力の性格

しかしながら，商品としての労働力の売買は，生産過程の外部の労働力市場，すなわち流通過程においておこなわれるものであって，資本家によって購入されてその使用価値が消費される過程，すなわち資本家の指揮・命令のもとで労働者が労働させられる生産過程において労働活動をおこなっている労働者の労働力は，もはや商品形態をとるものではない。

というのは，「商品」という規定性は，物的財貨や労働者の労働力そのものに付着した規定性ではない。商品形態としての規定的性格は，一定の社会的関係のもとにおいてとる社会的性格としての規定性である。すなわち，交換される財貨や貨幣や労働力が，商品・貨幣交換という社会的経済的関係を取り結ぶときに身につける規定的性格であって，そこにおける商品としての労働力の所有者と貨幣所有者である未来の資本家とのあいだにおける自立した私的所有者間の，たがいに交換者としてのあいだの経済的関係として存立するものであって，基本的には，等価交換としておこなわれる労働力の商品としての売買においてとる社会的性格にほかならないものである。

だが，流通過程としての労働力市場において労働者の労働力が商品として売買されたのちに，資本制企業内の生産過程における労働者は，自立した商品所有者として資本家とのあいだに商品交換関係を取り結ぶ存在ではない。資本制企業においては，労働者は生産手段とならぶ生産要素の一構成要因として，資

本家の指揮・命令のもとに，資本家の私的所有物である機械などの労働手段を使って，これまた資本家の所有物である労働対象である原材料にたいして，労働活動をおこなうことによって，新しい生産物を生産し，それをつうじて剰余価値を生み出す。そして，それを資本家の私的所有物とする，という活動をおこなっているものである。

そのような企業内の資本制生産過程において資本家と労働者とのあいだに取り結ばれている社会的関係は，商品・貨幣所有者のあいだでおこなわれる商品交換関係とはまったく異なる社会的関係であり，それは階級的な支配＝服従の社会的経済的な生産関係にほかならないものである。

雇用契約というかたちで商品としての労働力の売買という商品交換関係が取り結ばれたあと，企業内での資本制生産過程という生産の場において，資本家の意思による労働者の労働力の消費としての労働活動がおこなわれているときに労働者が資本家と取り結んでいる社会的関係の内容を，自立した人格をもつ労働者が自己の労働力を売買するときの商品交換関係においてとる商品形態という社会的関係としての規定性においてとらえることはできない。

資本制企業内において資本家の指揮・命令のもとに労働させられている労働者は，労働市場での雇用契約の場合のように労働力所有者としての労働者自身の意思で行動できる人格をもった立場にはない。そのような資本制生産過程における労働者の労働力は，もはや労働者が私的所有し販売することのできる商品（労働力）としての社会的規定性をもつものではないのである。

そのように資本制生産過程における労働者の労働力はもはや商品ではないという点については，宇野氏自身も，「労働力なる商品は資本家によって買い入れられるともはや商品ではない」[8]とみなされている。宇野氏は，「これはぼくにとって非常に問題だったんだ。商品として買い入れたものが商品でなくなって商品の生産過程で消費される。それは資本の生産過程の中でも労働力が商品だということになると，非常な違いになるからね。つまり価値の移転があるというのと新しい価値を形成するかというので，つまり生産過程という意味がまるでちがってくるわけだ。この点はぜひ明確にしておきたいと思っていた」[9]と強調されているところである。

資本制生産過程における労働力は，もはや交換される価値物たる商品として

の規定性をもつものではなくて，消費されつつある独自の使用価値をもつ生産要素の一構成因としての「生きた労働力」にほかならないものである。このことは，宇野氏においても，「一定の価値を支払って買い入れた労働力は，資本の生産過程ではもはや価値を有するものではなく，その使用価値が労働として新たな価値を形成するのであって，生産手段のようにその価値を移転せられるものではない」[10]とみなされているところである。

このように，生産過程にはいって消費されつつある労働力はもはや商品ではないのであるからして，資本の指揮・命令にしたがってもはや商品形態をもたない労働力を消費しながらおこなわれる生産たる資本制生産は，「商品による商品生産」と表現すべき規定的性格をもつものではない。それは資本の指揮・命令による労働者の労働力の消費によっておこなわれている生産として，「資本による商品生産」といわざるをえないものである。

だが，宇野氏は，それを，あくまで「商品経済」論的資本主義論にひきつけて「商品による商品生産」と表現されているのである。

「労働力商品」と資本制生産過程

資本制生産過程についての「生産過程そのものが……根底から商品経済化」したといった宇野弘蔵氏における規定的性格の特徴づけは，剰余価値の獲得をめざして資本家の指揮・命令のもとで労働者の労働活動がおこなわれている資本制生産過程そのものにおける規定的内容にもとづくものではない。

宇野氏による資本制生産過程についての「商品による商品の生産」という「商品経済」論的な把握は，資本制生産過程そのものについての規定的内容の把握によるものではなくて，労働力商品の売買という流通過程での内容を根拠として，資本制生産過程についての規定的性格を「商品経済」的なものであるとみなしているにすぎないものである。

「労働力商品化」によって労働力の売買としておこなわれる資本家と労働者とのあいだで結ばれる雇用契約における社会関係は，労働力市場における商品・貨幣所有者としての自由・平等な私的所有者の相互関係としての商品交換関係であり，その経済的内容としては基本的に等価交換関係であって，そこにおいては労働力商品の価値の大きさに応じた賃金額が支払われる。

それにたいして，資本制企業の内部における資本制生産活動は，資本家による労働者の労働力の消費としておこなわれるものであるが，それは，生産過程において，資本家の指揮・命令によって，労働者が，資本家の所有する機械や原材料といった生産手段を使用して労働させられるというものであり，そこにおいては，剰余価値をふくむ新しい生産物を生産するという価値増殖がおこなわれて，資本家に利潤の獲得をもたらすことになるものである。
　そのように，資本主義的経済関係においては，資本家と賃労働者とのあいだには2つの相異なる関係が取り結ばれているのであって，そこには2つの相異なる社会的経済的関係が存在しているのである。
　その2つの相異なる社会的経済的関係は，時間的経過についてみるならば，商品としての労働力の売買は，流通過程としての労働力市場において雇用契約として取り結ばれるものである。そして，時間的にはその後のプロセスとして，生産過程における資本制生産というかたちで，資本制企業のなかでの利潤獲得をめざす資本家の指揮・命令のもとでの労働活動がおこなわれているのである。
　その2つの経済的関係は，規定的な社会的性格についてみるならば，流通過程における労働力商品の売買というかたちでの商品経済的な交換関係と，そして，生産過程における資本＝賃労働の階級関係にもとづく生産関係とであって，この2つの経済的関係が資本家と労働者のあいだにおける重層的な社会的関連として存在しているということである。
　このような2つの相異なる社会的経済的関係が取り結ばれている資本家と賃労働者とのあいだの関係において，資本主義社会にとっての基軸的で規定的な関係をとらえる資本主義範疇にとっての規定的な要因はいかなるものであるのか。

「労働力商品」による「商品経済」論的根拠づけの論拠

　なお，ここで留意しておかなければならないことは，そのような資本家と賃金労働者が経済的関係を取り結ぶにあたっての前提的な社会的関係として，資本主義的経済関係の社会においては，資本家は機械や原材料といった生産手段の所有者であり，さらに賃労働者を雇用するために必要な人件費といった費用をまかなうことのできる資金も，そのうえ自分と家族の生活のための生計費をも，私的所有物として所有しているということである。それにたいして，賃労

働者は，近代社会においては，自由で自立した人格をもった私的個人ではあるが，自分自身で生産活動をするために必要な生産手段をもっていないだけでなく，自分と家族が生活していくための消費財も生活費ももっていない。もっているのは自分自身の精神的・肉体的能力としての労働力のみであるという無産者であって，そのようなものとして二重の意味での自由な労働者であるということである。

そのような生産手段も生活手段ももたない無産者としての賃労働者と，社会的生産手段を排他的に私的所有している資本家とのあいだの，労働者の雇い入れとしての雇用契約が，労働者の労働力の売買という商品・貨幣交換の形態でもっておこなわれているのである。

そして，そのような資本主義的経済関係における雇用契約にもとづく「労働力商品」としての労働力の売買をつうじての労働者の資本家による雇い入れと，そのうえでの，資本制企業における利潤追求をめざす資本家の指揮・命令のもとでの労働者の労働活動による資本制生産がおこなわれることになるのである。

資本主義範疇にとっては，そこにおける関係をいかなるものとしてとらえるかということ，これが問題の焦点である。

宇野弘蔵氏は，そのことについて，労働力が「商品形態を通して初めて生産過程に入る」（強調は重田による。以下同様）ということから「生産過程そのものが……根底から商品経済化」することになるとされているのであって，「社会存続の物質的基礎をなす生産過程自身をも商品形態を通して行い，それによって商品形態〔が〕全社会を支配する」[11]ようになる，と把握されているのである。

そのような宇野氏の把握は，資本制生産過程の規定的内容を，生産過程そのものによってではなくて，生産より前におこなわれるところの，生産過程の外における労働力市場という流通過程における生産要素としての労働力の確保あるいは調達のあり方としての商品交換関係によって，生産過程の規定的性格が確定されることになる，とされているのである。

すなわち，労働力が「商品形態を通して初めて生産過程に入る」[12]という，労働力市場において雇用契約を結ぶということを根拠として，資本制企業内における資本制生産過程そのものが商品経済化されることになると規定されているのである。

いいかえると，労働力市場において雇用契約が結ばれて労働力が商品として売買されるということをもって，資本制企業内における剰余価値の獲得をめざしての資本家の指揮・命令のもとで労働者の労働がおこなわれるという資本制生産過程における資本＝賃労働にもとづく階級的な生産関係が「商品経済」関係としての規定的性格をもつものとされているのである。

そのように，宇野氏の資本制的生産過程の「商品経済」関係としての規定的性格づけは，資本制生産過程そのものにもとづいてとらえているものではない。労働力商品化をつうじて生産過程に労働者が供給されるということから，資本制生産過程についての「商品経済」的なものとしての規定性が与えられているにすぎないのである。

このようにして，宇野氏は，「資本主義社会は，……商品形態をもって，その基本的社会関係たる資本家と労働者との関係を結ぶ社会である」[13)]と，資本主義社会にとってもっとも基本的な社会的経済的関係たる資本家と賃労働者とのあいだに取り結ばれる関係の基本的内容をも「商品形態」をもって結ばれる関係と規定されているのである。

そのような把握は，商品交換関係による労働力調達のあり方にもとづいて，資本＝賃労働関係に立脚した資本制的生産過程そのものの規定的内容を「商品経済」的なものと理解するという，宇野氏の解釈を示すものである。

これこそが，「労働力商品」を根拠として，資本主義的経済関係を「商品経済」関係としてとらえる，宇野氏の「商品経済」論的資本主義把握の基本的内容にほかならないものである。

商品による商品の生産

かくして，宇野弘蔵氏は，労働力を商品として購入して資本の生産過程に投入するということを根拠として，「あらゆるものが商品化するということは，たんに生産物が商品として交換されるということではない。商品が商品によって生産されることであって，それは実は資本の生産過程にほかならない」[14)]と，「資本制生産過程」そのもののとる規定的性格を「商品経済」的なものとされ，「商品による商品生産」とされているのである。

宇野氏は，資本制生産過程における「商品が商品によって生産される」とい

うことについて,「資本の生産過程は,あらゆる社会に共通なる労働生産過程においてその積極的要因をなす労働力自身をも,生産手段と共に商品として購入しておこなわれるのであって,それはまったく商品による商品の生産過程といってよい」[15)]ととらえているのであって,次のようにも指摘されているところである。

　「資本の生産過程は,商品形態を通して剰余労働を剰余価値として獲得する特殊の生産方法〔であり〕,それはあらゆる生産物を資本によって商品として生産し,商品として交換する社会であって,単に生産物を商品として交換するというだけではない。その生産物の生産過程そのものが労働力の商品化によって根底から商品経済化した,商品によって商品を生産する社会である。」[16)]

　すなわち,宇野氏においては,「労働力自身も商品形態を通して始めて生産過程に入る」[17)]ということから,資本制生産過程を「商品による商品生産」ととらえているのであって,「資本主義の場合の基本的な社会関係を規定する労働力商品化のいちばん根底のところに商品関係が入ってくる……。つまり商品で商品が生産されるわけだ」[18)]と,「労働力商品化」と「商品による商品生産」とを結びつけて資本制生産過程についての「商品経済」的なものとしての把握がおこなわれているのである。

　「商品形態というのがなければ,資本主義的な商品生産というのは理解できない。生産する場合に,資本は商品を買って,その商品によって商品を生産する,こういうことをやっているいるわけ。商品によって商品を生産するといえば,これは労働力を商品化しなければできない。だから商品形態というのが〔生産関係の〕基軸だといっても,ぼくはまちがいのないことだと思うんだ。」[19)]

「俗流自由貿易論者」の見解としての「労働力商品」基軸論

　ところが,マルクスは,宇野弘蔵氏の見解とちがって,「資本主義」範疇に

ついては，生産過程における近代社会に特有の歴史的形態を示す生産形態としての「資本制生産（様式）」としてとらえ，それを資本主義的経済関係にとっての規定因としているのであって，生産がいかなるものであるかという生産活動そのものの形態と内容によって経済的諸関係と社会の規定的性格をとらえているのである。

しかも，マルクスの資本主義範疇は，『資本論』段階における「資本制生産様式」においては，宇野氏の主張されているような「労働力商品」を基軸とした「商品経済の全面化した社会」とは逆に，商品・貨幣関係とは区別されるものとして，生産の近代的な形態の規定的内容を明確化して範疇的厳密化がおこなわれているのである。

マルクスが近代社会の経済的諸関係についての理論的な体系化を初めておこなった『経済学批判要綱』において，それまで「ブルジョア的生産（様式）」という用語によって表現していた概念から脱皮して，「資本にもとづく生産（様式）」という資本主義範疇とその表現用語を確定しているのであるが，それは，商品・貨幣関係についての「交換価値にもとづく生産（様式）」という概念からの区別を明確化したことによるものであった。

すなわち，商品・貨幣関係における私的所有者の相互関係としての「交換価値」にもとづく等価交換をおこなう「交換価値にもとづく生産（様式）」とは区別され，それとは概念的にも異なるものとして，資本制企業の内部における資本の指揮・命令による賃労働者の労働活動によって剰余価値が生み出され資本に取得せしめられる「資本にもとづく生産（様式）」を確定し，それまで商品・貨幣関係と資本制生産との区別のやや不明確であった「ブルジョア的生産（様式）」という概念からの転生をおこなっているのである。これは，やがて，『資本論』においては「資本制生産（様式）」という用語でもって表現されることになる。

そして，マルクスは，経済学理論体系を構築しはじめて以来，『経済学批判要綱』においても，『1861-63年の経済学草稿』においても，さらには『資本論』においても，「労働力商品」の売買と「資本制生産」との質的な概念的な相違について強調しているのである。

『経済学批判要綱』においては，「資本と労働のあいだの交換では，第1の行

為〔商品としての労働力の売買〕は1つの交換であり，まったく普通の流通に属している。第2の行為〔資本の側からする労働の領有〕は，質的に交換とは異なる過程であって，言葉の乱用をしないかぎり，それを一般にある種の交換だなどと呼ぶわけにはいかない。それは，直接に交換に対立しており，本質的に別の範疇である」[20]と指摘している。

また，『1861-63年の経済学草稿』では，商品としての労働力の売買については，「労働能力の販売。これは他のいかなる売買の場合もそうであるような，単純な流通関係である。この関係の考察では，買われた商品の使用あるいは消費はどうでもよいことである」として，「ここでは売り手と買い手とはただ商品所有者として対し合うにすぎず，取引の独自な，他と区別される性格は現われないので，調和主義者たちは，資本と賃労働の関係をこの第1の行為に還元しようとする」と述べている。そして，生産過程における労働力の消費については，「資本が交換によって入手する商品（労働能力）の消費，それの使用価値の使用は，ここでは，独自な経済的関係をなす。……〔この〕第2の行為は，交換とは質的に異なった過程である。それは，本質的に別のカテゴリーである」[21]としている。

さらに，『資本論』においては，「労働力の売買がその枠内で行なわれる流通または商品交換の部面は，実際，天賦人権の真の楽園であった。ここで支配しているのは，自由，平等，所有，およびベンサムだけである」として，「この単純流通または商品交換の部面から，俗流自由貿易論者は，資本および賃労働の社会についての見解，概念，および自己の判断の基準を引き出してくるのである」[22]といったかたちで，商品としての労働力の売買という「単純流通または商品交換の部面」から資本主義的な「資本および賃労働の社会」についての「見解，概念，および自己の判断の基準」を引き出してくるような見解は，「俗流自由貿易論者」の見解である，と鋭く批判しているのである。

したがって，宇野氏のように，「資本家と労働者と土地所有者との三階級からなる純粋の資本主義社会」を「労働力商品」を基軸とした「商品経済の全面化した社会」として「資本主義の一般的原理」を示すものとしての「純粋の資本主義社会」としてとらえる見解は，マルクスによって《調和主義者たち》や《俗流自由貿易論者》の見解と酷評されている見解にほかならないものである。

3 繰り返し的運動をおこなう「自立的運動体」

「原理論」的な「純粋の資本主義社会」の構造と運動形態

　宇野弘蔵氏は，「商品経済」的な「純粋の資本主義社会」について，「商品交換」が「社会と社会との間から社会の内部に入って，その基礎をとらえた究極点が労働力商品化で，それが機軸になって全体が構成される，そういうところに経済過程の独立した上部構造と分離したシステムができる」[23]のである，とされている。

　すなわち，宇野氏においては，近代社会の経済的諸関係の規定的内容を，マルクスのように生産的基礎における近代社会に特有の歴史的形態としての「資本制生産（様式）」という資本主義範疇においてとらえるのではなくて，社会と社会とのあいだに発生した「商品交換」が社会の内部にはいることによって形成された「労働力商品」によって社会的基礎がとらえられて，「商品経済」関係の全面化としての「純粋の資本主義社会」が構築されることになる，とされているのである。

　そのようなものとしての宇野氏の「原理論の対象をなす純粋の資本主義社会」の構造は，「その存続と発展との物質的基礎をなす経済過程を，商品形態をもって全面的に処理する自立的な社会」として「いわば経済的に完成せられた一世界をなす」ものであると，全面的に「商品経済」的な「自立的運動体」としての「社会」とされているのである。

> 「原理論の対象をなす純粋の資本主義社会は，その存続と発展との物質的基礎をなす経済過程を，商品形態をもって全面的に処理する自立的な社会であり，経済法則もそこに必然性をもって展開される根拠をあたえられる。『商品』から始まって『諸階級』に終わる『資本論』の体系は，その展開が必ずしも方法的に一貫して行なわれているとはいえないが，しかしその始点をなす『商品』は，終点をなす『諸階級』のうちに生産され，交換され，消費されるものとして体系をなすものとなるのである。その全展開は，一社会がその存続と発展とに必要とする消費資料と生産手段を商品形態を

もって生産し，再生産するというだけでなく，かかるものを生産し，再生産する労働力自身をも，常に商品として確保するということを，そしてそれがために必要とせられる商品経済的な，特殊の機構をも明らかにするのである。それはこの全体系の展開の内に与えられる諸規定以外には，そしてかかる諸規定に対応する法律的イデオロギー以外には，何らの政治的な，権力的な，あるいはまた宗教その他のイデオロギーによって規制せられることなく達成せられる。いわば経済的に完成せられた一世界をなすのであって，その理論的体系もそれに応じて完結性を有することになるのである。」[24]

このように「労働力商品化」の確立による「商品経済」関係の全面化した社会としての「純粋の資本主義社会」について，宇野氏は，「経済学が，純粋の資本主義社会によって，その原理を体系的に確立することができたというのも，資本主義がその経済的過程を『国家形態』からも，『国際的関係』からも独立して展開する機構をもっているからである。商品経済が社会的再生産過程を全面的に把握するということは，その点を示すものにほかならない」[25]と，労働力商品を「機軸」として，「国家形態」からも「国際的関係」からも独立して商品形態をもって経済過程を全面的に処理する機構をもった「自立的運動体」であるとみなし，そのようなものとして「原理論」的ビルドとしての「純粋の資本主義社会」は「資本家と労働者と土地所有者との三階級からなる純粋の資本主義社会」である，とされるのである。

「自立的運動体」による繰り返し的運動

「商品経済」的な「純粋の資本主義社会」の「自立的運動体」としての構造と運動形態について，宇野弘蔵氏は，次のように指摘されている。

「自立的運動体というのは，自分自身の存立の条件を自分でつくっているものとしてあるわけで，その内部構造を明らかにするときは，前提が結果によって生ずるという関係がなければならぬことになる。そしてその運動は，その矛盾を現実的に解決しつつあたかも永久的に発展するかのように

して解明される。もちろんそれは資本主義的商品経済と同様に決して永久的にある法則ではないが，しかし永久的に運動するかの如くにしないで，どうして論証することができるのだろう。原理論の展開の内に，資本主義自身が否定される，マルクスのいわゆる『否定の否定』が説かれるかのようにいっても，それは価値法則その他の経済学で明らかにされる法則としては展開されてはいない。マルクスもこの『否定の否定』を弁証法といっているようだが，僕にはそれは論証としては理解できない。弁証法的な展開は，むしろ永久的に運動するかのように説かれる経済学の原理の体系のうちにあるように僕は思っている。」[26]

このように，宇野氏にとっての「原理論」的ビルドとしての「純粋の資本主義社会」は，前提が結果によって生ずる「自立的運動体」としての構造をもち，そのことによってその運動形態は，あたかも永久的であるかのごとき繰り返し的運動をおこなうというものである。

かくして，「原理論の描く資本主義のビルドは自己完結的な体系として永久的運動と循環のうちにあるかのように与えられる」[27]ものであって，そのようにして不変的な形態をもちつづける「純粋の資本主義社会」が，資本主義的「純粋化傾向」の「極点」をなすものとされ，それを解明したものが「資本主義の一般的原理」を示す「原理論」である，と宇野氏は主張されているのである。

自由競争，資本の移動，平均利潤

ところで，そのような「純粋化傾向」の「極点」においてみいだされるものと宇野弘蔵氏がみなされている繰り返し的運動をおこなう「自立的運動体」としての「純粋の資本主義社会」は，いかなる諸要因からなり，どのような運動形態をとる「社会」なのだろうか。

宇野氏は，「原理論」的な「純粋の資本主義社会」の構造や運動形態の内容を，『資本論』にもとづきながら個人企業，自由競争，平均利潤といった19世紀中葉のイギリスで展開していたいわば『資本論』で取り上げられているような諸要因・諸形態の「資本主義社会」とされており，それを「商品経済の全面的に展開した社会」という規定的性格にもとづくものとしての「資本主義の一

般的原理」がとる形態とされている。

「原理論」的な「純粋の資本主義社会」のそのような内容と構造を示すものとして，宇野氏は，『資本論』第3巻の地代論「緒言」におけるマルクスの次のような叙述を取り上げている。

> 「資本制生産様式が農業を占領したという想定は，資本制生産様式が生産および市民社会のすべての部面を支配するということ，したがってまた，資本制生産様式の諸条件——諸資本の自由な競争，一生産部面から他の生産部面への諸資本の移転可能性，平均利潤の均等な水準，などのような諸条件——が完全に成熟して現存するということを含んでいる。」[28]

宇野氏は，「資本制生産様式」が前近代的な生産形態をとっていた農業部面をも支配して，「生産」と「社会」に全面的に展開した場合における社会関係としての，自由競争，資本の自由な部面間移動，平均利潤の形成などについてのマルクスの指摘にたいして，それこそが「原理論の対象としての純粋の資本主義」を示すものであると，次のように述べられている。

> 「この『緒論』は『資本論』でも特別なもので，ぼくが原理論の対象となるといっている純粋の資本主義の関係を明確に示しており，ぼく自身はこういうところを機会のあるごとに繰りかえし読むことにしている。」[29]

宇野氏は，19世紀中葉のイギリスにおいて全面的なものとなる傾向を示していた個人企業，自由競争，平均利潤等々といった『資本論』で展開されている経済的諸形態や諸関係を「資本主義の一般的原理」における形態とみなして，「原理論」的ビルドとしての「純粋の資本主義社会」にとって規定的な存在形態をなすものとされている。そして，そのような個人企業，自由競争，平均利潤といった特有の経済的諸要因や運動形態において「純粋の資本主義社会」はあたかも永久的であるかのごとき繰り返し的運動をおこなう「自立的運動体」として資本主義的「純粋化傾向」にとっての不変的な「極点」をなすものとされているのである。

そのように，宇野氏は，『資本論』で展開されている個人企業，自由競争，平均利潤といった諸形態を「商品経済の全面化した社会」における不可欠な形態であって，「商品経済」的な「経済的に完成せられた一世界をなすもの」としての「資本主義的発展の結果到達されると考えられる純粋の資本主義社会」という「一つしかないモデル」における規定的な諸要因・諸形態とされているのである。

かくして，「原理論」的ビルドとしての「純粋の資本主義社会」は，たんに非資本主義的な「旧社会の残滓」が完全に除去されて純粋に資本主義的なもののみからなる社会であるだけでなく，それは個人企業，自由競争，平均利潤といった特定の形態をもった経済的諸要因や運動形態や社会的調整機構をそなえたところの「商品形態をして全社会を支配」する「商品経済的に統一的な社会」としての「自立的運動体」をなすものであって，その運動形態はあたかも永久的であるかのごとき繰り返し的運動しかしないものである，とされるのである。

始元概念「商品」の自己展開による完結的理論体系

そして，宇野弘蔵氏は，そのような「原理論」的な「純粋の資本主義社会」は，始元概念としての「商品」の概念的自己展開によって構築される体系であり，体系的完結性をもった理論体系を構築するものとして資本主義範疇を解明することになる，とされているのである。

というのは，「商品経済」的な「純粋の資本主義社会」を対象的ビルドとした宇野氏の「原理論」においては，「商品」形態が社会全体にとっての基軸的で規定的性格をもった「原理」をなすものであるところから，理論的体系の出発点における始元概念として「商品」がおかれることになる。そして，そのような始元概念としての「商品」概念の「概念自身の展開として」[30]の上向によって「商品形態の発展としての資本主義社会が純粋のかたちで展開」[31]せられることになり，資本家・賃労働者・土地所有者の近代社会における3大階級についての理論的体系化によって，「商品経済」的な「純粋の資本主義社会」の内部構造が解明されることになるとされているのである。

このように，宇野氏の「資本主義の一般的原理」は，『資本論』についての

「商品経済」論的解釈にもとづいて,「商品」概念を始元概念として,「商品」概念の概念的自己展開によって解明されるものとして打ち立てられるとされているのである。

そのような「商品」概念の論理的自己展開による体系的完結性をもった理論として解明されることになる「純粋の資本主義社会」は,「経済的に完成せられた一世界をなす」ものであるところから,「その理論的体系〔は〕それにおうじて完結性を有することになる」[32]のである,とされているのである。

そのように,「資本主義の一般的原理」における理論的な体系的完結性に対応するものとして,対象的事象である「純粋の資本主義社会」における「自立的運動体」の構造が根拠づけられ,さらに,それがあたかも永久的であるかのごとき繰り返し的運動をするものとしての運動形態が規定されることになっているのである。

すなわち,始元概念である「商品」の概念的自己展開による理論的完結性を示す理論体系に対応するものとして,「純粋の資本主義社会」における前提が結果を生み出し,結果が前提となるような「自立的運動体」としての構造的完結性が根拠づけられているのである。さらに,「自立的運動体」の運動形態として,前提が結果を生み出し,結果がまた前提となるといったかたちで,あたかも永久的であるかのごとき繰り返し的運動をも根拠づけられることによって,「原理論」的な「純粋の資本主義社会」についての不変的な構造をもちつづけるという運動形態をもった社会構造としての規定性が与えられている。

このようなかたちで,「資本主義の一般的理論」が解明する「原理論」的ビルドとしての「純粋の資本主義社会」の構造も,その運動形態も,そしてそのような対象を解明するものとしての「原理論」の内容,解明の方法,展開形態にいたるまでが,「商品経済の全面化した社会」としての「純粋の資本主義社会」についての「商品」の概念的自己展開による理論的体系化に対応するものとされているのである。

そして,さらに,そのような「商品」の概念的自己展開によって構築され,自己完結的な理論体系をなすものとされている宇野氏の「原理論」においては,「原理論の真理性の検証は,その理論的構成の首尾一貫性以外にない」[33]として,「原理論の真理性の検証」は客観的な現実との対応による実証によってではな

くて，理論そのものの「論証」という証明方式によるべきものであって，始元概念「商品」の論理的展開の首尾一貫性のなかに「原理論」の真理性が確定されるものである，とされているのである。

かくして，資本主義的な「原理」の真理性が客観的な現実にもとづいて検討される道が切り捨てられ，客観的な現実と切り離された概念の自己展開による論理的整合性なるものに，それも「商品」概念の論理的自己展開による全面的首尾一貫化の論理のなかに，科学的なものとしての客観的真理性がみいだされる，とされることになっているのである。

このように，宇野氏の資本主義範疇についての真理性なるものは，マルクスにおける資本主義範疇の基軸的で規定的な要因としての社会的生産の近代社会に特有の歴史的形態である「資本制生産（様式）」についてではなく，私的所有者の相互関係としての等価交換を基本的な経済的内容とした「商品」概念を基軸的な始元概念とした，概念的自己展開による「商品経済の全面的に展開した社会」を構築する理論体系にとっての論理的な首尾一貫性によって確定されるものである，とするものである。

4　純粋化傾向の「極点」

純粋化傾向の「極点」

宇野弘蔵氏の「原理論」における「純粋の資本主義社会」の想定という方法が成り立つためには，資本主義の歴史的発展における「純粋化傾向」にもとづけば，その「極点」において一定の形態の社会が想定されうる，ということが必要である。

宇野氏は，純粋化傾向という「資本主義の一定の時代的傾向をもとにして，……その完成された姿をいわば実験室的に想定」することができるとして，この「完成された姿」こそが「原理論」的ビルドをなすものである，とされている。

たしかに，もしなんらかの方法によって資本主義の歴史的発展における純粋化傾向が認識されえたとして，その傾向を思惟によってそのまま延長して非資本主義的「残滓」の除去をおしすすめていくならば，その究極のところに，非資本主義的な「旧社会の残滓」をふくまない「純粋の資本主義社会」が想定さ

れる，ということになるであろう。

　しかし，非資本主義的な「旧社会の残渣」をひとカケラもふくまない「社会」が想定されうるということと，資本主義的な経済諸関係そのものにおいて，生産力の発展による量的な拡大のなかで構成諸要因・メカニズム・運動諸形態などの内容や展開諸形態が不変的な「自立的運動体」としての「純粋の資本主義社会」がただ1つだけしか想定されえないということとは，まったく別のことである。資本主義的発展のなかで，資本主義的なものそれ自身は変化することなく，ただ1つの形態だけしか想定されない，ということは自明なことではない。

　たしかに，もしそこにおいて想定される「純粋の資本主義社会」が不変的なものであるならば，それは資本主義の歴史的発展における純粋化傾向のなかで接近していく「極点」としてただ「1つしかない」固定的なものとなりうるであろう。だが，そうではなくて，もし「資本主義的なもの」それ自身が変化をひきおこすものであるならば，いくら一定の歴史的発展にもとづいて「純粋の資本主義社会」を想定しようとしても，非資本主義的な「旧社会の残滓」をふくまない「社会」はそれ自体として流動的な姿をとらざるをえず，「極点」は未確定ということになってしまい，純粋に資本主義的なもののみから成り立つ「社会」の「完成された姿」をとらえることは不可能ということになってしまうであろう。

　したがって，宇野氏が「原理論」の確立にとって不可欠の対象とされている「純粋の資本主義社会」を純粋化傾向にもとづいて想定するためには，非資本主義的な「旧社会の残滓」をまったくふくまない「純粋の資本主義社会」はそれ自体として変化をひきおこすものであるのかどうかということが，確定されなければならない。

　このことを抜きにしては，現実の歴史的発展においてどのように純粋化傾向がすすんでいたところで，そして，たとえそのような傾向が認識されえたとしても，それはある一定の固定的な「極点」に向かってすすんでいるのか，それとも，いくつかの「極点」が存在しうるのか，あるいは，もともと「極点」などといったものは存在するものではないのか，といったことすらも明らかでなく，思惟をどこまで，どのようにおしすすめたらよいのかわからなくなってし

まうであろう。

ただ1つの「極点」としての「純粋の資本主義社会」

その点について，宇野弘蔵氏は，「原理論」の対象となる「純粋の資本主義社会」は，「不純な状態から作り上げたモデルではな」くて「資本主義的発展の結果到達されると考えられる純粋の資本主義社会」であって，それは「一つしかないモデル」であるとされる。

> 「僕が純粋の資本主義社会を対象として原理論をやるというと，それはモデルであるように思う人もあるようだが，それには困る。あれはけっしていわゆるモデルではない。資本主義的発展の結果到達されると考えられる純粋の資本主義社会で，不純な状態から作り上げたモデルではない。いわば一つしかないモデルだ。」[34]

宇野氏が，資本主義の歴史的発展における純粋化傾向にもとづいて想定されえさえすれば，「原理論」の対象的ビルドとして「純粋の資本主義社会」はただ1つ想定されるだけであるとされるのはなぜか。

宇野氏は，19世紀中葉のイギリスにおける「資本主義」基準による資本主義的「純粋化傾向」という客観的基礎に根拠づけられた『資本論』的な「純粋の資本主義社会」は，同時に，「原理論」基準による「商品経済」的な「自立的運動体」としての一定の内容と構造をもった社会形態であって，それはあたかも永久的であるかのごとき繰り返し的運動をおこなう運動形態をもつものである，とされているからである。

そのように，「純粋の資本主義社会」が「自立的運動体」としての一定の形態の構造をもち，しかも永久的であるかのごとき繰り返し的運動という運動形態をおこなうものであるならば，そのような「純粋の資本主義社会」は構造的かつ運動形態的に不変的なものたらざるをえないのであって，そのような形態的に不変な「純粋の資本主義社会」が「純粋化傾向」の究極においてみいだされるのであれば，それは固定的存在として純粋化傾向の「極点」となるであろう。

純粋化傾向の「極点」としての「純粋の資本主義社会」

　すなわち，宇野弘蔵氏は，「純粋化傾向」にもとづいて，「その発展の過程の内に認められる方向を『思惟によって』極点まで推し進め」ると，その「極点」において「純粋の資本主義社会」なるビルドが想定できる，とされている。

　だが，「資本主義が……非資本主義的関係を排除して純粋化していく傾向」としての「純粋化傾向」がみいだせたとしても，そのかぎりにおいては，その傾向を思惟によっておしすすめても「極点」がみいだされることになるとはかぎらない。

　たしかに，「旧社会の残滓」と「資本主義的なもの」との関係にかんするかぎりにおいては，「旧社会の残滓」が完全に除去されるならば，全面的に資本主義的なもののみからなる「純粋の資本主義社会」が形成される，ということになるであろう。

　しかしながら，「資本主義的なもの」それ自体についてみた場合，「資本主義的なもの」のみからなる「純粋の資本主義社会」そのものは，一定の不変的な形態と構造をもったものとして存在して「極点」を形成するとはかぎらない。

　というのは，「生産」的基礎における近代社会に特有の歴史的形態を資本主義範疇としてとらえているマルクス的な資本主義概念にもとづくならば，その生産的基礎において「資本制生産」が全面化して「資本制生産様式」によって支配されている社会としての「純粋の資本主義社会」が形成されたとしても，そのような純粋に資本主義的なもののみからなる社会の経済的諸関係を構成する構造的諸要因や諸関係は固定的なものとして運動形態は不変的であるとはかぎらず，そこに構造的変化がひきおこされて異なる構成諸要因や運動形態が展開するようになることはありうるものである。すなわち，資本制生産の生産力的発展において資本蓄積の展開にもとづく生産と資本の集積と集中がすすめられて，資本主義的な経済諸関係の構造的諸要因や運動形態の変化がひきおこされることはありうるところであって，資本主義的なものの全面化による純粋化ということはそのまま「極点」の形成と不可分なことではない。

　たとえば，企業形態についていえば，生産と資本の規模が大きくなるなかで，個人的企業形態でなく株式会社形態をとるようになって，その展開と普及がおしすすめられたり，あるいは，企業の相互関係についても，資本の相互関係が

変化して自由競争的な資本主義から独占的な資本主義へと構造変化をひきおこす，といった事態がおこるものである．

そのように，資本主義的な生産力の発展のなかで「資本主義的なもの」それ自体において変化がひきおこされるならば，「純粋の資本主義社会」はそれ自体として「極点」を形成することにはならなくなってくる．

マルクス死後の19世紀末以降における帝国主義段階の独占資本主義的な資本主義を経験しているわれわれにとっては，「資本主義的なもの」はそれ自身の運動と発展のなかで動態的な構造変化をひきおこすものであって，資本主義の発展がひきおこす「資本主義的なもの」における現実的諸形態としては，19世紀中葉のイギリスにおけるような自由競争的な資本主義が全面化して資本主義的発展の「極点」をなすとみなすことはできないということは，歴史的事実が示しているところである．

しかしながら，宇野氏は，「純粋の資本主義社会」を「商品経済の全面化した社会」としてとらえるところから，自由競争の全面的展開によって，あたかも永久的であるかのごとき繰り返し的運動をおこなうという特有の運動形態をとるものであるとされることによって，そこから，「純粋化傾向」の「極点」の存在が根拠づけられる，とされているのである．

すなわち，宇野氏は，「純粋の資本主義社会」なるものを，それは個人的企業による自由競争が全面化しているような一定の構造をもったものであって，それ自体としては不変的な繰り返し的運動しかおこなわないものとしての「商品経済の全面化した社会」として理解することによって，そのような「純粋の資本主義社会」は「純粋化傾向」の「極点」をなすものとされているのである．

このように，宇野弘蔵氏においては，「純粋の資本主義社会」の内容を，特異な「原理論」的な内容に重ね合わされた「商品経済関係の全面化した社会」の規定性における「自立的運動体」であるところの「純粋の資本主義社会」としてとらえ，そこから，「純粋の資本主義社会」は，発展のなかで量的な増大は生じても構造的な質的変化はひきおこすことのない不変的な構造をもつものであるとして，「極点」をなすものとされているのである．

注
 1) 宇野弘蔵『マルクス経済学原理論の研究』8-9ページ。『著作集』Ⅳ，11ページ。
 2) 同『経済原論』岩波全書，1964年，岩波書店，6ページ。『著作集』Ⅱ，8ページ。
 3) 同『社会科学としての経済学』1969年，筑摩書房，9ページ。
 4) 同上，9ページ。
 5) 同『資本論50年』(下) 1973年，法政大学出版局，740-741ページ。
 6) 同上，881ページ。
 7) 同上，884ページ。
 8) 同『価値論』1965年，青木書店，202ページ。『著作集』Ⅲ，340ページ。
 9) 同『資本論50年』(下) 660ページ。
10) 同『経済原論』岩波全書，66ページ。『著作集』Ⅱ，50ページ。
11) 同『マルクス経済学原理論の研究』9ページ。『著作集』Ⅳ，11ページ。
12) 同『経済原論』上巻，1950年，岩波書店，98ページ。『著作集』Ⅰ，93ページ。
13) 同上，19ページ。『著作集』Ⅰ，23ページ。
14) 同上，21ページ。『著作集』Ⅰ，25ページ。
15) 同『経済原論』岩波全書，53ページ。『著作集』Ⅱ，41ページ。
16) 同『経済原論』上巻，105ページ。『著作集』Ⅰ，99ページ。
17) 同上，98ページ。『著作集』Ⅰ，93ページ。
18) 同『資本論50年』(上)，1970年，319ページ。
19) 同上（下），742ページ。
20) マルクス『経済学批判要綱』『マルクス 資本論草稿集』①328-329ページ。
21) 同『1861-63年の経済学草稿』『マルクス 資本論草稿集』④261-262ページ。
22) 同『資本論』第1巻，②300-301ページ。
23) 宇野弘蔵・梅本克己「《対談》社会科学と弁証法（続）」101ページ。
24) 宇野弘蔵『経済学方法論』149ページ。『著作集』Ⅸ，139ページ。
25) 同上，44ページ。『著作集』Ⅸ，43-44ページ。
26) 同『経済原論』岩波全書，12ページ。『著作集』Ⅱ，12-13ページ。
27) 同『経済学演習講座 経済原論』(旧版)，1955年，青林書院，10ページ。
28) マルクス『資本論』第3巻，⑫1077-1078ページ。
29) 宇野弘蔵「何のための帝国主義論々議か──見田石介氏の批評を読む──」『経済評論』1968年7月，93ページ。同『マルクス経済学の諸問題』1969年，岩波書店，248ページ。『著作集』Ⅹ，262ページ。
30) 同『マルクス経済学原理論の研究』10ページ。『著作集』Ⅳ，12ページ。
31) 同上，10ページ。『著作集』Ⅳ，12ページ。
32) 同『経済学方法論』149ページ。『著作集』Ⅸ，139ページ。
33) 同『経済学演習講座 経済原論』(旧版) 11ページ。
34) 宇野弘蔵・遠藤湘吉「《対談》マルクス主義と現代」『思想』1964年12号，61ページ。

Ⅳ　原理論の構築とその特質

梗概　宇野弘蔵氏は，純粋化傾向の「極点」に想定される「純粋の資本主義社会」を解明して，「資本主義の一般的原理」を明らかにした，とされている。

だが，19世紀中葉という特定の時期の，イギリスという限定された国の，発展傾向の「極点」においてしか存在しない経済的諸関係が，どうして「一般性」をもった「資本主義的なもの」の「原理」を示すものであるのか。そのような「一般的なもの」としての「原理」性を示すという資格は，宇野氏による「原理論」基準での「純粋化傾向」によって恣意的に付与されたにすぎないものである。

また，マルクスの資本主義範疇としての「資本制生産（様式）」とちがって，それ自体として歴史的性格をもたない宇野氏の「原理論」的な「純粋の資本主義社会」の歴史的性格にとっての根拠は，「認識の完全性」も，「労働力商品の論理的無理」も，「純粋化傾向の〈逆転〉」も，いずれも資本主義の歴史性を根拠づけるものではない。

もともと，宇野氏の「資本主義の一般的原理」を根拠づける「純粋化傾向」なるものは，現実に実在する過程ではなくて，宇野氏の「商品経済」論的な恣意的解釈によって理解された『資本論』の「商品経済」論的内容を，19世紀中葉のイギリスの歴史的発展傾向に逆投影したものにほかならない。そして，それをマルクスの「資本主義」認識の出発点における前提のなかに組み込んだフィクションにすぎないものである。

1　「資本主義の一般的原理」

宇野「原理論」の方法を根拠づけるマルクスの指摘

宇野弘蔵氏は，氏の「原理論」の方法は『資本論』におけるマルクスの指摘にもとづいたものであるとされ，次のように述べておられる。

「『……理論においては，資本主義的生産様式の諸法則は純粋に展開されるということが前提される。現実においては，つねにただ近似のみが存す

る。しかしこの近似は，資本主義的生産様式が発展すればするほど，そして従前の経済的状態の残滓による資本主義的生産様式の不純化と混合とが除去されればされるほど，ますます大きくなる』（『資本論』第3巻）と，マルクスはいっている。事実，資本主義は16，7世紀に，イギリスにその基地をえて以来，とくに18世紀後半のいわゆる産業革命以後は，発生期の政治的助力をさえ必要としないで，いなむしろかかる助力を障害として排除しつつ，自力をもって『従前の経済的状態の残滓による資本主義的生産様式の不純化と混合とを除去』してきたのである。それは資本主義社会の発展の過程を示すものであって，理論経済学の発展にとっては，きわめて重要な事実である。それはまたペティ，スミス，リカルドによって代表される経済学説の発展の歴史的基礎をなすものであり，商品経済が，資本家的商品経済として，その理論的研究に絶対的に必要な想定とせられる純粋の資本主義社会に漸次に近づきつつあったことを示すものとして，経済学の方法に特有の性格を明らかにする点で，特に重視しなければならないのである。」[1]

　宇野氏が引用されているのは，『資本論』第3巻第2篇「利潤の平均利潤への転形」における第10章「競争による一般的利潤率の均等化。市場価格と市場価値。超過利潤」の一節である。

　たしかに，ここで引用されているマルクスの指摘は，一見したところ，経済学の方法についての宇野氏の主張を正当づけるものであるように見える。

　しかしながら，そこでは次のような宇野氏独特の読み込みがおこなわれているのである。

　(1)ここでマルクスが述べている資本制生産様式の発展にもとづく「従前の経済的状態の残滓による資本主義的生産様式の不純化と混合との除去」による「資本主義的生産様式の諸法則の純粋な展開」への「近似」ということは，「資本主義」基準での事象についてのことである。だが，それを宇野氏は，「原理論」基準での「資本主義の一般的原理」への近似化として読み込んでおられる。

　(2)しかも，それを「「商品経済が，資本家的商品経済として」の展開という規定的内容におけるものとして，「商品経済が，資本家的商品経済として，そ

の理論的研究に絶対的に必要な想定とせられる純粋の資本主義社会に漸次に近づきつつあったことを示すもの」であるといったかたちで,「商品経済」論的な規定的内容におけるものとしてとらえかえられているのである。

(3) さらに,そこでのマルクスの指摘を,「経済学の方法に特有の性格を明らかにする」ものであると,「原理論」の方法にかかわらせて理解されている。

(4) しかも,そのような「従前の経済的状態の残滓」の除去による資本主義的純粋化による「原理論」的な「純粋の資本主義社会」への近似化としての規定的性格をもった事象を,19世紀中葉という特定の時期の,イギリスという特定の国という,限定された時期と国における歴史的傾向とされているのである。

そのように,宇野氏にあっては,マルクスの指摘の真意とはまったく異なる意義づけをもった理解がおこなわれているのである。

「資本主義の一般的原理」を示す性格

宇野弘蔵氏は,19世紀中葉のイギリスにおける歴史的発展傾向としての「純粋化傾向」の「極点」においてみいだされる「純粋の資本主義社会」が,「資本主義の一般的原理」を示すものであって,「原理論」にとっての対象をなすものである,とされている。

そのような「純粋化傾向」にもとづいて想定される「商品経済の全面化した社会」としての「純粋の資本主義社会」が,「資本主義」にとっての「一般的なもの」としての「原理」を示すものであるという資格は,なにによって,いかにして付与されたものであるのか。

そもそも,「資本主義の一般的原理」は,資本主義的経済関係が存在するすべての時期の,資本主義的経済関係を展開しているあらゆる国における現実の資本主義的経済関係にとっての,一般的な存在を示すところの,現実的事象にとっての「原理」であるはずのものである。

そうであるにもかかわらず,イギリスという特定の国の,19世紀中葉という一定の時期といった,限定された個別的な国の,限られた特定の時期における,それも発展傾向の「極点」において存在するものでしかない事象としての「純粋の資本主義社会」の内容が,すべての資本主義国のあらゆる時期・時代についての資本主義範疇を示すものであり,「資本主義」にとって「一般的」なも

のとしての「原理」を示すという普遍的な規定的性格をもつものである,とされているのである.

そのような,実際には,19世紀の中葉という特定の時期の,イギリスという個別的な国の,限定的な歴史的発展傾向のなかに客観的に存在していた規定性であるにすぎないものが,「資本主義の一般的原理」を示すものであるという資格は,宇野氏が「原理論」を構築するなかで,恣意的に与えられたにすぎないものである.

宇野氏は,19世紀中葉のイギリスにおける客観的事象としての「資本主義」基準での「純粋化傾向」は,同時に,「経済原論の想定するいわゆる純粋の資本主義社会に近接しつつあった」ものとしての「原理論」基準での「純粋化傾向」でもあると恣意的にみなして,そのような「純粋化傾向」にもとづくと,その発展傾向の「極点」において「資本主義の一般的原理」を示すという規定性をもった「純粋の資本主義社会」が想定される,と主観的に根拠づけられているのである.

そして,そのような「理論的研究に絶対的に必要な想定とせられる純粋の資本主義社会に漸次に近づきつつあったことを示すもの」である「純粋化傾向」にもとづいて想定された「純粋の資本主義社会」を対象とし,これを解明することによって,「資本主義の一般的原理」を示すものとしての資本主義範疇を確定することができる,とされているにすぎないのである.そして,このような資本主義認識の方法が,マルクスの『資本論』における「資本主義の一般的原理」の認識の方法である,とされているのである.

2 資本主義の歴史性

資本主義の歴史性

ところで,マルクスにおいては,資本主義的経済諸関係の歴史的性格は,資本主義概念そのものの形成にあたって付与されているものである.

マルクスにおいては,人間社会における歴史的なものをとらえる歴史観としての唯物史観にもとづいて打ち立てられた「ブルジョア的生産(様式)」あるいは「資本制生産(様式)」といった概念は,概念それ自体として,近代社会

に特有の「生産」や「生産様式」の特殊歴史的な「近代社会」的形態を規定的内容とした概念である。

つまり，「生産」や「生産様式」といった人間社会の社会的諸関係における経済的基礎をなす一般的要因についての近代社会に特有の特殊的な歴史的形態を示すものとしての「近代的生産（様式）」という表現用語，あるいは，近代ブルジョア社会における特有の形態としての「ブルジョア的生産様式」，さらには，その歴史的形態における特有の実体的内容を示すものとしての利潤追求をめざす「資本」にもとづくものとしての「資本制生産（様式）」という用語によって，その歴史性が示されているのである。

だが，宇野氏の資本主義範疇は，マルクスのように歴史観としての唯物史観にもとづくことなしに，社会と社会とのあいだに発生した「商品交換」が社会の内部にはいることによって形成された「労働力商品」を基軸として社会的基礎がとらえられていて，「商品経済」関係の全面化によって構築されることになるものとしての「純粋の資本主義社会」を資本主義範疇とされているのである。しがかって，宇野氏の資本主義範疇としての「純粋の資本主義社会」それ自身は歴史性を示す概念ではない。

そのため，宇野氏は，「原理論の描く資本主義のビルドは自己完結的な体系として永久的運動と循環のうちにあるかのように与えられる。その歴史性は出発点として商品をとるということによって確保されているといってもよいであろう。論理的展開自身にただちに歴史性を与えることは，かえって歴史の科学的解明を不明確にするのである」[2]と，永久的運動をおこなうかのごとくに描かれる「純粋の資本主義社会」の歴史性は，始元概念として「商品」をおいたことによって確保されるとされているのである。しかし，始元概念として「商品」をおき，「商品経済の全面化した社会」として「純粋の資本主義社会」をとらえるということから，いかにして「純粋の資本主義社会」の歴史性を確定することができるのかは，明らかではない。

そこで，宇野氏は，資本主義の歴史性の論拠としてさまざまな事柄をもちだされることになる。

(1) 資本主義的なものの認識の完全性

宇野氏が，資本主義の歴史的性格の論拠とされているのは，第1には，「完

成した体系のうちに対象を完全に認識しうるということは，資本主義が歴史的に一定の時期に始まり，一定の時期にさらに新たな社会に転化するというその歴史性を，抽象的・一般的にではあるが含意する」[3]ものであると，資本主義社会の認識の完全性ということこそが資本主義の歴史性を示すものであるとされているのである。

> 「……経済学は，その研究の方法を完成される。すなわちまず第1に，資本家と労働者と土地所有者との三階級からなる純粋の資本主義社会を設定して，そこに資本家的商品経済を支配する法則を，その特有なる機構とともに明らかにする経済学の原理が展開される。いわゆる経済原論をなすわけである。吾々は，これによって資本家的商品経済に一般的に通ずる，すべての基本的概念を体系的に，いいかえればそれぞれにいわば有機的連関をもつものとして理解しうることになる。それは理論的に再構成された資本主義社会として，それ自身に存立する完結した一歴史的社会をなすものとして解明されるわけである。」[4]

すなわち，宇野氏は，経済学が「資本家的商品経済を支配する法則をその特有なる機構とともに明らかにする」ことによって「資本家的商品経済に一般的に通ずる，すべての基本的概念を体系的に……理解しうることになる」といったかたちで，「理論的に再構成された資本主義社会として」明らかにすることによって「それ自身に存立する完結した一歴史的社会をなすものとして解明される」ことになる，とされているのである。

そのような歴史性の理解にもとづいて，宇野氏は，「完全に把握しうる」ということが「同時にその否定をも理解せしめるもの」であって，「完全に知りうるということは，変革しうることを示すものといってもよい」とされるのである。

> 「僕は，マルクスが，原理の把握に純粋の資本主義社会を想定したということを，この上なく重要な，正しい方法と考えています。原理はそういう想定なくしては，またそういう想定をなしうる現実の歴史的過程なくして

は，決して把握されるものではありません。そしてそれは資本主義社会を，抽象的にではあるが，その本質において，完全に把握しうることを保証するものであり，同時にその否定をも理解せしめるものといってよいでしょう。完全に知りうるということは，変革しうることを示すものといってよいからです。」[5]

しかし，ある客観的事象が歴史的なものとして発生し，そして変革されうる歴史的なものであるかどうかということは，その対象的事象そのものの客観的性格のいかんによるものであって，その客観的事象にたいする認識が完全であるか，それとも不完全でしかないか，ということとはまったく無関係である。

客観的に歴史的性格をもたない事象をどのように完全に認識したとしても，事象そのものに歴史的性格が発生するということはない。逆に，歴史的性格をもつ事象は，それにたいする人間の認識のいかんにかかわらず，変化し変革されることになる。人間社会についていえば，近代科学の存在しなかった過去の歴史的諸社会は，その社会の構造や運動諸法則についてはほとんどあるいはまったく認識されることなしに，変革されたのである。

(2) 労働力商品の「無理」

さらに，宇野弘蔵氏が資本主義の歴史性の論拠とされる第2点は，「労働力商品の無理」ということである。

「労働力だけは純粋の資本主義社会でも資本の産物として商品となるものでもない唯一の商品なのであって，それは純粋の資本主義社会を確立するものであると同時にそれを否定するものにも転化しうるものといってよいのです。……一方では理論的体系の完結性を認めながら，他方ではその体系の全面的否定の可能性をその内に認めざるをえないのです。」[6]

たしかに，労働者階級は資本主義的経済諸関係を確立させ，資本主義的経済諸関係にとっての不可欠の構成要因でありながら，資本主義そのものを変革し否定する基本的階級となるものである。しかし，そのことは，そもそも労働力が商品として生産されたものでないにもかかわらず商品となるという，労働力

商品における商品論上の論理的無理によってひきおこされるものではない。

本来的に商品でないものが商品になるという論理的無理がもともと存在してはならないことであるのであれば，労働力の商品化ということが資本主義にとっての前提であり基礎であるということはありえてはならないはずである。逆に，労働力の商品化が資本主義の前提であり基礎であるというのであれば，本来商品でないものが商品になるという論理的無理は，資本主義の存立にとっての無理ではないということになり，論理的に歴史性の論拠とはなりえなくなってしまうであろう。

(3) 純粋化傾向の時期的・地域的「限定」制と「逆転」

宇野弘蔵氏によって資本主義の歴史的性格の論拠とされている第3点は，特定の地域についての一定の発展の時期における資本主義的「純粋化傾向」の展開という，純粋化傾向の「時期的」ならびに「地域的限定性」とその「逆転」ということである。

>「純粋の資本主義社会の実現ということは，一定の発展の時期における，しかも限られたる地域に，特殊の事情をもった傾向としてしかあらわれないということ，これこそ資本主義がけっして永久的な社会体制をなしうるものでないことを示すものだと思うのです。」[7]

だが，ここでいわれている「純粋の資本主義社会の実現」への傾向としての「純粋化傾向」が「一定の発展の時期における，しかも限られた地域に，特殊の事情をもった傾向としてしかあらわれないということ」は，宇野氏が「原理論」的ビルドとみなされているあたかも永久的であるかのごとき繰り返し的運動をとるものとして解明される「純粋の資本主義社会」が，現実的あり方においては，一時的・部分的な近似化を示す存在にすぎないものでしかないということにすぎず，そのことが資本主義の歴史的性格を論理的に根拠づけるものではない。

それどころか，宇野氏が地域的かつ時期的に局限的な事象といわれる純粋化傾向にもとづくビルドとしての「純粋の資本主義社会」の規定的性格についてみてみると，宇野氏にとっての純粋に資本主義的なものとは，歴史的な変化や

段階的な移行あるいは変革をひきおこす運動をおこないえないものである，といわざるをえないのである。

　宇野氏の資本主義理解においては，資本主義的なものそれ自体はあたかも永久的であるかのごとき繰り返し的運動しかしないものであって，それは歴史的性格をもちえないものである。そして，歴史的な発展や変化をひきおこす規定的要因は，現実的発展のなかでの非資本主義的な不純物による不純性に起因するものとされている。すなわち，変化や移行や変革といった歴史的なあり方をひきおこす要因は，不純なものとしての非資本主義的な不純物によるものということにされているのである。

　純粋に資本主義的なものは自立的で不変的な永久的運動を繰り返し，そして，非資本主義的な不純物による不純性においてのみ変化と歴史的変革がひきおこされる，ということが「純粋の資本主義社会」への近似化とその逆転による歴史的発展段階の展開という純粋化傾向の動向についての宇野氏の見解のなかにふくまれている規定的諸要因のもつ性格である。

　このように，宇野氏の理解されている唯物史観における歴史的形態規定性の欠如と，そのかわりに打ち出された経済的土台の「自立性」なるものを"導きの糸"として取り出されてきた自立的運動体としての「純粋の資本主義社会」にたいして，その歴史性を論拠づけるために持ち出されてきた資本主義的なものにたいする「認識の完全性」も，「労働力商品の論理的無理」も，純粋化傾向の地域的・時期的「限定」性やその「逆転」ということも，いずれも資本主義の歴史性を示すものとしての論理的性格をもっておらず，資本主義の歴史性の論拠となるものではない。それを歴史性の論拠とされるのは，論理的無理としかいいようがない。

3　宇野「原理論」の逆投影としての「純粋化傾向」

宇野「原理論」の認識論的プロセスと構造

　理論形成史によって示されている実際のマルクスによる「資本主義」認識の方法とちがって，宇野弘蔵氏によって主張されているマルクスの資本主義認識の方法なるものは，「資本主義」という用語も概念も存在していないのに，マ

ルクスは資本主義的「純粋化傾向」を19世紀中葉のイギリスの発展傾向のなかにみいだし，それにもとづいて「純粋の資本主義社会」を想定して，「資本主義の一般的原理」を確定した，というものである。

しかしながら，そのようなマルクスの「資本主義」範疇認識の方法論なるものは，まったくのフィクションでしかない。

宇野氏自身において，資本主義範疇の確定のための出発点をなしているのは，マルクスの『資本論』である。

宇野氏は，マルクスの『資本論』への取り組みにおいて，まず，「商品経済」関係を規定的内容とした特異な解釈をおこなわれる。すなわち，宇野氏は，マルクスの『資本論』が解明している資本主義的経済関係を「商品経済を唯一の原理とする社会」として恣意的に解釈しなおし，あたかも永久的であるかのごとき繰り返し的運動をする「自立的運動体」としての構造と運動形態をもつ「純粋の資本主義社会」としてとらえかえ，それを「資本主義の一般的原理」を示すものであるとみなして，宇野「原理論」の方法と内容を打ち立てておられるのである。

そして，そのような宇野「原理論」としての「資本主義の一般的原理」を根拠づけるものとして，19世紀中葉のイギリスの「資本主義」基準での資本主義的発展傾向のなかに，宇野「原理論」的な内容の「純粋の資本主義社会」に近似しつつある「原理論」基準での「純粋化傾向」がみいだされる，と恣意的に設定されるのである。

かくして，19世紀中葉のイギリスにおける資本主義的「純粋化傾向」が実現しつつあったものは，「商品経済」関係を全面化するところの，あたかも永久的であるかのごとき繰り返し的運動をおこなう構造と運動形態をもつ「自立的運動体」としての「純粋の資本主義社会」であって，しかも，それは，「資本主義の一般的原理」を示すという規定的性格をもったものであるとみなして，そのような「原理論」的なビルドとしての社会がその「純粋化傾向」の「極点」に想定される，とみなされているのである。

そのうえで，表面的には，ここから，宇野氏によって理解されたマルクスにおける資本主義範疇の認識のステップが開始されることになる。

すなわち，宇野氏の理解されているマルクスは，まず最初に，19世紀中葉の

イギリスにおける歴史的発展過程のなかに，資本主義的「純粋化傾向」をみいだす。その資本主義的「純粋化傾向」の内容は，同時に，宇野「原理論」的な規定的内容をもった「原理論」基準での発展傾向でもある。すなわち，「商品経済が，資本家的商品経済として，その理論的研究に絶対的に必要な想定とせられる純粋の資本主義社会に漸次に近づきつつあったことを示すもの」であり，「商品経済の全面的展開をする社会」を実現する過程であり，「自立的運動体」としてあたかも永久的であるかのごとき繰り返し的運動しかしない「純粋の資本主義社会」という「極点」に近似していく「純粋化傾向」であって，しかも，それは「資本主義の一般的原理」を示すという規定性をもった「社会」を実現しようとする発展傾向である，とされているのである。

かくして，宇野氏の理解されるマルクスは，そのような「純粋化傾向」にもとづいて「その発展のうちに認められる方向を『思惟によって』極点まで推し進めて」想定された「純粋の資本主義社会」を「与えられた対象」として解明することになり，そこにおいて打ち立てられたものが，「資本主義の一般的原理」を示すものとしての「経済学の原理」を示すところの，宇野「原理論」的な「資本主義」範疇を示すものとしての『資本論』である，とされるのである。

これが，宇野氏によって打ち立てられたマルクスの「資本主義の一般的理論」としての『資本論』の認識方法である。ここに，マルクスによるものとされる「資本主義の一般的原理」を示すものとしての宇野「原理論」の方法の組み立てのプロセスと構造とがある。

結論の前提への組み込みによる認識論的悪循環

そのような宇野弘蔵氏による「原理論」の方法は，宇野氏特有の特異な『資本論』解釈にもとづく「商品経済」論的な宇野「原理論」の内容を根拠づけるために，前提的根拠として，宇野「原理論」的，すなわち「商品経済」論的な「純粋の資本主義社会」を実現しつつあると恣意的に理解された「原理論」基準での純粋化傾向を，19世紀中葉のイギリスにおける発展傾向としての「資本主義」基準での資本主義的純粋化傾向とされる客観的事象のなかに組み入れながら，その「純粋化傾向」にもとづいて「資本主義の一般的原理」としての資本主義範疇を認識するというかたちで，結論としての宇野「原理論」の内容を

もった資本主義範疇が認識されるものとされているのである。

　そして，前提的根拠としての19世紀中葉のイギリスにおける「純粋化傾向」への宇野「原理論」的内容の組み入れというプロセスを消去して，表面的には，あたかも19世紀中葉のイギリスにおける「純粋化傾向」とされる客観的な前提的根拠から宇野「原理論」的な「資本主義の一般的原理」といった結論的内容が引き出されてきたかのごとき展開がおこなわれているのである。そのように，結論を前提のなかに組み入れながら，前提にもとづいて結論が引き出されるかたちになっているのである。

　かくして，表面的な見せかけの展開としての資本主義範疇の認識においては，前もって組み入れられている「原理論」的な「純粋の資本主義社会」を実現しつつある「純粋化傾向」にもとづいて，「原理論」的な「純粋の資本主義社会」が確定されるということになるとされているのである。

　そのため，前提的根拠とされている「原理論」的な「純粋の資本主義社会」を実現しつつある「純粋化傾向」の認識にあたっては，結論的内容としての「原理論」的な資本主義範疇が先に確定されていなければならないということになるのであって，そこにおいては，認識論的悪循環が不可避的に生じざるをえないことになっているのである。

「純粋化傾向」とマルクスの「資本主義」認識

　だが，そのような資本主義認識の方法は，けっしてマルクスの資本主義認識の方法ではない。

　もし，宇野弘蔵氏が，マルクスの資本主義範疇は，19世紀中葉のイギリスにおける資本主義的純粋化傾向にもとづいて想定された「純粋の資本主義社会」を対象として確定された「資本主義の一般的原理」であるという見解を主張されるのであれば，それを裏づけるためには，マルクスの近代社会についての研究史，とりわけ『資本論』形成史のどの時点において，いかなるかたちで，マルクスは19世紀中葉のイギリスの歴史的発展における資本主義的純粋化傾向を発見して，そのうえで，いかにして「資本主義の一般的原理」を打ち立てることができたのかを，文献考証的に明らかにする必要がある。

　そのような19世紀中葉のイギリスにおける歴史的発展における純粋化傾向に

もとづく資本主義範疇の確定は，いかなるマルクスの文献や資料によって裏づけられるものであるのか。疎外論的な『経済学・哲学草稿』においてか，階級闘争論的な『共産党宣言』においてか，資本制生産における基本的2要因について取り上げた「賃労働と資本」においてか。あるいは，経済学的諸著作の抜粋と評注をおこなっている『パリ・ノート』や『ブリュッセル・ノート』においてか，それともロンドン亡命後の『ロンドン・ノート』においてか。あるいは，経済学理論についてのはじめての理論的体系化をおこなおうとした『経済学批判要綱』においてか。あるいは，『資本論草稿』としての『1861-63年草稿』においてか。さもなくば『資本論』においてか。

　マルクスの資本主義認識の方法を，『資本論』のなかの片言隻句の解釈によって引き出すのではなくて，マルクス自身の理論形成史にもとづきながら，マルクスの資本主義認識の基本的方法を示す必要がある。

　宇野弘蔵氏の「純粋化傾向」にもとづく「資本主義」認識の方法なるものは，マルクスがいかにして資本主義範疇を確定し，さらにそれをヨリ厳密化していったかというマルクス自身の理論形成史の吟味によって確定されたものではない。マルクスが資本主義範疇についての理論的解明をおこなった成果としての『資本論』において展開されている理論的体系についての，宇野弘蔵氏の恣意的解釈による産物にほかならないものである。マルクスによる資本主義範疇の認識のための方法として宇野弘蔵氏が指摘されている説明内容は，マルクスが『資本論』を打ち立てるためにいかにして資本主義範疇を認識したかということについての吟味によるものではなくて，マルクスが打ち立てた成果としての『資本論』についての特異な「商品経済」論的な解釈としての宇野「原理論」を根拠づけるために，『資本論』のなかのマルクスの指摘の片言隻句を利用しながらつくりあげられた恣意的な資本主義認識の方法にほかならないものなのである。

　だが，ひとたび『資本論』の「商品経済」論的な解釈による宇野「原理論」を根拠づけるものとして19世紀中葉のイギリスにおける「純粋化傾向」が宇野弘蔵氏の方法論のなかに導入されてしまうと，こんどは逆に，「純粋化傾向」にもとづいてはじめて宇野「原理論」は打ち立てられるものであるというかたちをとることになる。宇野「原理論」にもとづいて持ち込まれた内容の「純粋

化傾向」が存在するとみなされることによって，その結果として，「純粋化傾向」によって「原理論」の内容が根拠づけられるということにされているのである。証明すべきものによって証明するという"循環論証"がこのように組み立てられ，「純粋化傾向」の内容を「客観的事実」として先験的なかたちで組み込むことによって，「純粋化傾向」が根拠であり「原理論」の内容が証明命題であるかのごとき見せかけがとられることになっているのである。

注
1） 宇野弘蔵『経済学方法論』1962年，東京大学出版会，17ページ。『著作集』Ⅸ，19-20ページ。
2） 同『経済学演習講座 経済原論』（旧版）1955年，青林書院，10-11ページ。
3） 同『現代経済学演習講座 新訂 経済原論』1967年，青林書院新社，390ページ。
4） 同『経済原論』岩波全書，12ページ。『著作集』Ⅱ，12-13ページ。
5） 同『「資本論」と社会主義』1958年，岩波書店，247-248ページ。『著作集』Ⅹ，176ページ。
6） 同上，9-10ページ。『著作集』Ⅹ，9ページ。
7） 同上，223-224ページ。『著作集』Ⅹ，160ページ。

V 純粋化傾向の「逆転」

梗概 1870年代以降の資本主義的発展は，生産と資本の集積と集中をおしすすめて，カルテルなどの産業独占体や金融資本が支配するようになる。そこでは，自由競争は阻害され平均利潤は形成されなくなり，「原理論」的な「純粋の資本主義社会」とは異なる状況が展開するようになっている。

そのような状況を，宇野弘蔵氏は，「原理論」ではとらえられない「不純の状態」とみなし，自由競争の資本主義から独占的な資本主義への移行を資本主義的「純粋化傾向」の「逆転」ととらえて，「資本主義の一般的原理」では解明されない「不純の状態」を明らかにする「段階論」の必要性を打ち出し，経済学の分化の必要を主張される。ここに，宇野"三段階論"が提起されることになる。

だが，そのような資本主義の歴史的発展における「純粋化傾向」の「逆転」という宇野氏の見解においては，「原理論」的ビルドへの近似化傾向の19世紀末におけるその「逆転」という「原理論」基準による把握と，独占資本主義の時代における非資本主義的な「旧社会の残滓」の残存をともなう資本主義的発展という「資本主義」基準による把握との，ダブル・スタンダードにもとづく把握がおこなわれている。

そこから，あとになって，宇野氏は，金融資本の時代における純粋化傾向の「逆転」という「原理論」基準による規定を，「資本主義」基準にもとづいて純粋化傾向の「鈍化」と修正されている。だが，このような修正は，宇野理論における「原理論」基準による「原理論」と「段階論」にとっての主張の根拠をゆるがすものである。

1 金融資本の時代における純粋化傾向の「逆転」

19世紀末以降における「純粋化傾向」の「逆転」

宇野弘蔵氏は，資本主義はその歴史的発展のなかで「原理論的規定には必ず前提されなければならない純粋の資本主義社会に近似化する」ものであるが，そのような「純粋化傾向」は「一定の発展段階では再びまた逆転して阻害され

ることになる」とされている。

> 「資本主義は……その発展とともに原理論的規定には必ず前提されなければならない純粋の資本主義社会に近似化するものといってよかったのであるが，この傾向も，一定の発展段階では再びまた逆転して阻害されることになるのであった。」[1]

　宇野氏によると，マルクスは，「原理論の想定するような純粋の資本主義社会」への近似化の過程としての「純粋化傾向」を基礎とした対象設定によって「資本主義の一般的原理」としての『資本論』を打ち立てた。だが，現実の資本主義的発展は「純粋化傾向」を一筋につづけるものではなくて，1870年代以降においてはその傾向が「逆転」するようになる。それにもかかわらず，マルクスには「原理論の想定するような純粋の資本主義社会」への近似化という「純粋化傾向」についてのいきすぎた絶対化があった。そのようなマルクスの見解を，「1870年代以後の歴史の発展を頭のなかにいれ」てみなおすならば，マルクスは「原理論」的な「純粋の資本主義社会」に近似化しつつあった「純粋化傾向」が阻害されて「逆転」するようになるということをとらええなかったため，理論への歴史の混入や，一般的理論と段階的事象との未分離といった「相当重要な問題を呈することになる」，と宇野氏はいわれるのである。

> 「マルクスは資本主義の発展が益々純粋の資本主義社会に近づくものとして原理を展開しながら，この資本主義の発展が決してそういうものでなく一定の発展段階では逆転するということを知りえなかったために，かえって発展史的な面が原理的な展開の内に混入するということになっている。」[2]

　すなわち，マルクスには「資本主義はその発展にしたがって，原理論の想定するような純粋の資本主義社会にますます近似してくる」といった資本主義的発展についての一面的な理解があったため，「原理論を段階論から純化するということ〔が〕できなかった」[3]のであり，「原理論」の内容における歴史の理

論の混入や,「原理」と「段階」との未分離といった不十分さが生じることになったのである,とみなされているのである。

　そして,宇野氏は,資本主義の経済理論について次のように考えられることになる。資本主義の発展過程における「原理論」的なビルドへ近似化していく「純粋化傾向」がおしすすめられる状態のもとでは「資本主義の一般的原理」を明らかにする「原理論」だけでよかった。しかし,現実の資本主義社会の示す状態が「原理論」的なビルドへの「帰一」的な接近傾向を示さず,その発展のなかで純粋化傾向が「逆転」するようになる。そのような諸事象は「原理論」的な「一般的原理」では把握されえないものである。そのため,「原理論」のほかに「段階論」や「現状分析」といった経済学の分化が必要になる,と宇野氏は"三段階論"の主張へとすすめられていくのである。

宇野"三段階論"を根拠づける「純粋化傾向」とその「逆転」

　そのように,宇野弘蔵氏は,資本主義的発展における「純粋化傾向」とその「逆転」という状況によって氏の「原理論」と「段階論」とは根拠づけられるものである,とされている。

　すなわち,宇野氏によれば,19世紀中葉のイギリスにおける資本主義の歴史的発展における資本主義的「純粋化傾向」にもとづいて,それを思惟において「極点」にまでおしすすめて,あたかも永久的であるかのごとき繰り返し的運動をおこなう自由競争的な「自立的運動体」としての「純粋の資本主義社会」を対象として想定し,これを解明することによって,「資本主義の一般的原理」は確定されることになる。

　しかし,1870年代以降においては,そのような「純粋化傾向」が「逆転」して,「不純の状態」が展開するようになるので,「原理論」で明らかにすることのできない「不純の状態」を解明するものとして「段階論」が必要になった。そこから「原理論」「段階論」「現状分析」の宇野"三段階論"が打ち立てられることになる,とされるのである。

　このように,宇野氏においては,19世紀中葉における「旧社会の残滓」の除去によって「不純の状態」の分解をおこなう「資本主義的生産様式」の全面化による「純粋化傾向」にもとづいて「原理論」の確定がおこなわれるのである。

そして，1870年代以降における「純粋化傾向」の「逆転」によって展開されるあらたな「不純の状態」の出現は，その解明をおこなう「段階論」を必要とすることになる。そのようなかたちで，資本主義の歴史的発展における「純粋化傾向」とその「逆転」とは宇野氏の「原理論」と「段階論」の確定にとっての不可欠の根拠となる現実的過程とされているものである。

だが，そこにおいて，「原理論」にとっての基礎となる歴史的発展過程としての19世紀中葉のイギリスにおける「純粋化傾向」において除去されている「不純の状態」と，そして，「段階論」の根拠とされている1870年代以降の独占資本主義においてあらたに形成されて「純粋化傾向」の「逆転」をもたらすようになる「不純の状態」とは，実は，「不純の状態」としてのその構成要因も，「不純」なものとしてのその状態の内容も，まったく異なるものである。

「資本主義」基準での「旧社会の残滓」の除去による「純粋化傾向」

マルクスにおいて，資本主義的経済関係の発展の把握における基軸的視角となっているものは，経済的諸関係の基礎としての生産についての歴史的形態の規定性であって，近代社会の経済的諸関係にとっての基軸的で規定的な要因は近代的な歴史的形態としての「資本制生産（様式）」である。

したがって，そのような生産の歴史的形態としての規定性をもつものとしての「資本制生産（様式）」の把握にもとづいて，19世紀中葉における発展傾向の把握をおこなうならば，前近代的な歴史的形態としての「旧社会の残滓」と，近代的な歴史的形態としての「資本制生産（様式）」との，歴史的形態規定性の異なる要因のあいだの関係として，「旧社会の残滓」の除去をともなう資本主義的経済関係の展開による「資本制生産（様式）」の構成諸要因・運動諸形態の全面化への傾向が，「資本主義」基準による「純粋化傾向」としてとらえられることになる。

宇野弘蔵氏においても，もともとの「純粋化傾向」なるものの基本的内容は，そのようなマルクスのいうところの「資本制生産（様式）」が発展するなかで「従前の経済的状態の残滓による資本制生産様式の不純化と混合との除去」のことである。そのことについて，宇野氏は，「資本主義は，元々，古い社会層のなかにそれを分解しながら発展するので，その純化作用は，資本主義的な商

品経済と，旧社会の残存物とのあいだの対立関係としてあらわれる」[4]と，「資本制生産様式」を「資本主義的な商品経済」に置き換えながら，「旧制度の残存物」の除去による資本主義的経済諸関係の全面化としての「純粋の資本主義社会」への近似化にほかならならない，とされていたところであった。

そのことについて，宇野氏は次のように述べられている。

> 「マルクスもいうように『……経済的諸形態の分析には，顕微鏡も化学的試薬も用いるわけにはゆかない。抽象力が両者に代わらなければならない』（『資本論』第1巻序文）のであるが，この『抽象力』は，少なくとも資本主義社会に存続する旧社会の『残滓』に関する限りでは，資本主義社会自身がもっているのである。科学的研究は，この資本主義社会の客観的傾向に即して，自然科学における実験装置によってえられるような純粋の状態を想定することができる。いな，むしろ旧社会の『残滓』としての不純物も，この客観的傾向に即することなくして『除去』することは，機械的抽象としての欠陥を免れることはできない。……それは歴史的なる資本主義の客観的な純化傾向に即して，資本家と労働者と土地所有者との三大階級から成る資本主義社会を想定する以外に，攪乱的要因を除去することはできないのである。」[5]（強調は重田による）

このように，「純粋化傾向」なるものは，そもそもの本来的な内容としては，資本主義社会の発展の過程における「従前の経済的状態の残滓による資本制生産様式の不純化と混合との除去」の過程であって，宇野氏みずからが「資本主義社会に存続する旧社会の『残滓』に関する限り」での客観的傾向にほかならない，とされていたものである。

「純粋化傾向」におけるダブル・スタンダード

ところで，宇野弘蔵氏は，そのような「資本主義」基準による19世紀中葉のイギリスの発展傾向における「従前の経済的状態の残滓による資本制生産様式の不純化と混合との除去」による資本制生産様式の全面化の傾向としての資本主義的「純粋化傾向」を，同時に，そのまま「原理論の想定するような純粋の

資本主義社会」としての「原理論」的ビルドへの近似化としての「原理論」基準による「純粋化傾向」である，とされているのである。

そのようなものとして，宇野氏における「純粋化傾向」のなかには，その当初から「資本主義」基準による「純粋化傾向」と，「原理論」基準による「純粋化傾向」との，二つの内容を基準（スタンダード）としたダブル・スタンダードによる「純粋化傾向」が組み入れられているのである。

そして，このような資本主義の歴史的発展にとっての「純粋化傾向」とその「逆転」という状態における「資本主義」基準と「原理論」基準との二重の基準（ダブル・スタンダード）による把握と使い分け，ここに，宇野理論における資本主義の現実的状態の把握における絶妙な規定性の構築と，そしてその難点がある。

すなわち，宇野氏による資本主義的経済関係の歴史的発展の把握においては，19世紀中葉のイギリスにおける歴史的発展について，たんに「資本制生産様式」の全面化としての資本主義的なものとしての「純粋化傾向」があるだけではなく，同時に，「資本主義の一般的原理」を示すものとしての「純粋の資本主義社会」に近似化しつつある「原理論」基準による「純粋化傾向」がある，とされているのである。

この「原理論」基準による「純粋化傾向」は，あたかも永久的であるかのごとき繰り返し的運動をする「自立的運動体」としての構造と運動形態をもつ近代社会への近似化である。すなわち，それは，個人企業形態による自由競争的な運動形態を展開し，利潤率の均等化にもとづいて平均利潤が形成されているような，特定の構成諸要因や運動形態をもつものである。そのようなものとして，それは，宇野「原理論」的な「労働力商品」を基軸とした「商品形態を唯一の原理とする社会」としての，「原理論」的な「純粋の資本主義社会」への近似化傾向としての「純粋化傾向」とされているものにほかならないものである。

そして，宇野氏は，このような「原理論」基準による「純粋化傾向」を思惟において「極点」にまでおしすすめて，「原理論」的なビルドとしての「純粋の資本主義社会」を想定する。そして，それを対象として解明することによって，「資本主義の一般的原理」が確定されることになる，とされているのである。

そのような宇野氏の「純粋化傾向」における「資本主義」基準と「原理論」基準とのダブル・スタンダードによる把握にもとづいて，19世紀中葉のイギリスにおける歴史的発展が示している状態について，「旧社会の残滓」の除去による「資本制生産様式」の全面化による「純粋化傾向」が，同時に，宇野「原理論」的な「資本主義的な商品経済」としての「純粋の資本主義社会」に近似化するものとしての「純粋化傾向」でもあるとされる。つまり，ダブル・スタンダードにもとづく二重の把握が合体されているのである。

そして，このような宇野氏における，「資本主義」基準と「原理論」基準とのダブル・スタンダードによる「純粋化傾向」の把握と使い分けにもとづく「原理論」の確定にとっての根拠づけに対応するものとして，19世紀末以降の金融資本の時代におけるあらたな状態としての「不純化」の把握においても，「原理論」基準と「資本主義」基準とのダブル・スタンダードによる把握がおこなわれているのである。

しかも，そこにおいては，「段階論」の設定を根拠づけるものとして，「原理論」基準による「不純化」と「資本主義」基準による「不純化」との二重の把握が，錯綜したかたちでおこなわれているのである。

2　「不純の状態」としての金融資本の時代

金融資本の時代における現実的諸状態

では，1870年代以降の資本主義的発展における諸状態はいかなるものであるのか。

19世紀の後半期には，重化学工業を中心とした技術の変革があいついでおこった。そして，これらの技術的変革の導入の過程で，アメリカとドイツでは飛躍的な工業化と生産規模の巨大化がおしすすめられ，世界の工場としてのイギリスの地位は崩れはじめ，1890年頃にはアメリカに，さらに20世紀のはじめにはドイツによって追い越されるにいたる。

このようなイギリスの工業独占の崩壊過程は，産業構造の高度化をともなう生産規模の巨大化の過程であり，また，並び立つ資本主義諸国のあいだの激烈な国際競争をともなう資本主義世界の再編成の過程でもあった。

このような資本主義の激動のなかで、資本制生産様式はその発展を通じて生産と資本の集積と集中をおしすすめ、産業部門別の不均等性をともないながらも、みずからの内部に固定資本の大規模化をすすめていく。そして巨大な生産設備をもった少数の大企業があらわれるようになり、カルテル、シンジケートあるいはトラストなどの産業独占体が形成されるようになって、独占的結合にもとづく市場支配力による独占価格の設定によって膨大な独占利潤を獲得するようになる。また、銀行など金融や信用の分野においても少数の巨大資本があらわれ、あらゆる経済分野にわたってその中枢部分をにぎり、産業独占体とも結びついて、金融支配の網の目を張りめぐらしてコンツェルンを形成し、全経済のみならず政治機構にたいしても支配力を固めていく。こうして社会的支配力をもつ金融資本が生まれるが、これらの「産業独占体」や「金融資本」といった独占資本は、資本主義の発生期にあらわれた政治的権力によって保護されていた初期独占とちがって、もっぱらその経済力によって支配をはかる近代的な独占にほかならないものであった。

かくして、自由競争的資本主義から独占的資本主義への転化がおこなわれ、国際的にも植民地の拡大によって独占的な支配圏の拡大をはかる帝国主義諸列強が激しく抗争する帝国主義の時代に突入することになる。

そして、そこにおいては、資本の自由な移動は妨げられ、自由競争の否定者としての独占による均等なる平均利潤の形成が阻害される状態が生み出されることになるのである。

すなわち、資本制生産様式は、みずからの発展のなかで、資本主義的なものそのもののなかに自生的に生み出される構造的変化にもとづいて資本主義的産業独占体と金融資本を形成することによって、「資本の自由な競争……資本の移転の可能性、平均利潤の均等」を阻害する状態を生み出すのである。

これこそがまさに宇野弘蔵氏のいわれる「金融資本の時代の出現」にほかならない。

そのような1870年代以降の時期の資本主義経済において生じた新しい状態を、いかなる性格と意義をもったものとしてとらえたらいいのか。

宇野氏は、それにたいして、「原理論」的な「純粋の資本主義社会」への近似化としての「純粋化傾向」を「逆転」したという意義内容をもった状態とし

てとらえておられるのである。

　では，そのような理解は，いかなる要因を基準として，いかにして判断されたものであるのか。

　宇野氏は，19世紀中葉の「純粋化傾向」における「旧社会の残滓」の除去による「不純の状態」の分解とちがって，帝国主義段階におけるあらたな状態の展開は，「資本主義体制の，単純なる発展をなすものとはいえない。それは資本主義がその社会的体制として前提とする自由競争をある面では自ら否定しつつ行なわれる発展である」[6]。したがって，「資本主義の一定の発展はマルクスが考えたような純粋の資本主義社会にだんだんと近づいてゆくという傾向を逆転させることになる」[7]と，自由競争を否定するような「資本主義」的なものにおける非「原理論」的な諸要因や諸状態を「不純」なものとみなしておられる。そして，そのような状態の展開を「純粋化傾向」の「逆転」ととらえておられるのである。

ダブル・スタンダードによる「不純の状態」

　ところで，19世紀中葉のイギリスの発展過程としての「純粋化傾向」において除去されつつある「不純の状態」と，そして，1870年代以降において「純粋化傾向」を阻害して「逆転」をひきおこすものとして展開している金融資本の時代における「不純の状態」との，それぞれの「不純の状態」の内容と規定的性格はいかなるものであるのか。

　19世紀中葉のイギリスにおける「純粋化傾向」において除去されつつある「不純の状態」というのは，「従前の経済的状態の残滓による資本制生産様式の不純化との混合」による状態をさしており，歴史的形態の異なる前近代的な形態と近代的な「資本制生産様式」との「混合」による「不純の状態」のことであった。

　このような19世紀中葉の「純粋化傾向」における異なる歴史的形態をもった異なる社会関係の「混合」による「不純の状態」ということは，きわめて明確でわかりやすい「不純の状態」である。

　ところが，これにたいして，宇野氏が指摘される金融資本の時代における「不純の状態」は，その諸要因と内容も，規定的性格も，さらに，それが資本

主義的発展における意義も，きわめてわかりにくいものである。

　そこにおいて，宇野氏は，19世紀中葉の「純粋化傾向」におけるダブル・スタンダードにもとづく二重の異なる規定的内容の「純粋化」に対応するものとして，金融資本の時代における「不純の状態」についても，ダブル・スタンダードにもとづく二重の異なる規定的内容の「不純の状態」が存在しているとされている。

　その1つは，金融資本の時代において「原理論」的な自由競争的形態を阻害するところの「原理論」基準によって非「原理論」的なものとされている「固定資本の巨大化」や「株式会社」形式や「独占資本」などといった「資本主義的なもの」そのものについての「原理論」基準による「不純」性であり，もう1つは，非資本主義的な小生産などの「異質物」の残存というかたちでの「資本主義」基準による非資本主義的なものによる「不純」性である。

　すなわち，宇野氏によって金融資本の時代におけるあらたな「不純の状態」をひきおこす規定的な要因とされている「固定資本の巨大化」や「株式会社」形式や「独占資本」などについての「不純」性は，自由競争を阻害するものとしての「原理論」基準にもとづく「不純」性である。それにたいして，旧社会的形態としての小生産などの残存というのは「資本主義」基準にもとづく非資本主義的なものによる「不純」性のことである。このような規定的性格と内容の異なる二つの「不純」性を組み合わせながら，宇野氏は，金融資本の時代の「不純の状態」をとらえられているのである。

自由な選択の阻害と「不純」性

　そもそも1870年代以降に展開した「固定資本の巨大化」や「株式会社」形式や，さらには独占資本主義的諸要因などは，いかなる規定的性格をもった事象や状況として「不純」なものであるとされているのか。

　それらは，「資本主義的なもの」であるのか，それとも，非資本主義的な異質物であるのか。

　それらはいずれもれっきとした「資本主義的なもの」である。「固定資本の巨大化」は，あらためて論ずるまでもなく資本制生産における生産的資本の要因のとる形態であるし，「株式会社」形式とは資本制企業における企業形態の

一種にほかならない。また，産業独占体や金融資本などの「独占資本主義」も資本主義的経済関係における資本のとる形態や資本の行動の特有のあり方を示すものである。

それらは，マルクスが「旧社会の残滓」として取り上げていた「イングランドにおける農耕日雇労働者にたいする居住法」のような前近代的な歴史的形態の社会的諸要因でもなければ，前近代的なものと資本主義的なものとの「混合」による「不純の状態」ともちがって，れっきとした近代社会に特有の歴史的形態としての「資本主義的なもの」としての諸要因や諸形態そのものである。

宇野弘蔵氏は，そのような金融資本の時代におけるあらたな諸要因や諸状態の展開を，どうして「不純の状態」という規定的性格をもつものとされることになり，そのような諸要因や諸状態の展開する状況を「純粋化傾向」の「逆転」とみなされることになるのだろうか。

宇野氏は，次のように指摘されている。

　　「固定資本の巨大化の問題は，むしろ資本のかかる自由なる産業の選択を阻害する点にある。したがってまたそれは同様に価格によって補足されるにしても，もはや平均利潤を実現するというような客観的基準をもって解決せられるものではなく，ある程度は利潤率の不均等をも容れうるものとならざるをえない。このことが株式会社形式の普及に重要な要因をなすのである。もちろんヒルファディングもいうように，この利潤率の不均等に対する均等化の傾向がなくなるわけではない。ただ個々の株式資本家には，株式相場を通して，いわゆる利回りの平準化によって『利潤率の平等が実現される』。そしてそれは株式資本家がもはや原理論で想定されるような純粋の資本主義社会における資本家のように全一性を有するものではなく，共同的資本家たると共にいわば大株主と普通株主とに分化するものとして，原理的には直ちに解明しえられない複雑なる関係を展開するものであることを示すのである。」[8]

すなわち，宇野氏にとっては，「原理論」における「資本の有機的構成の高度化」は，資本の競争によってその産業部門別相違が「解決」せられて平均利

潤を実現するものであるため「原理論の展開のうちにくりいれられ」るものである。それにたいして,「固定資本の巨大化の問題は,むしろ資本のかかる自由なる産業の選択を阻害」して,平均利潤を形成しないで「利潤率の不均等をを容れうるもの」となるということが生じることになるため, それは非「原理論」的なものとして「不純物」であるとされるのである。

また,株式会社制度についても,「株式資本家」は「原理論で想定されるような純粋の資本主義社会における資本家のように全一性を有するものではなく」て,「いわば大株主と普通株主とに分化するもの」で「全一性」を有さないものであるということをもって,「不純物」とされているのである。

「原理論」を弁別基準とした「純粋」と「不純」との区別

そのように,宇野弘蔵氏においては,19世紀末以降における独占資本主義の時期における「資本主義の発展」によってひきおこされる諸要因や諸状態は,「原理論で規定される……基準」からみた場合,「不純の状態をなすもの」であるという特有の規定的性格をもつものとされているのである。

そのことについて,宇野氏は次のように指摘されている。

> 「一般に最近の資本主義の発展は,原理論で規定されるものを基準にして解明せられるべき,いわば不純の状態をなすものであって,株式会社の産業における普及も,したがってまたそのもとでおこなわれる生産方法の改善も,私のいわゆる段階論的規定の内に解明されるものと考えるのである。」[9]

では,そのような宇野「原理論で規定される基準」による「不純の状態」とはいかなるものであるのか。

そこにおいて「純粋なもの」と「不純の状態」との区別をおこなう弁別基準とされているものは,「原理論の想定するような純粋の資本主義社会」であって,そのような「原理論の想定するような純粋の資本主義社会」にもとづく「資本主義の一般的原理」を基軸的弁別基準として,近代社会における経済的諸関係の諸要因や諸状態についての「純粋」なものと「不純」なものとの区別

がおこなわれているのである。
　すなわち，宇野氏においては，なんらかの事象や諸関係が「純粋」なものであるかそれとも「不純」なものであるかの区別は，宇野氏的な特有の内容をもった自由競争的な「原理論の想定するような純粋の資本主義社会」を解明した「資本主義の一般的原理」を基準として，その「原理」に適合的なものは「純粋なもの」であるとされ，それからはみだすものは「不純の状態」にあるものとされているのである。
　宇野氏の次のような指摘は，そのことを示している。

　　「原理論の体系的純化は，……段階論的に解明されるべき具体的問題を資本主義自身が捨象することによって行われるのであるが，原理論を可能ならしめた資本主義自身の純化の傾向をある意味で逆転する金融資本の時代の出現は，原理論に対する段階論の展開を明確に区別せざるをえなくするのである。そしてそれはまた同時に原理論の体系の完結性を明確にする。」[10]

　すなわち，そこにおいては，19世紀末以降における「資本主義的なもの」のあらたな独占段階的な特殊的諸形態の出現と展開は，「原理論」基準によるところの「資本主義的なもの」における「不純の状態」とみなされて，それによって，「原理論を可能ならしめた資本主義自身の純化の傾向」が「逆転」して金融資本の時代の出現となった，とされるのである。そして，そのような「純粋化傾向」とその「逆転」という状態が展開することによって，「原理論の体系の完結性」と「段階論の展開」の必要性が明確化することになった，とされるのである。

資本主義的なものの「特殊」形態における「原理論」基準による「不純」性
　すなわち，宇野弘蔵氏の見解においては，宇野「原理論」的な「資本主義社会」，すなわち，マルクスの『資本論』を改作して，「商品」を始元概念として概念の自己展開によって「労働力商品」を基軸とした「商品関係の全面化した社会」としてとらえ返された「原理論」的な「純粋の資本主義社会」を弁別基

準としながら，そのような「原理論」的な「純粋の資本主義社会」に近似化するものとみなされた19世紀中葉の「純粋化傾向」にもとづいて「資本主義の一般的原理」が確定されることになる。そして，そのような「原理論」的な自由競争的資本主義の展開を阻害するようになる19世紀末の金融資本の時代の「資本主義なもの」のあらたな発展段階における特殊的形態としての「固定資本の巨大化」や「株式会社」形式や「独占資本主義」といった構成諸要因や運動諸形態が生み出されるようになると，そこには「不純の状態」が展開するようになっているとして，「純粋化傾向」は「逆転」することになって「原理論に対する段階論の展開」をもたらすことになる，とされているのである。

そのような把握によって，金融資本の時代における「固定資本の巨大化」や「株式会社」形式や「独占資本主義」などといった諸要因・諸状態とその展開形態といった「資本主義的なもの」の特殊的諸形態は，「原理論」的な「資本主義の一般的原理」には適合しないものとして，いくら純然たる「資本主義的なもの」であっても「不純の状態」にあるもの，とされることになるのである。

このようにして，金融資本の時代において展開するようになった自由競争を阻害するものとしての「資本主義的なもの」の独占段階における特殊形態をもった諸要因・諸状態は，「不純の状態」とみなされることになって，19世紀中葉のイギリスにおける「純粋化傾向」における前近代的な「旧社会の残滓」と近代的な「資本制生産様式」との「混合」による「不純の状態」と同一の用語でもって表現されているのである。かくして，金融資本の時代に展開している純然たる「資本主義的なもの」の特殊独占段階的諸形態は，非資本主義的な「旧社会の残滓」との「混合」による「不純の状態」と同じように「不純の状態」という用語によってその規定的性格が特徴づけられて，資本主義的「純粋化傾向」の「逆転」という把握へとつながっていくのである。

そのように，金融資本の時代における「固定資本の巨大化」や「株式会社」形式や「独占資本主義」などの段階的特殊形態の展開は，前近代的な非資本主義的な「旧社会」的諸要因による資本主義的「純粋化傾向」の「逆転」をひきおこし，前近代的な「旧社会」への逆流が生じているかの如き表現で「純粋化傾向」の「逆転」と特徴づけられることになる。そして，そのようなものとして，独占資本主義的な帝国主義段階のあらたな資本主義の状態についての規定

的内容と歴史的意義が与えられることになっているのである。

「資本主義」基準と「原理論」基準との《同調性の"破れ"》

実は，宇野氏の資本主義認識の出発点たる19世紀中葉のイギリスにおける「純粋化傾向」の場合においては，「資本主義」基準と「原理論」基準とのダブル・スタンダードによる二重の規定的性格をもった「純粋化傾向」は，「資本主義」基準による純粋化と「原理論」基準による純粋化とが同調性をもって進行しているものとされているために，ダブル・スタンダードによる二重の過程としては表に現われないかたちとなっている。

というのは，19世紀中葉という特定の時期における，イギリス資本主義という特定の国の歴史的発展過程における自由競争的資本主義への近似化という過程が，宇野氏においては，そのまま「経済原論の想定する純粋の資本主義社会に近接しつつあった」ものとみなされているために，19世紀中葉のイギリスにおける「資本主義」基準での「旧社会の残滓」の除去による資本制生産様式の全面化としての「純粋化傾向」は，同時に，「原理論」基準による宇野「原理論」的な「純粋の資本主義社会」への近似化をおしすすめているものとして，同調性をもって進行していくものとされているのである。

そこにおいては，「資本主義」基準での特殊19世紀中葉的な自由競争的形態と個別イギリス的な形態の資本主義的発展過程における「純粋化傾向」が，そのまま「理論的研究に絶対的に必要な想定とせられる純粋の資本主義社会に漸次に近づきつつあったことを示すもの」として「原理論」基準での「純粋化傾向」でもあるとされているため，「資本主義」基準による「純粋化傾向」と「原理論」基準による「純粋化傾向」との両者のあいだの齟齬は表面化することなく，二重の規定にもとづく展開過程ということは表面に現われることなく，同調して展開していることになっているのである。

しかしながら，19世紀末以降の金融資本の時代における状態の把握においては，資本主義的発展による「固定資本の巨大化」や「株式会社」形式の普及やカルテルなどの「産業独占体」や「金融資本」など「資本主義的なもの」のあらたな独占段階的特殊形態や非イギリス的個別的諸形態がとる展開諸形態は，宇野「原理論」において資本主義的な「原理」を示すものとみなされている特

殊19世紀中葉的な自由競争的形態や個別イギリス的形態とは異なる形態の資本主義的なものとして展開することになるため，それらの非「19世紀中葉」的な独占資本主義的特殊形態や非「イギリス」的形態を示す資本主義的諸形態は，宇野「原理論」基準においては非「原理論」的な「不純の状態」の展開ととらえられることになる。そのため，「資本主義」的な発展が非「原理論」的な「不純化」の展開となって，「純粋化傾向」の「逆転」をもたらすことになり，「資本主義」基準と「原理論」基準との《同調性の"破れ"》をひきおこすことになるのである。

このように，資本主義的生産力のヨリ高い発展水準において展開する資本主義のあらたな発展段階としての独占資本主義における展開諸形態にたいして，「純粋化傾向」の「逆転」をひきおこすという時代の発展的進行の逆行を思わせる規定性が与えられることになるのは，資本主義的発展についての「資本主義」基準と「原理論」基準とのダブル・スタンダードによる把握という宇野氏の特異な認識基準によるものである。

「資本主義」基準による「旧来の残存物」の存続

このように，これまでみてきた金融資本の時代についての「不純な状態」としての把握は，基本的には，ダブル・スタンダードのなかの「原理論」基準にもとづく「不純化」規定によるものである。

だが，それとともに，宇野弘蔵氏においては，ダブル・スタンダードのなかのもう１つの基準である「資本主義」基準によるところの，「旧来の残存物」としての前近代的な非資本主義な要因の存続というかたちでの資本主義的諸関係の全面化としての「純粋化傾向」の阻害による「不純な状態」の把握がおこなわれている。

すなわち，宇野氏は，金融資本の時代における資本主義的発展は，「原理論」基準による資本主義的なものの「不純の状態」をもたらすだけでなく，それと関連しながら，同時に，「資本主義」基準における非資本主義的な「不純物」としての「旧来の生産者」の「分解」を徹底的におこなうことなく，小生産などの前近代的な非資本主義的な諸要因を残存しながら資本主義的展開をおしすすめるものであるとして，そのようなかたちで金融資本の時代における

V 純粋化傾向の「逆転」

「段階論」的状況をとらえているのである。

　すなわち，宇野氏は，19世紀末の資本主義的発展における「資本の構成のさらに一層急速なる高度化は，生産力の増進を伴いつつ，自ら必要とする以上に過剰の労働力を常に供給しうることになるのであって，いわゆる中小企業を残しつつ純粋化の傾向を逆転し，金融資本の時代をその末期的現象とともに現出することになるのであった」[11]といったかたちで，19世紀末における生産力の増進による労働力の慢性的過剰化とそれにもとづく「旧来の小生産者」などの残存についてとらえておられる。そして，そこにおける「農業その他の産業における旧来の小生産者の分解は，もはや徹底的に行われることなくして，高度の資本主義的発展を見ることになり，……資本主義の発展とともに原理論の想定する純粋の資本主義社会に益々近似してくるという傾向が，阻害される」[12]といったかたちで，非資本主義的な「旧来の小生産者の分解」の不徹底による旧来的なものの存続をともなう資本主義的発展ということでもって，金融資本の時代の「不純の状態」をとらえられているのである。

　そのような把握にあたって，宇野氏は，帝国主義段階における「いわゆる段階論的規定による資本主義の発展の時期の区別」は「労働力商品の形成の仕方」によるものであるとされている。

　　「……僕のいわゆる段階論的規定によって，資本主義の発展の時期を区別してみると，……ごく大ざっぱにいって労働力商品の形成の仕方が時期によって違うのです。資本主義の初期は，その必要とする労働力が十分にえられないで屡々暴力的な政治的手段に助けられたといってよい。それが自由主義の時代ではそれが経済的な機構をとおして，つまり今さっきもお話した相対的過剰人口を資本が自ら形成するという形でこれを確保した。ところが金融資本の時代は，むしろつねに過剰にえられるということになる。それは産業資本の時代と異なって固定資本による障害が少なくなってくるからです。もっともそれは固定資本が増大するために株式会社形式が普及するので，そのために生産方法の改善が旧来の資本の固定資本の償却に関係なく行われうるからですが，しかしそれも一義的にそういうわけにはゆきません。その点には種々なる複雑な事情があるのですが，一般的にいっ

て産業資本の自由主義の時代と違って労働力の過剰化の傾向が常にあるといってよいのではないか，ということになる。」[13]

　すなわち，宇野氏においては，資本主義の発展諸段階にたいする段階区分の基準となっている規定的要因は，なによりもまず，宇野「原理論」にとっての基軸的要因たる「労働力商品の形成の仕方である」とされる。
　そして，帝国主義段階における「労働力商品の形成の仕方」を特徴づけ，純粋化傾向の「逆転」による「不純の状態」を生ぜしめる規定的要因を，「金融資本の時代」には，「固定資本の増大」にもとづく「株式会社形式の普及」によって生産方法の改善・生産力の増進が強化されるため労働力の慢性的な過剰化の傾向が生ずるようになるということにある，とされているのである。

非資本主義的な「旧来の小生産の残存」による「不純の状態」

　ところで，そのように「労働力商品の形成の仕方」において「労働力の過剰化の傾向が常にある」ような慢性的過剰の状態になると，どうして「資本主義的に不純の状態」になるのか。
　「原理論」的な形態としての「資本主義の一般的原理」における自由競争的資本主義においては，経済的な機構としての景気循環の運動をともなう相対的過剰人口の形成は，資本がみずから循環的に形成するというメカニズムをもつものである。しかし，金融資本の時代においては，それとちがって，慢性的に過剰人口が形成されることになるので，資本蓄積にとって必要な労働力の確保にあたって「旧社会の残滓」の除去による労働力の放出を必要としなくなる。そのため，「旧社会の残滓」は分解されないで存続することになるのであるとして，宇野氏は，そのような状態を「不純の状態」ととらえられているようである。
　このように，宇野氏は，金融資本の時代における非資本主義的な「不純なものを残しながら資本主義が発展する」という「資本主義」基準による状態を取り上げながら，それを「もはや単純に経済学の原理に想定されるような純粋の資本主義社会を実現する方向に進みつつあるものとはいえなくなったのである」というかたちで「原理論」基準による「純粋化傾向」の「逆転」としてと

らえて,「原理論」のほかに「段階論」を必要とすることになる,とされているのである.
　そのことについて,宇野氏は,次のように述べられている.

　　「『資本論』では,資本主義の発展は一社会を益々純粋に資本主義化するものとされていたのであった.そしてそれは僅かに17, 8世紀以来の歴史的事実に基くものであり,また資本主義経済の一般的規定をなす経済学の原理を確立するためには欠くことのできない前提をなすのであるが,しかし歴史的発展は決してそういう純化を一筋に続けるものではなかった.資本主義は19世紀70年代以後漸次にいわゆる金融資本の時代を展開し,多かれ少なかれ旧来の小生産者的社会層を残存せしめつつ益々発展することになったのであって,もはや単純に経済学の原理に想定されるような純粋の資本主義社会を実現する方向に進みつつあるものとはいえなくなったのである.すなわち経済学は,ここにおいて原理のほかに原理を基準としながら資本主義の歴史的発展過程を段階論的に解明する,特別の研究を必要とすることになるのであった.」[14]

　このようなかたちで,宇野氏が取り上げている金融資本の時代における「不純の状態」は,「固定資本の巨大化」や,「株式会社」形式や,あるいは,「独占資本主義」的な諸要因やその展開諸形態といった「資本自身の生みだした生産力の問題」にかかわる諸要因や諸状態にほかならないものである.それを,「原理論」基準によって,それ自体として非「原理論」的な「不純」な形態であるとされているのである.それだけでなく,さらに,宇野氏は,純粋化傾向の「逆転」を,資本主義的諸要因の発展形態の展開のなかでの非資本主義的な「旧来の小生産の分解」の「不徹底」といったかたちで,資本主義的発展における「純粋化傾向」が阻害されることになるというものとして,「資本主義」基準による「不純の状態」とも結びつけておられる.このようなダブル・スタンダードによる二重の「不純」な状態にもとづくものとして「純粋化傾向」の「逆転」とされているのである.
　しかし,金融資本の時代における資本主義的発展のなかでの「旧社会の残

滓」の残存という「資本主義」基準での非資本主義的な「旧来の小生産」の残存をともなう資本主義的発展という状況は，資本制生産様式の全面化としての「純粋化傾向」が「逆転」し，前近代的な非資本主義的「旧社会の残滓」が増大して「資本制生産様式」が縮小するようになっている状況ではない。そこでは，資本制生産様式そのものの発展と拡大がおしすすめられながら，同時に，「旧社会の残滓」の除去が「緩慢化」しているか，あるいは「停止」しているにすぎないものである。したがって，そこでは，全体としての社会の経済関係においては，資本主義的発展はおしすすめられているのである。

そのような19世紀末以降の独占資本主義段階における資本主義的発展のなかでの非資本主義的な「旧来の小生産」の残存という状態の展開にたいして，資本主義社会そのものの資本主義的「純粋化傾向」の「逆転」という規定的性格づけをおこなうことは，どうみても無理があるといわざるをえない。このことは，やがて宇野氏自身によって「純粋化傾向」の「逆転」から「鈍化」（緩慢化）への修正発言としてあらわれることになる。

3 「逆転」から「鈍化」への修正

純粋化傾向の「逆転」から「鈍化」への修正

宇野弘蔵氏は，「原理論」の完結性と「段階論」の展開を明確にするものとしてきわめて重要な意味をもつものとされていた金融資本の時代の「純粋化傾向」の「逆転」というとらえ方にたいして，後年にいたって，「逆転」を「鈍化」と修正する発言をおこなっている。

『思想』（1866年第1号）に掲載された梅本克己氏との対談のなかで，宇野氏は，「金融資本の時代」における「資本主義の純化傾向の逆転」という表現は「これはどうも言葉が不適当だったようです」[15]として，「純粋化の傾向が鈍ってくるといってもいいかもしれない」[16]と「逆転」を「鈍化」に修正し，そして，「純化作用というのも，一般的には常にあるといってよいのですが，資本主義の発展の段階では異なる。それは純化作用そのものが，否定されるのではない」[17]と訂正されている。

この帝国主義段階における「純粋化傾向」の「逆転」の「鈍化」への修正に

ついて，宇野氏は，高須賀義博・佐藤金三郎両氏との鼎談のなかでも，次のように述べられている。

> 「**高須賀** さきの説明だと，純粋化傾向はあるんだけれど条件いかんによっては独占価格にもなり，条件がなくなったらまた純粋化傾向が現われる。そういう説明をなさったわけですが。
> **宇野** それを逆転といったのがまずかったようだ。この間，梅本君と対談したとき（『思想』1966年1，2月号）もその点が問題になったので，純粋化の傾向が阻害される，という意味に訂正したわけだ。いま，佐藤君は19世紀の中ごろに現われたといったが，そうじゃなしに，前からずっと純粋化の傾向があるわけなんで，2，3世紀にわたって長い期間そういう傾向をもっている。……いわゆる金融資本の時代になると，そういう傾向は阻害される，それだからと言って，この一般傾向が全然なくなったわけではない。したがってまた基本的概念には変りはない。むしろこの新しい段階ではそのために基本的概念は得られなくなってくる。この点をよく考えてもらいたい。」[18]

「逆転」の「鈍化」への修正のもつ重大な問題性

　そのような帝国主義段階における「純粋化傾向」の「逆転」から「鈍化」への修正ということが宇野理論にとってもつ重大な問題性について，わたしは宇野氏による修正発言の直後に，次のように疑問を呈したことがある。

> 「……このような修正は，たんなる表現上の問題にとどまらず，宇野理論の全存在をゆるがすような内容をもっている。帝国主義段階においても純粋化傾向が『逆転』して『不純化』がひきおこされるのではなくて，『金融資本の帝国主義時代には，……自由主義時代の純化傾向が鈍くなる』にすぎず，純粋化傾向のテンポの量的な『鈍化』がみられるにすぎないということになるのならば，それは段階的割期をしめしえないということになりはしないだろうか。しかも，純粋化の過程はあくまで続いているのならば，『原理論』における『純粋の資本主義社会』の想定にあたって，客観

的過程としての純粋化傾向を思惟によって『極点』にまでおしつめるということも，あるいは，金融資本の時代を経験したわれわれにとっては，純粋化傾向は歴史的発展の一定の時期までしか作用しないということがあきらかになることによって，『資本論』を『原理論』として純化する必要があることが明白になったという判断も，要するに宇野理論の基本的諸命題について，再検討をくわえることが必要となりはしないだろうか。」[19]

このような帝国主義段階における資本主義的「純粋化傾向」の「逆転」から「鈍化」への修正が宇野理論にとってもつ重大な意味については，見田石介氏[20]や佐藤金三郎氏[21]も指摘されているところである。

さらに，宮崎犀一氏も，見田・佐藤両氏の著書についての書評のなかで，両氏の指摘のうえにたって，「宇野氏自身……帝国主義段階には『不純化』と『逆転』が起きるのではなく，ただ『純化作用が鈍くなる』にすぎない，と〔言われている〕。これは，見田・佐藤両氏も言うように，宇野理論の『要め石』が『すべて解決がつい』たことであり，原理論と段階論との分化の主張を『根本から崩壊させるほどの重大な訂正』と言わざるをえない」[22]ものである，と断をくだされている。

ところで，そのような「純粋化傾向」の「逆転」から「鈍化」への修正は，何故おこなわれることになったのか。そして，そのような「純粋化傾向」の「逆転」の「鈍化」への修正ということは，宇野理論にとっていかなる意味をもつものであるのか。この宇野氏による「純粋化傾向」の「逆転」の「鈍化」への修正ということのもつ問題性について，明らかにすることが必要である。

なお，「鈍化」という表現用語は，視覚的には「純化」と似ていて紛らわしいため，誤解を防ぐために，純粋化傾向が「鈍くなってくる」と宇野氏が述べられている状態について，今後は主として「緩慢化」という表現を用いることにする。

なぜ「逆転」を「緩慢化」へと修正されたのか

ところで，独占資本主義的な金融資本の時代における資本主義のあらたな状態にたいして，宇野弘蔵氏はどうしてそれを「純粋化傾向」の「逆転」から

「緩慢化」という表現へと変更されることになったのだろうか。

それは，宇野氏が，金融資本の時代におけるなんらかの新しい状態や要因を見つけられたからではない。この時期について宇野氏がとらえられている内容にはまったく変化はない。「逆転」から「緩慢化」への見解の変更をもたらしたものは，これまでとらえていなかった新しい状態が見いだされたからではなくて，とらえ方のほうに変更があったからのようである。

宇野氏は，資本主義の帝国主義段階における「純粋化傾向」の「逆転」から「緩慢化」への修正について，次のようにいわれている。

> 「逆転とか，不純化とか，といったので，純化の傾向自身の内に逆転するものが出てくるようにとられたのですが，そうではなくて，生産方法の改善による資本生産力の増進が強くて，あるいは強すぎて純化の傾向が鈍ってくるといってもいいかもしれないのです。強すぎるというのは，産業資本時代には恐慌後の不況期の合理化によって相対的過剰人口が形成されるといってよかったのが，この時期になると株式会社形式で比較的に容易に新しい方法が採用され，相対的過剰人口が形成されるので旧来の残存物をそのままにしておくことになる。」[23]

すなわち，宇野氏が金融資本の時代における「純粋化傾向」の「逆転」を「緩慢化」へと修正するための根拠とされているのは，資本主義的な「生産方法の改善による資本生産力の増進が強くて，あるいは強すぎ」ることによって，「この時期になると株式会社形式で比較的に容易に新しい方法が採用され，相対的過剰人口が形成されるので旧来の残存物をそのままにしておくことになる」ということである。

そのような資本主義的「生産方法の改善による資本生産力の増進が強くて」ひきおこされるあらたな状態にたいして，宇野氏は，それを資本主義的全面化の逆行を意味するかのような「逆転」と表現することにためらいを感じられたようである。

宇野氏は，「純化作用というのも，一般的には常にあるといってよいのですが，資本主義の発展の段階では異なる。それは純化作用そのものが，否定され

るのではない」としながら，金融資本の時代における資本主義的生産力の発展がおしすすめられるなかで，「旧社会の残滓」の除去が阻害されて残存するようになるという状態を，資本主義的な「純化の傾向が鈍ってくるといってもいいかもしれない」として，「純粋化傾向」の「緩慢化」と修正されているのである。

「純粋化傾向」の「逆転」という表現の意味内容は，そのままのイメージとしては，資本主義的「純化傾向」という状況の逆行を表現するものである。つまり，非資本主義的な「旧社会の残滓」が増大するようになって資本主義的経済関係が縮小し，「旧社会の残滓」の増大によって「不純の状態」が拡大され「旧社会」的生産様式が全面化するような状況に転ずる，という意味内容であるかのように感じられるところである。

しかしながら，宇野氏が金融資本の時代における状況とされているものは，そのような非資本主義的な「旧社会の残滓」の増大と資本主義的なものの縮小による「旧社会」への逆行という内容の資本主義化の「逆転」を示すものではない。それは，資本主義的な「生産方法の改善による資本生産力の増進が強くて，あるいは強すぎ」ることによって非資本主義的な「旧来の残存物をそのままにしておくことになる」といった状況のことである。それは，たんに資本主義的「純化の傾向が鈍ってくる」といった状況にほかならない。だから，「純粋化傾向」の「逆転」ではなくて，「純粋化の傾向が鈍ってくる」といったほうがいいとして「純粋化傾向」の「緩慢化」と修正されているのである。

　　「梅本　……いわゆる帝国主義時代なんかになっても，やはり原理的にいえば，純化はあるわけですね。
　　宇野　それはあるのです。あるのですが，それが社会に全面に展開しないでも十分に発展をなし得るというわけです。元々，資本主義はなにも農業を資本主義化しなくても，工業で資本主義的な発展をすればそれでいいので，農村まで資本主義化しなきゃならんという理由はないのです。……必要とあれば農村を分解して，そこに土地を離れた無産労働者が求められ，農業の資本主義化も実現するが，そして農村ではいわゆる潜在的過剰人口を作りながらこれが都市の工業に必要に応じて吸収されることになるが，

必要でなければ，旧来のままの，小生産者的農村に人口を残しておいて，むしろときにそれを需要する。そういう形になってくる。」[24]

　すなわち，そこで宇野氏が問題にされているのは，資本主義的発展のなかで，「旧社会の残滓」の除去による資本主義的純化の傾向が阻害されて「旧社会の残滓」は存続するようになるということであって，そのため，資本主義的経済関係が「社会に全面に展開しないでも十分に発展をなし得る」ということである。宇野氏は，そのような「旧社会の残滓」を存続させながら資本主義的発展がおこなわれるという状況を「原理的にいえば，純化はある」ととらえて，「純粋化傾向」の「逆転」ではなくて「緩慢化」と修正されているのである。

「原理論」基準による「純粋化傾向」の「緩慢化」

　しかしながら，そのような「純粋化傾向」の「緩慢化」という把握は，資本主義的発展についての宇野弘蔵氏のダブル・スタンダードにおける「資本主義」基準による把握にほかならないものである。

　すなわち，宇野氏による金融資本の時代において展開している諸状況についてのそのような「純粋化傾向」の「逆転」から「緩慢化」への修正によるとらえなおしは，「純粋化傾向」のダブル・スタンダードのなかの「資本主義」基準による「旧社会の残滓」と「資本制生産様式」との「混合」による「不純化」している状況の動向としてとらえられたものである。

　だが，そのような金融資本の時代における規定的性格についての「純粋化傾向」の「逆転」から「緩慢化」への修正を，「純粋化傾向」におけるダブル・スタンダードのもう1つの基準である「原理論」基準についての「原理論の想定するような純粋の資本主義社会」への近似化の過程としての「純粋化傾向」の動向としてみると，どういうことになるのか。

　金融資本の時代における「純粋化傾向」の「逆転」から「緩慢化」への修正ということは，「原理論」基準による状況としてみるならば，金融資本の時代における独占資本主義的な状況においても，「経済原論の想定するいわゆる純粋の資本主義社会に近接しつつあった」ものとしての「純粋化傾向」はあくまで持続して進行しているのであって，それはたんに「鈍ってくる」にすぎない

ものとなる。したがって、そのことは、「原理論」的な「純粋の資本主義社会」への近似化としての「純粋化傾向」は、独占資本主義の時代においてもあくまでも持続して進行している、ということを意味する。

　すなわち、「純化作用というの〔は〕、一般的には常にあるといってもよいのですが、資本主義の発展の段階では異なる。それは純化作用そのものが、否定されるのではない」ということは、「原理論の想定するような純粋の資本主義社会」への近似化としての「純粋化傾向」は「常にある」ものであって、独占資本主義的な金融資本の時代においても存続しつづけるものである、ということである。すなわち、金融資本の時代においても、「原理論」的なビルドとしての「純粋の資本主義社会」への近似化としての「純粋化傾向」は「鈍ってくるといってもいいかもしれない」が、それは進行しつづけているということであって、1870年代以降の独占資本主義の時期においても、「原理論の想定するような純粋の資本主義社会」への近似化としての「純粋化傾向」は「緩慢化」してそのスピードを減速しながらも、なお進行している、ということを意味する。

純粋化傾向の「逆転」の「緩慢化」への修正による"宇野三段階論"の解体

　そのように、金融資本の時代においても「純粋化傾向」は「緩慢化」しながらも進行しているということであるならば、「固定資本の巨大化」がおしすすめられ、企業形態として「株式会社」形式が普及し、さらに、カルテルなどの産業独占体による独占価格の設定やコンツェルンなどの金融資本による独占的支配が打ち立てられている独占資本主義段階においても、「原理論の想定するような純粋の資本主義社会」への近似化としての「純粋化傾向」は「緩慢」ながらもおしすすめられている、ということを意味するものである。

　だが、もしそうだとすると、自由競争が阻害されている独占資本主義段階においても、「資本主義の一般的原理」を示す「純粋の資本主義社会」への近似化としての「純粋化傾向」は、「極点」に向かって「緩慢」ながらもおしすすめられているということになる。すなわち、「純化作用というの〔は〕、一般的には常にあるといってもよい」ものであるならば、「原理論」的な「純粋の資本主義社会」への近似化は、独占資本主義段階においても「常にある」ものと

して絶えまなくおしすすめられつづけるものであることになる。

　そうなると,「純粋化傾向」の「極点」はどうなるのか。「純粋化傾向」が「常に」ありつづけるなかで, 結局のところ, 資本主義的発展による構造的変化や運動形態の変化がひきおこされる状態のもとにおいても「原理論」的な「純粋化傾向」は進行することになり, いつまでたっても「純粋化傾向」の「極点」は定まらなくなってしまい, 不確定ということになるであろう。そうなると,「資本主義の一般的原理」が解明すべき対象としての「純粋の資本主義社会」は確定することができなくなり,「資本主義の一般的原理」は確定不可能ということになってしまうであろう。

　それと同時に, そのように金融資本の時代以降においても「純粋化傾向」は「緩慢」ながらも進行するものであるならば,「段階論」を打ち立てることもまた, 不可能となるであろう。というのは,「段階論」は,「純粋化傾向」が「逆転」して生じるようになった「不純の状態」を解明するものとして,「純粋化傾向」の「極点」における「純粋の資本主義社会」の解明による「原理論」とは別に, 打ち立てられるものであるからである。

　このように, もし金融資本の時代以降においても「純粋化傾向」が「緩慢化」しながらも進行して,「不純の状態」を徐々に分解しつづけているのであるならば,「純粋化傾向」の「極点」が定まらなくなるとともに,「緩慢化」しながらも進行しつづけている「純粋化傾向」によって「不純の状態」は除去されつづけることになり,「純粋化傾向」が「逆転」して「不純の状態」が展開するような状態を解明するものとしての「段階論」を打ち立てることはできなくなってしまうであろう。

宇野理論の致命的な論理としての「原理論」基準

　このように, 宇野弘蔵氏が, 金融資本時代の状態についての「純粋化傾向」の「逆転」という規定を「緩慢化」と修正された瞬間に, 宇野氏における「原理論」も,「段階論」も, その現実的根拠を失い, 宇野"三段階論"の全面解体をひきおこすことにならざるをえないことになる。

　かくして, 金融資本の時代における資本主義的発展がもたらす状態についての規定的性格の把握における「純粋化傾向」の「逆転」から「緩慢化」への修

正は，宇野理論そのものの経済学の方法と理論にたいして破滅的状況をひきおこすことになるのである。

　宇野氏の特異な資本主義認識におけるこのような自己破滅的状況をひきおこすことになる究極的原因は，資本主義がその発展のなかで展開する状況の把握にさいしての「資本主義」基準と「原理論」基準とのダブル・スタンダードにあり，そのなかの「原理論」基準による資本主義把握というところにある。

　資本主義の歴史的発展の把握における宇野「原理論」を基礎づけている19世紀中葉のイギリスにおける「経済原論の想定するいわゆる純粋の資本主義社会に近接しつつあった」ものとしての「純粋化傾向」という「原理論」基準による把握と，そして，宇野「段階論」を基礎づけている1870年代以降の金融資本の時代における資本主義的発展における「原理論」的な「不純の状態」の展開による「純粋化傾向」の「逆転」という，資本主義的発展の構造的変化にたいする「原理論」基準による把握の特有の内容こそが，宇野理論の独自的で独創的な理論を特徴づけるものであり，同時に，宇野理論の資本主義理解にとっての恣意的なフィクション性の基軸的な内容をなすものである。

　そして，ここに，資本主義理解にとっての宇野弘蔵氏とマルクスとの基本的相違の核心があるのである。

19世紀末以降におけるあらたな状況とマルクスの資本主義範疇

　それでは，宇野弘蔵氏と異なるマルクス的な資本主義範疇によりながら，資本主義の歴史的発展がもたらした19世紀末以降の金融資本の時代に展開しているあらたな状況をとらえるとしたら，それはいかなるものとなるのであろうか。

　金融資本の時代における独占資本主義的な諸要因・諸状況は，いずれも資本蓄積の進行のなかでおしすすめられた資本主義的発展による「資本制生産」の大規模化のうえに展開されたものである，ととらえられることになるであろう。

　「固定資本の巨大化」は，いうまでもなく資本制生産の発展のなかでもたらされる資本主義的な生産要因としての固定資本の巨大化である。また，企業形態の「株式会社形式」の展開も，生産の大規模化にもとづいて企業形態における個人企業の枠を超えた企業資本の社会的集積に対応するものである。また，産業独占体の形成も，資本制生産の発展による企業規模の巨大化のうえに展開

する大規模企業相互間の競争の困難と協定の容易化にもとづく独占的協定によって形成されたものである。

　すなわち，それらはいずれも「資本制生産（様式）」の発展による生産と資本の大規模化の基盤のうえに生み出されたものである。したがって，そのかぎりにおいては，資本主義的なものそのものの発展と拡大によって生み出された資本主義的なものであって，けっして前近代的な歴史的形態としての「旧社会の残滓」との「混合」などといった「不純の状態」ではない。

　固定資本の巨大化は，労働手段の社会的＝共同的労働手段としての発展の表現にほかならないものであり，株式会社は，「社会的生産様式に立脚した生産手段および労働力の社会的集積を前提とする資本が，……直接に，私的資本に対立する社会＝会社資本（直接に結合した諸個人の資本）の形態をとる」[25]もので「資本制生産様式そのものの限界内での，私的所有としての資本の止揚」[26]であり，そして，カルテルなどの産業独占体は「生産の社会化の……形態」[27]である。また，金融資本は，「少数のものの手に集中されていて，もろもろの関係や結びつきの異常に広範に張りめぐらされた目のこまかい網——中小資本家ばかりでなく，極小の資本家をも大量に隷属させている網——をつくりだしている，巨大な規模の金融資本」[28]であって，ともかくいずれも資本主義的なもののなかでの生産力の発展によっておしすすめられてきた「生産の社会的性格」の発展のうえに成り立つ資本主義的なもののあらたな展開形態にほかならないものである。

　このように，宇野弘蔵氏によって資本主義的「純粋化傾向」の「逆転」による「不純の状態」として特徴づけられている金融資本の時代における独占資本主義的諸状態の展開をマルクス的に意味づければ，それは資本主義的生産力の発展にもとづく生産と資本の集積と集中による大規模化によってひきおこされた，自由競争的な資本主義から独占的な資本主義への転化としての「資本主義的なもの」の構造と運動形態の変化にほかならないものである。

　注
　1）　宇野弘蔵『経済政策論（改訂版）』1971年，弘文堂，24ページ。『著作集』Ⅶ，32ページ。
　2）　同『経済学ゼミナール（1）経済学の方法』1963年，法政大学出版局，23ページ。

3) 同『経済学方法論』1962年，東京大学出版会，55ページ。『著作集』Ⅸ，54ページ。
 4) 宇野弘蔵・梅本克己「《対談》社会科学と弁証法」，『思想』1966年，第1号，93ページ。同『社会科学と弁証法』1976年，岩波書店，24ページ。
 5) 宇野弘蔵『経済学方法論』17-18ページ。『著作集』Ⅸ，20-21ページ。
 6) 同『経済政策論（改訂版）』153ページ。『著作集』Ⅶ，147ページ。
 7) 同『社会科学としての経済学』1969年，筑摩書房，66ページ。
 8) 同『経済学方法論』90-91ページ。『著作集』Ⅸ，87ページ。
 9) 同『経済原論』（岩波全書）1964年，岩波書店，176-177ページ。『著作集』Ⅱ，128ページ。
10) 同『経済学方法論』41ページ。『著作集』Ⅸ，42ページ。
11) 同上，26ページ。『著作集』Ⅸ，28ページ。
12) 同上，47ページ。『著作集』Ⅸ，46-47ページ。
13) 宇野弘蔵・梅本克己「《対談》社会科学と弁証法」92ページ。同『社会科学と弁証法』20-21ページ。
14) 宇野弘蔵『経済原論』（岩波全書）10ページ。『著作集』Ⅱ，11ページ。
15) 宇野弘蔵・梅本克己「《対談》社会科学と弁証法」92ページ。同『社会科学と弁証法』21ページ。
16) 同上，92ページ。同書，22ページ。
17) 同上，93ページ。同書，23-24ページ。
18) 宇野弘蔵『経済学を語る』1967年，東京大学出版会，72ページ。
19) 重田澄男「原理論の諸前提と純粋資本主義の想定——宇野理論の検討（その1）」，『大阪経大論集』第51号，1966年5月，84-85ページ。同『マルクス経済学方法論』1975年，有斐閣，19ページ。
20) 見田石介「宇野弘蔵氏のいわゆる原理論と段階論について」，大阪市立大学経済学会『経済学年報』第25集，1966年12月，159-161ページ。同『宇野理論とマルクス主義経済学』1968年，青木書店，28-30ページ。
21) 佐藤金三郎「経済学における論理と歴史——「宇野理論」の一検討」，『思想』1967年，第10号，57-58ページ。同『『資本論』と宇野経済学』1968年，新評論，244ページ。
22) 『図書新聞』1969年1月18日。宮崎犀一『経済原論の方法』（下）1972年，未来社，209ページ。
23) 宇野弘蔵・梅本克己「《対談》社会科学と弁証法」92ページ。同『社会科学と弁証法』22ページ。
24) 同上，93ページ。同書，23ページ。
25) マルクス『資本論』第3巻，⑩756ページ。
26) 同上，757ページ。
27) エンゲルス「『資本論』第3巻への補注」，『資本論』第3巻，⑩759ページ。
28) レーニン『資本主義の最高の段階としての帝国主義』『レーニン全集』第22巻，330ページ。

終章　現代資本主義と資本主義範疇

1　資本主義の発展についてのマルクスの見解

資本主義的なものそれ自体の発展がもたらすもの

　マルクスは，宇野弘蔵氏のマルクス理解とちがって，資本主義的発展がおしすすめるプロセスを，「商品経済」的な自由競争的資本主義があたかも永久的であるかのごとき繰り返し的運動をおこなう「原理論」基準にもとづく「純粋の資本主義社会」という究極的な「極点」にかぎりなく近似化していくものとは，考えていない。

　マルクスが資本主義的発展がひきおこすプロセスとして資本主義的経済諸関係そのものの運動の流れにおいてとらえている基本的動態要因は，「資本制生産」の再生産と蓄積である。

　資本制生産を基礎とした経済諸関係の運動は，ひとつには，「資本制生産」の繰り返し的な再生産をおこなう運動である。マルクスは資本主義的経済関係そのものがおしすすめる運動形態のなかでの繰り返し的な再生産の運動によって，資本主義的システムそのものの維持・再生産と拡大がおこなわれる形態を取り上げている。

　もうひとつは，資本蓄積によって生産力の発展がおしすすめられて資本制生産そのものの生産と資本の規模を拡大しながら，そのような拡大した生産的基礎に対応したさまざまな諸要因・諸関係の運動諸形態が展開される，ととらえているのである。

　マルクスは，そのような資本制生産の再生産と蓄積を基本とする資本主義的経済関係の運動と発展のなかで，資本制生産を基礎とした経済諸関係や諸要因，生産・流通，そして現実的な経済的諸要因の構造や運動の諸形態がどうなるのか，ということを問題にしているのである。

　このように，マルクスにおける資本主義的経済関係の運動形態の把握は，資

本主義的経済関係のシステムとしての維持・再生産と拡大をおこなうための絶えざる繰り返し的運動と，資本蓄積によっておしすすめられる長期的発展傾向における変化との，この2つの運動形態とそのもたらす展開形態をとらえるものである。

『資本論』においても，絶えざる資本主義的経済関係そのものの再生産をおこなうものとしての繰り返し的運動を解明しながら，他方では，絶えざる資本蓄積の進行による長期的な発展傾向がおしすすめられるものとして，そのような長期的発展傾向のなかでひきおこされる展開形態についての考察がおこなわれている。

『資本論』第1巻においては，資本制生産の確定にもとづきながら，

$$\rightarrow G - W \begin{matrix} Pm \\ \\ A \end{matrix} \cdots\cdots P \cdots\cdots W' - G'(G+g) \rightarrow$$

といったかたちでの資本制生産にもとづく絶えざる繰り返し的な価値増殖運動を解明しながら，「相対的剰余価値の生産」の篇においては，価値増殖運動としての資本制生産の発展のなかでの「協業」―「分業とマニュファクチュア」―「機械と大工業」といったかたちでの労働組織と生産手段の発展と結びついた剰余価値生産の論理的および歴史的な展開についての考察をおこなっている。さらに，「資本の蓄積過程」の篇においては，資本蓄積の一般的法則の解明とともに，資本蓄積の歴史的傾向についての考察をもおこなっている。

『資本論』第2巻においては，資本制生産過程を基礎とした資本の流通過程を組み込んだ資本の運動について，資本の循環運動，資本の回転運動，社会的総資本の再生産運動を明らかにしながら，資本の繰り返し的な運動のなかでひきおこされる資本蓄積にもとづく拡大再生産の運動がおしすすめる展開形態についての考察をおこなっている。

さらに，『資本論』第3巻においては，同一生産部門内の資本の競争および異部門間の資本の移動によってひきおこされる利潤率の均等化傾向とそれにもとづく平均利潤の形成について明らかにしながら，資本蓄積の進行によってひきおこされる長期的傾向としての利潤率の傾向的低下とともに，それに反対する諸要因の反作用との交錯による「内的矛盾の展開」によって資本制生産様式

の危機や困難がひきおこされることになる，としているのである．

　マルクスは，資本主義的経済関係の展開形態の解明のなかで，資本主義の長期的発展はそのなかにさまざまな新しい展開をひきおこし，激動や矛盾をもたらす必然性をもったものであるとしている．

　そのことは，マルクスにおいて経済学理論の体系を構築しようとした『経済学批判要綱』や『資本論』などにおける資本制生産の発展がもたらす展開諸形態についての考察や，利潤率の低下による資本制生産の行き詰まり，経済的危機と資本主義の行き詰まりなどについての論究からも明らかである．また，そのことは，資本制生産様式の歴史的発展の究極的な将来展望についてのさまざまな箇所でのコメントや試論的見解・論議のなかにも示されているところである．

資本主義的発展の展望

　マルクスは，資本主義的経済関係を研究していた19世紀中葉の時期において，もっとも資本主義的発達のすすんでいたイギリスにおける状況は，自由競争や平均利潤といった形態を内包している資本主義的経済関係を示しているけれども，それを資本主義的発展の究極的な「極点」としての形態とはみなしていない．マルクスは，蓄積の展開のなかで生じてくるあらたな諸要因や諸関係，さらには，資本主義の長期的な発展がひきおこす危機的状況や資本制生産の行き詰まりを，さまざまなかたちでの展望として提示している．

　マルクスが，資本主義の歴史的発展がおしすすめてゆく過程の究極的な「極点」をいかなるものとして想定していたのかということについては，『共産党宣言』などの諸著作，あるいは，『経済学批判』の「序言」で示されている唯物史観の定式などにおいても表わされているところであるが，さらに，その生涯にわたる理論的研究において，『経済学批判要綱』においても，『資本論』においても，資本主義的発展のひきおこす長期的展望や究極的な「極点」における状態についての予測的展望を示している．

　そこにおいて，マルクスは，資本蓄積の進行にもとづく生産力の発展がおしすすめられると，ヨリ高い生産力を基盤とした資本制生産にとってのあらたな構造や運動形態が生み出されようになり，さらには，資本制的経済関係にとっ

ての危機的状況がひきおこされることになる、とみなしている。

すなわち、『資本論』においては、資本主義的経済関係の歴史的な発展は、「従前の経済的残滓」の除去と資本主義的なものへの転化という資本主義的全面化がひきおこされるだけではなく、「資本制生産そのものの内在的諸法則の作用」による資本主義的なものの発展がおしすすめられるなかで、「生産手段の集中と労働の社会化は、それらの資本制的外皮と調和しえなくなる時点に到達する」ようになる、と展望しているのである。したがって、それは、宇野弘蔵氏の理解されているような、資本主義の歴史的発展過程を、自由競争が全面的に展開している「原理論」的な「純粋の資本主義社会」にかぎりなく近似化していくものとみなしてはいないのである。

資本制生産の行き詰まりと変革の展望

マルクスは、とりわけ『経済学批判要綱』において、資本制生産における剰余価値の生産について、これを理論的に解明すると、すぐさま、そのような剰余価値の生産を規定的要因とした資本制生産の発展がもたらす長期的な歴史的な過程におけるその桎梏化、そしてその変革について、さまざまなかたちで展開している。

『経済学批判要綱』では、資本制生産の歴史的発展にもとづく状況の展開とその崩壊への展望について、マルクスは、まず、生産力の発展のなかでの資本の長期的な歴史的動向を、相対的剰余価値の増加テンポの低下に焦点をあててとらえようとしている。すなわち、資本制生産が発展するなかで、労働生産性の上昇によって必要労働時間部分が小さくなるため、剰余労働を増大することが困難となり、「価値増殖そのものも、その比率が極小となったために、資本にとってどうでもよいものとなりかねないであろう。そして資本は、資本であることをやめてしまうであろう」[1]と、資本制生産にとっての生命力の枯渇化を指摘する。

すなわち、そこでは、資本そのものが資本制的発展にとっての最大の制限となり、「資本そのものによる資本の止揚へと突き進ませるであろう」[2]ととらえて、「生産諸力の発展が、ある一定の点を越えると、資本にとっての制限となり、したがって、資本関係が労働の生産諸力の発展にとっての制限となるので

ある。この点に達すると，資本，すなわち賃労働は，社会的富と生産諸力の発展にたいして，……桎梏として必然的に脱ぎすてられる」[3]ことになると指摘し，さらに，「もろもろの尖鋭な矛盾，恐慌，痙攣において，社会の代表的な生産的な発展が社会の従来の生産諸関係とますます適合しなくなっていることが表現される」[4]と述べている。

そのような資本制生産様式のもとで生産力の発展によっておしすすめられる結果について，マルクスは次のように述べている。

> 「それゆえ生産力の最高の発展は，現存する富の最大の拡大と相まって，資本の減価，労働者の退廃，そして彼の生命力の最もあからさまな消尽と同時に生じるであろう。これらの矛盾はもろもろの爆発，激変，恐慌をもたらすが，そのさい資本は，労働の一時的停止や資本の大きな部分の破棄によって，自害することなくその生産力を引き続き十分に充用できるような点にまで，強力的に引き戻される。それにもかかわらず，規則的に生じるこれらの破局は，さらに高い規模でのそれらの反復に，そして，最後には，資本の強力的な転覆にいたることになる。」[5]

かくして，資本は，生産力の発展の結果として，もろもろの爆発，激変，恐慌による労働の一時的停止をもたらすことになるものの，ただちに崩壊することなく強力的に回復されるが，しかし，「最後には，資本の強力的な転覆にいたることになる」としているのである。

ここに，『経済学批判要綱』における，資本制生産の歴史的発展とその桎梏化，そして，その崩壊についてのマルクスの展望をみることができる。

そして，『資本論』においては，マルクスは，資本蓄積論レベルでは，資本制生産の発展の長期的動向としての歴史的傾向のなかで，「労働のいっそうの社会化」がすすみ，「資本制生産過程そのものの機構によって訓練され結合され組織される労働者階級の反抗もまた増大する。……生産手段の集中と労働の社会化とは，それらの資本制的外皮とは調和しえなくなる一点に到達する。この外皮は粉砕される。資本制的私的所有の弔鐘が鳴る。収奪者が収奪される」[6]としている。

さらに，利潤論レベルにおける状況として，生産部門内の資本の競争および部門間の資本の移動によってひきおこされる利潤率の均等化傾向とそれにもとづく平均利潤の形成について明らかにしながら，資本蓄積の進行によってひきおこされる長期的傾向としての利潤率の傾向的低下とそれに反対する諸要因との絡み合いによる「生産の拡張と価値増殖との衝突」や「人口過剰のもとでの資本過剰」といった内的諸矛盾の展開といった諸状況についての考察をおこなっているのである。

このように，『共産党宣言』などだけでなく，『経済学批判要綱』や『資本論』においても，資本制生産の歴史的発展のなかでひきおこされる経済的危機とその変革への展望が示されているのである。その内容は必ずしも同じではないけれども，しかし，いずれにしても，資本主義的経済関係の歴史的発展の究極的状況として，宇野弘蔵氏が理解されているような「原理論」基準による自由競争的な「純粋の資本主義社会」への絶えざる近似化による「極点」への接近ではなくて，マルクスは，生産力の発展は資本制生産様式の桎梏化と変革へといたらざるをえないものと展望していたことは明らかである。

独占資本主義の形成

周知のように，19世紀の発展期の資本主義は，それぞれの国の資本主義的発展の状況によってさまざまな多様性をもったものであったが，先進的で典型を示していたイギリス資本主義における展開諸形態は，「自由競争と自由貿易の資本主義」として特徴づけられるものであった。

ところが，1870年代の大不況以来，資本主義的経済関係は構造的変化を遂げはじめる。

すなわち，資本制生産の発展のなかで，重化学工業を中心に巨大な生産設備をもった少数の大企業が出現するようになった諸産業において，カルテル，シンジケート，あるいはトラストなどといった産業独占体が形成されて，市場支配力にもとづいた独占価格が設定されて独占利潤を獲得するようになる。

このような産業独占体は，1873年恐慌以来しだいに拡がっていき，発生・改組・崩壊・再組織化を繰り返しながら，より強力な独占体へとすすんでいき，20世紀のはじめには，資本主義的経済関係の中心にしっかりと根を張るように

なる。

　しかも，そのような産業独占体だけでなく，銀行などの金融業にも少数の巨大資本があらわれて，生産・運輸・商業・信用などあらゆる経済部面にわたってその中軸部分をにぎり，産業独占体とも結びついて，金融的支配の網の目を張りめぐらせてコンツェルンを形成し，経済の全領域のみならず政治機構にたいしても支配力を固めていく。こうして，体制的な支配力をもった「金融資本」が生まれることになる。

　このようにして形成された産業独占体と金融資本は，巨額の独占利潤をめざして，生産の調整や価格の協定などによる独占価格の吊り上げ，あるいは，株式の操作や投機さらには詐欺的行為などをもおこない，対外的にも，独占的保護関税，ダンピング，資本輸出などとともに，国際カルテルの形成によって，世界市場における支配領域の拡大と分割をはかろうとする。

　そして，そのような先進資本主義諸国における国民経済としての経済基盤の構造的変化に応じて海外進出と植民地の拡張がおしすすめられるなかで，20世紀のはじめまでには，地球上のほとんどが帝国主義的な資本主義諸列強によって分割し尽くされ，これ以上の支配圏の拡大は他の帝国主義国の支配領土を力ずくで奪い取るという再分割しかありえなくなり，植民地の再分割のための帝国主義戦争の時代がはじまることになる。

2　宇野理論と現代資本主義

　宇野弘蔵氏は，資本主義の発展のひきおこす展開諸形態として，まず，19世紀中葉のイギリスにおける資本主義的「純粋化傾向」における「原理論」的な自由競争的資本主義への近似化をとらえ，そして，「原理論」的な自由競争的資本主義から独占資本主義への移行を「純粋化傾向」の「逆転」とみなしておられる。そして，宇野氏は，さらに，第一次大戦後の展開諸形態については，「第一次世界大戦後の資本主義の発展は，それによって資本主義の世界史的発展の段階論的規定を与えられるものとしてではなく，社会主義に対立する資本主義として，いいかえれば世界経済論としての現状分析の対象をなすものとしなければならない」[7]として，第一次大戦以降の経済体制はもはや資本主義の

発展段階ではなく社会主義への過渡としての資本主義であるとされている。

そのような宇野氏の見解を引き継ぎながら，宇野後継者たちは，現代資本主義の理解にあたって，あるいは「資本主義消滅」論，あるいは「逆流する資本主義」論と多様な分散化を示すことになっている。

（１）資本主義消滅論——降旗節雄・関根友彦両氏の見解

降旗節雄氏の見解

第一次大戦後の現代資本主義においては，その生産的基礎における資本＝賃労働関係にもとづく資本制生産はヨリ強力に発展している。それにもかかわらず，資本主義的経済関係の規定的な要因とその内容を，マルクスのように生産的基礎における資本＝賃労働関係のうえに利潤獲得をめざす「資本制生産」と理解しないで，「労働力商品化」を基軸とした自由競争が全面的に貫徹する商品経済関係の全面化として理解する宇野理論の立場に立つならば，19世紀中葉のイギリス的な自由競争のシステムが阻害されているところから，第一次大戦後の金本位制の崩壊ののちには「資本主義」は消滅しており，現代のシステムは「資本主義」ではないという見解が打ち出されることになる。

降旗節雄氏は，そのような見解を次のように述べている。

> 「昨年暮れに『フォーラム90s』の集まりがあって，その『変化する社会主義像』という分科会で討論を聞いてびっくりしました。若い人が『資本主義のどこが悪いのですか』と質問していたのです。
>
> 　良い悪いよりも，資本主義なんて体制があるんですかね。資本主義の本質は「金と自由」です。スミスやマルクスを読めば分かるのですが，モノも通貨も資本もひとも，思想も自由に走り回り，世の中が金で裏づけられた貨幣を中心にして動く世界が資本主義なのです。
>
> 　革命に敗れて『お尋ね者』となったマルクスは，ロンドンに逃げますが，イギリス人はパスポートだ，ビザだ，戸籍だなどと一言もいわずロンドンに住まわせ，大英図書館で勉強することを許すのです。これが資本主義における自由です。日本では中国やベトナムやフィリピンから来た人を自

由に住まわせていますか。こんな国は資本主義ではない。

　さらに，君のもつ貨幣を日銀で金(キン)に換えてくれますか。そうでないとしたら，もし政府が通貨を過剰に発行して百倍か千倍のインフレになったとき，貨幣の価値を誰が保証してくれますか。この保証がないと資本主義ではありません。資本主義の本質を欠く体制を，君は何故資本主義だと信じこんでいるのですか。

　1931年，地球から真の資本主義は消えました。そして戦後，金＝ドル体制によって，資本主義のイミテーションが成立しましたが，これも73年以降なくなりました。

　今私たちの前にあるのは，本質を喪失してボロボロになりながら，ようやく国家権力で支えられている似而非(エセ)資本主義です。その体制もあやしくなった。」[8]

　このように，降旗節雄氏は，自由競争による商品経済関係の全面化が資本主義の「一般的原理」の本質的特徴であるとする宇野理論の立場から，資本主義の本質は「金(カネ)と自由」であるとされており，「モノも通貨も資本もひとも，思想も自由に走り回り，世の中が金(キン)で裏づけられた貨幣を中心に動く世界」が資本主義である，とされているのである。

　そして，現代資本主義について，その生産的基礎においては資本制生産が強固に存在しつづけ発展しているにもかかわらず，金本位制が崩壊した1931年にこの地球上から「真の資本主義」は消滅したとみなし，さらに，第二次大戦後の金＝ドル体制としての固定相場制での IMF 体制は「資本主義のイミテーション」にすぎないが，それも1973年の金＝ドル交換停止によってそのようなイミテーションすらも存在しなくなって，資本主義の本質が喪失した社会となった，とされるのである。

　資本主義概念の規定的内容についてのマルクスと宇野弘蔵氏との理解の相違は，現実の現代社会が資本主義社会であるのか，それとも別の社会となっているのかという，まったく異なる見解へとつながることに通じているのである。

関根友彦氏の見解

同じような宇野理論の立場にたつ関根友彦氏は,『経済学の方向転換——広義の経済学事始』(1995年,東信堂)において,基本的には降旗氏と同様に,第一次世界大戦でもって資本主義は基本的に「終焉」し,それ以降は「脱資本主義過程とも呼ぶべき過渡期」に属している,とされている。

> 「カール・ポランニーと宇野弘蔵は,自己調節的市場ないし全面的商品経済という概念に依拠して『狭く』資本主義を規定する。ポランニーの場合はともかく,マルクスが『資本論』で示したような資本の内的論理(資本の弁証法)をもって資本主義を厳密に定義しようとすると,そうならざるをえない。宇野の原理論はそういう定義のもっとも洗練されたものといってもよい。この立場からすると,本来の資本主義は第一次世界大戦をもって基本的には終了しており,世界史はそのあと脱資本主義過程という社会主義への過渡期に入った,ということになる。」[9]

すなわち,「1930年代の大不況のさなかに国際金本位制度が終局的に崩壊するに至ると,もはや管理通貨制度という資本主義に代わる新経済体制の確立は不可避となったのである。……それ以来経済生活は市場と計画という二つの異質な原理の併用によって統合・組織されることになる。資本主義が市場のみを単一の統合原理としたのとは明確に異なった体制である。……それならばこれらはすでに社会主義経済の第一歩を踏み出したものかというと,そうとはいえない。今日の世界経済はすでに資本主義ではないにも拘わらず(或いはなくなりつつあるにも拘わらず)まだ社会主義にいたっていないという意味で,脱資本主義過程にあるというのが正しいと思われる」[10](強調は関根氏による)とみなされているのである。

降旗節雄・関根友彦両氏の見解

1931年の金本位制の崩壊によって資本主義は消滅したという降旗節雄氏や関根友彦氏らの見解は,19世紀中葉のイギリスにおける自由競争的な資本主義とは大きく変貌した現代資本主義という客観的状況そのものについての,資本主

義の「本質の喪失」や資本主義の「消滅」が生じているという，宇野理論の立場からの資本主義理解にもとづく判断によって，主張されているものである。

宇野弘蔵氏の「資本主義」理解は，「経済生活が全面的に商品の形態によって包摂され」て自由競争が全面的に貫徹し，市場原理によって完全に支配されている「社会」こそが，資本主義の「原理論」的な規定的内容を示すものである，というものである。

宇野氏は，マルクスの『資本論』にもとづきながら，それにたいする「商品経済」論的再解釈の全面化による改変をおこなって，自由競争的な市場原理によって「社会」全体が全面的に商品形態によって自己調節されているような「純粋の資本主義社会」こそが「資本主義」の規定的内容をなすとされているのである。

降旗氏や関根氏は，そのような宇野理論的な「資本主義」解釈にもとづきながら，1930年代に，国際金本位制が崩壊して自己調整的な「全面的商品経済」メカニズムが解体し，国家権力による経済への組織的・政策的な介入によって「市場と計画という二つの異質な原理の併用によって統合・組織」されるようになると，「市場のみを単一の統合原理とした」資本主義は「終焉」し，資本主義とは異なる体制になったとみなされるのである。

これが，降旗氏や関根氏のいわゆる「第一次世界大戦をもって資本主義が基本的に終焉した」ということであって，宇野理論による「資本主義」の定義にもとづくかぎり，20世紀における資本主義の変容は，資本主義の基本的原理そのものの崩壊であり，「資本主義」の「終焉」とされることになるのである。

（２）逆流する資本主義——伊藤誠氏の見解

「逆流する資本主義」としての1973年以降の「市場原理」的現代資本主義

現代資本主義の現局面における動向としては，世界寡占としての多国籍企業によるグローバル規模の激烈な世界的大競争（メガコンペティション）と，膨大な国際投機資金が世界をめぐるカジノ資本主義化が進展するなかで，「市場原理」による新自由主義的な自由化と規制緩和がおしすすめられるという特徴的状況がみられるところである。

このような現局面の現代資本主義の規定的内容をいかなるものとみたらいいのか。

　いわゆる正統派・宇野理論・レギュラシオン派の代表的な3人の論客が報告と論戦をおこなった北原勇・伊藤誠・山田鋭夫『現代資本主義をどう視るか』（1997年，青木書店）のなかで，伊藤誠氏は，宇野理論の観点によりながら，1973年以降の現代資本主義の特徴は，19世紀末以降の独占資本主義の展開による資本主義の不純化としての歴史的発展を"逆転"するかたちで，「市場原理」による資本主義の再活性化の方向を展開している《逆流する資本主義》である，という見解を示されている。

　宇野理論にあっては，資本主義的経済関係は19世紀中葉のイギリスの歴史的発展における自由競争的な「純粋の資本主義社会」に近似化する「純粋化傾向」をおしすすめていたのであるが，それが19世紀末以降に「逆転」して独占資本主義的な形態を展開するようになり，「不純化」するものとされていた。伊藤氏は，そのような19世紀末以降の独占資本主義の段階における不純化した状況の内容を，重化学工業化，労働者の社会的地位の向上，国家の経済的役割の増大がもたらされて，そこから，ケインズ主義的福祉経済の展開へとつながる傾向として発展したととらえられる。

　そして，それが，1973年以降にいたって，①ME化など投資単位の軽薄短小化，②生産・流通・消費の個人主義化，③情報技術の普及にともなう雇用の多様化と労働組織の低下，労働市場の個人主義化，④多国籍化とボーダーレス化による国際的メガコンペティションによって，資本主義は「個人主義的で競争的な市場原理を再強化する現実的傾向」[11]による再活性化がおこなわれるようになって"再逆転"することになったととらえ，現代資本主義を《逆流する資本主義》と特徴づけられているのである。

> 「いま〔1997年〕進行している今世紀〔20世紀〕末の大不況をつうずる資本主義経済の高度情報技術の導入にともなう競争的再活性化は，前世紀〔19世紀〕末以来のこうしたほぼ一世紀にわたる資本主義の歴史的発展傾向を溶融し，大きく逆流させて，投資単位を軽薄短小化し，労働組合を弱体化し，さらに国家の経済的役割を縮減して，競争的な市場経済による資

本主義経済の原理的相貌を再強化している面がある。こうした現代資本主義の1973年以降における新たな様相を中間的に概括する意味で、私は『逆流する資本主義』と規定している。」[12]

19世紀末以降における独占資本主義の時期の理解

　伊藤氏は、19世紀中葉のイギリスにおける自由競争的な資本主義への近似化傾向としての「純粋化傾向」が逆転して、自由競争が阻害されて不純化が進行するようになった19世紀末より1973年までの資本主義のなかでおしすすめられた内容とその歴史的性格を、次のように指摘されている。

> 「19世紀末の大不況以来、資本主義の発展は、重化学工業における重厚長大型の設備投資を拡大し、そこに集積されて経験や熟練を尊重される成年男子労働者中心に労働組合を発達させ、国家の経済的役割を増大させる方向を示していた。こうした三面の方向は、戦後のケインズ主義のもとでの福祉国家の成長、ないしは最近のフランス調整学派のいうフォード的蓄積体制をつうじ、成長の成果を働く人びとの生活の向上と安定にも還元してゆく社会経済秩序を定着させ、経済民主主義の拡充にむけて歴史の進歩を多少とも実現しつつあるものと考えられていた。」[13]

　伊藤氏は、この19世紀末以降の1973年にいたる約1世紀にわたる資本主義の「不純化」した時期を、一括して、「成長の成果を働く人びとの生活の向上と安定にも還元してゆく社会経済秩序を定着させ、経済民主主義の拡充にむけて歴史の進歩を多少とも実現しつつあるものと考え」られるところの「資本主義の歴史的進化の過程」と位置づけられている。

1973年以降における市場原理による歴史的発展の再逆転

　ところが、第二次大戦後に展開された高度成長のなかでの"資本主義の黄金時代"は、1973年のオイル・ショックを引金として、先進資本主義諸国におけるスタグフレーションとそれにつづく低成長のなかで、発展傾向の"再逆転"をひきおこすことになる。

そのような1973年以降にひきおこされている状況について，伊藤氏は，次のようにいわれる。「1973年以降の大不況の過程における資本主義経済再編への試みは，ME技術革新にもとづきこれら相関連する三面の発展傾向をいずれも逆転し，1世紀にわたる資本主義の歴史の歩みを大きく逆流させている」[14]ものである。すなわち，1973年以降においてひきおこされたプロセスは，フォード主義的蓄積体制を支えた諸要因を縮小化・弱体化するよう作用し，サッチャー，レーガン，中曽根行革路線によって規制緩和がおこなわれ，市場原理を基軸とした新自由主義的な自由競争がもたらされて，それまでの資本主義の歴史的発展傾向は"逆転"されることになった，とされるのである。

　そのような1973年を契機とした現代資本主義におけるグローバリゼーションとメガコンペティションのもたらす潮流としての，資本主義システムの市場原理にもとづく新自由主義的な自由競争的形態への再逆転について，伊藤氏は，それはME情報技術のインパクトのもとで，資本主義の本来の成立基盤である市場経済の競争的活力を深部から回復させようとする現代的な危機への対応をなしており，そこには資本主義社会システムのあらたな進化の様相がふくまれている，とみなされている。

　　「現代における資本主義世界システムのグローバリゼーションとメガコンペティションの潮流は，こうしてみると資本主義の発生以来の資本主義の歴史的進化の単調な進展を示すものではない。むしろ，19世紀末以降の1世紀にわたる自由な競争的市場への資本，労働，国家の規制の試みと，さらには資本主義を克服する社会主義計画経済建設への試みを大きく逆転させて，ME情報技術のインパクトのもとで，資本主義の本来の成立基盤である市場経済の競争的活力を深部から回復させようとする現代的な危機への対応をなしており，そこに資本主義社会システムの新たな進化の様相を含んでいることに注意しなければならない。」[15]

独占価格の非成立

　伊藤氏は，現代資本主義の現局面におけるそのような市場原理にもとづく競争圧力の展開のなかで，19世紀末以降の独占資本主義における産業独占体の独

占的市場支配力にもとづく独占的協調による自由競争の制限によって構築されていた独占価格が成立しなくなっている、と指摘されている。

　「事業規模において1930年代の独占資本より大きくなっている企業は少なくないにもかかわらず、現代の大不況にあっては独占価格を操作する企業行動があまり目につかないのはなぜであろうか。(例えばアメリカの消費者価格の動向をみても、大企業の製品が多いはずの耐久財の方が、非耐久財より値上がり率が小さい。)
　そのもっとも重要な要因の一つは国際的競争圧力にある。一般に独占価格を設定し維持するには、運賃コスト、関税、外貨規制などなんらかの障壁により国際競争を排除して、国内市場を支配しうる条件があることが望ましい。ところがこの〔1973年の〕大不況の過程では、世界経済の実質成長率を上回る工業製品の世界貿易量の伸びが続いており、先進諸国間でも新興工業地域 (NIEs) とのあいだでも製品販売の相互浸透がむしろ強化されている。それは、アメリカの経済覇権のもとで形成された戦後世界の自由通商体制の遺産であり、1930年代のブロック経済化の過ちを繰り返さないための国際常識によるものとみることもできるが、さらに資本の多国籍化によるところも大きい。多国籍企業の活動は、各国市場の遮蔽を無意味とし、貿易量を増し、各市場での競争を激化する役割を果たしている。
　情報技術の発達も、多国籍企業化を促進する作用を果たすとともに、諸産業をつうずるコストダウンの速度を小刻みに進め、安定的独占価格の設定を困難にしている。現在の大不況がインフレの高進に始まり、物価水準全体が不安定に動揺し続けていることも、個別製品の独占価格の安定的設定をむずかしくしている。1930年代にくらべ、労働組合の存在が生産調整への抵抗要素としてある程度作用している面も指摘してよいであろう。
　こうして、過剰な固定資本が独占的な企業行動によって遊休化されず、継続的に競争圧力を激化する作用を果たしているかぎり、利潤マージンは抑圧される傾向をまぬがれえない。」[16]

　すなわち、第二次大戦後においては、米ソをそれぞれの主軸とする社会主義

と資本主義との冷戦体制と資本主義陣営におけるアメリカの圧倒的優位のもとで，資本主義陣営においては，戦間期におけるような先進資本主義諸国における帝国主義的ブロック経済化ではなくて，資本主義的企業による資本主義諸国の国内市場への相互進出という状況と企業の多国籍企業化のなかで，一国的な独占的協調のバリアは切り崩され，世界寡占としての多国籍企業による国境の枠を越えた世界的競争が展開されるようになり，ME情報技術の発達ともあいまって，安定的な独占価格の設定は困難にならざるをえなくなっている。

そこから，伊藤氏は，「ME情報技術の発達にともなう小刻みなコストの低廉化，市場と投資の国際化，多国籍企業の相互浸透などは，独占的価格戦略を容易に許さず，市場での資本の動きをいわば身軽でより自由なものとし，競争的にしている」[17]と，独占的企業活動から自由競争的な企業活動への転換がとらえられる，と指摘されているのである。

しかも，さらに，1990年代以降においては，新興開発国としての韓国や中国などのアジア諸国における急速な資本主義的発展や，1989-91年のソ連型社会主義の崩壊後における市場経済化などにより，資本主義世界における市場原理による規制緩和と競争への圧力はさらに強まっているところである。

資本主義の全歴史過程に妥当する自由競争

かくして，伊藤氏はいわれる。そのような「1970年代の初頭にあらわれた世界経済危機……をつうずる資本主義の再編〔は〕，1世紀にわたる歴史的傾向を逆転し，市場による資本主義の運動原理を再活性化する方向をあらわしているように思われる」[18]ものである，と。

そのような1973年以降に再活性化してあらわれる「市場による資本主義の運動原理」にたいして，伊藤氏は，これまでの「宇野の規定にある補正を加え」る必要があるとして，「市場による資本主義の運動原理」としての自由競争は，19世紀中葉のイギリスの歴史的発展過程にだけみいだされるものではなくて，「確立期以降の資本主義経済の全歴史過程の基本に妥当し，時期によって強弱はあれ，作用し続けているものと理解したくなる」と考えられるようになっている。

終章　現代資本主義と資本主義範疇　265

「ごく長期的にみれば，第一次大戦後，世界史はすでに社会主義の時代への移行期に入ったという宇野の認識はいぜん妥当性があるものと思われる。しかし，その移行は，あきらかに一方的に進行するものではないし，そのなかで資本主義をますます不純化する方向にたえず動かしてゆくものともいえない。歴史の進展にも，螺旋的な循環や長期波動があるとすれば，現代はまさに資本主義的反動の時代をなしている。これをもたらした世界経済危機の発生，進行の全過程をつうじ，資本主義経済の基本的運動の原理が強力に作用し，さらにその作用を再強化する傾向が生じているように思われるのである。そうとすれば，さかのぼって，資本主義経済の原理的運動法則は，十九世紀中葉までのイギリス社会の発展傾向を延長して想定される純粋資本主義社会の内部にのみ認められるものというより，むしろ確立期以降の資本主義経済の全歴史過程の基本に妥当し，時期によって強弱はあれ，作用し続けているものと理解したくなる。」[19]

すなわち，自由競争を内包した資本主義の一般的原理を展開する資本主義経済の原理的運動法則は，宇野弘蔵氏が理解されていたように19世紀中葉のイギリスの発展傾向において通用するだけではない。伊藤氏は，それは「資本主義の全歴史的過程の基本」において存在しているものであって，「確立期以降の資本主義経済の全歴史過程の基本に妥当し，時期によって強弱はあれ，作用し続けているものと理解したくなる」とされ，そのようなかたちで宇野理論にとっての"パラダイム転換"をおこなうことが必要である，と考えられはじめているようである。

ところで，そのような"パラダイム転換"は，宇野「原理論」や，「段階論」や，さらには宇野"三段階論"全体の否定となるものではないだろうか。

すなわち，「資本主義経済の原理的運動法則」としての自由競争は，19世紀中葉のイギリスの資本主義的歴史的発展における「純粋化傾向」という限定された時期においてだけ展開する形態ではなくて，「確立期以降の資本主義経済の全歴史過程の基本に妥当するところの，強弱はあれ時期をとわずに作用し続けているもの」と理解したいとされているのである。

このことは，自由競争という形態をもった「原理論」的な資本主義は，19世

紀中葉のイギリスの歴史的発展過程においてのみならず,「確立期以降の資本主義経済の全歴史過程」にとっての「基本」において妥当するものであって, 19世紀末以降の金融資本の時代の資本主義においても, さらには, 1973年以降の現代資本主義においても, その「基本」において存続し作用しつづけるものである, ということである。

このような宇野理論にとっての"パラダイム転換"をおこなうものとしての伊藤氏の新しい見解は, 宇野弘蔵氏が「純粋化傾向」の「逆転」ととらえていた把握を「緩慢化」へと修正されたときに述べられたところの,「金融資本の時代」における「資本主義の純化傾向の逆転」という表現は「これはどうも言葉が不適当だった」として,「純化作用というのは, 一般的には常にあるといってよい」と修正された見解と共通するものである。

ところが, そうなると, 資本主義の一般的原理を示すものとしての「純粋の資本主義社会」は, 19世紀中葉のイギリスにおける動向に限定されることなく, 19世紀末以降の金融資本の時代における動向にも, 1973年以降の市場原理にもとづく自由競争の再生的活性化した時期においても存続している動向であるとして,「資本主義経済の全歴史過程」を基盤としたものとしてとらえることが必要になるであろう。

だが, そうだとするならば,「原理論」的な資本主義の自由競争的形態は, 19世紀中葉のイギリスにおける発展段階においてだけではなくて, 19世紀末以降の金融資本の時代の資本主義にも, さらに1973年以降の市場原理による自由競争の再活性化した時期の資本主義においても「強弱はあれ時期をとわず作用し続けているもの」として,「確立期以降の資本主義の全歴史的過程の基本に妥当する」ものということになって,「資本主義の一般的原理」の展開形態は, 19世紀中葉的な平均利潤的形態や, 20世紀的な独占資本主義的な形態や, さらには1973年以降の世界寡占としての多国籍企業によるグローバルなメガコンペティション的な形態をも示すものとなることになり, 宇野「原理論」の内容は解体することにならざるをえなくなるであろう。

それとともに,「段階論」についても,「原理論」的な資本主義の自由競争的形態の資本主義への近似化の"逆転"による「不純化」に根拠づけられたものとしての把握はおこないえなくなるであろう。そして,「原理論」・「段階論」・

「現状分析」によって構築される宇野"三段階論"は成立不可能となるであろう。

3　現代資本主義の現局面

資本制生産の生産力的発展とその展開諸形態

　それでは，現時点の現代資本主義における世界寡占としての多国籍企業とカジノ的な多国籍資金によるグローバル化された激烈なメガコンペティションとしての世界的競争の世界を，マルクスの資本主義概念にもとづきながら資本主義の歴史的変遷と関連づけてとらえるとしたら，どうなるのか。

　そこにおける資本主義的経済関係の大局的な歴史的流れは，基本的には，基礎的要因としての「資本制生産（様式）」を基礎とした資本主義的生産力の発展によって展開している状況としてとらえられるものである。すなわち，そのような基礎的要因としての資本主義的生産力の拡大と発展のうえに，19世紀中葉の《自由競争の資本主義》から1870年代末以降における《独占資本主義》への転化，そして，さらに，第二次大戦後のとくに1970年代以降から現在にいたるまで展開してきている《世界寡占によるグローバルなメガコンペティションの資本主義》としての現時点の資本主義への転換がおこなわれている，と考えられるところである。

　そこにおいて，まず明確にしておくべきことは，それらのそれぞれの発展段階の資本主義の諸形態にとっての生産的基礎は，いずれも資本＝賃労働関係にもとづいて利潤追求をおこなっている「資本制生産」であって，そのかぎりにおいてはマルクスの資本主義概念における資本主義的な生産形態である，ということである。

　だが，そのような資本制生産のうえに展開している経済的諸関係でありながら，その生産力的基礎の発展水準に規制されて，そのうえに展開している資本制企業の形態とその相互関係は相違することになる。まず，19世紀中葉の時期の自由競争の時代の資本主義的経済関係においては，資本制企業が多数の小規模企業によって構成されている生産力の発展水準のもとでの経済関係として，資本の相互関係は，同一生産部門内における多数の小規模企業である個別企業のあいだの弱肉強食の世界としての自由競争と，異部門間の資本の移動による

平均利潤の形成という形態をとらざるをえないものであった。

ところが，生産力のさらなる発展によって，19世紀末以降の独占段階の資本主義においては，資本主義的経済関係は，先進資本主義諸国の国民経済基盤において，主要諸産業に少数の大規模企業が形成されることになって，大規模企業相互のあいだの競争は困難となり，大規模企業相互のあいだの協定は容易になるなかで，同一部門内の大規模企業のあいだに独占利潤をめざす協調的行動のためのカルテルなどが結ばれて，独占的な市場支配をおこなう産業独占体が形成されるようになる。かくして，独占資本主義の時代に移行することになる。

だが，第二次大戦後においては，資本制生産の生産力のさらなる発展にもとづいて，資本制企業のあいだの相互関係は，国民経済の枠を越えた世界経済基盤のうえに展開することになる。

すなわち，戦後の冷戦体制においては，資本主義陣営としての世界的対抗のなかで，アメリカの圧倒的優位のもとでのアメリカ主導による資本主義的再建がおこなわれ，植民地体制の崩壊のなかで，先進資本主義諸国の資本にとっての国際経済関係の重点は，かつての帝国主義的諸列強の支配のもとにあったそれぞれの植民地・従属国への資本輸出をテコとしたブロック経済化した経済関係から，先進資本主義相互のあいだの相互乗り入れを軸とした多国籍企業による世界的展開というかたちをとったグローバル化した形態に移ってきている。

世界寡占としての多国籍企業が本格的にグローバルな展開をおこなうようになったのは，1960年代からである。それは，60年代にアメリカ企業のヨーロッパ向けの直接投資として展開をはじめ，1970年代になると，ドイツ，フランス，イギリス等の西ヨーロッパ企業によるアメリカへの直接投資がおしすすめられるようになる。1980年代には，日本企業が貿易摩擦を契機としてアメリカとヨーロッパへの進出を始めるようになり，さらにアジアNIEsを中心に第三世界への工業化投資をおこなうようになる。そして，90年代にはいると，日米欧企業による中国への投資競争や企業移転が加速され，中国を"世界の工場"化することになる[20]。

そのなかで，世界寡占としての多国籍企業が形成され，とくに戦後のフォード的蓄積体制によって高度成長をおしすすめた"資本主義の黄金時代"の終焉と，国際通貨体制における固定相場制の崩壊後の1973年以降においては，低成

長への転換とスタグフレーションによる危機的状況のもとで，世界寡占としての多国籍企業にとっての世界的な広がりをもったグローバルなメガコンペティションとしての世界的競争がおこなわれて，資本主義国家の対応も市場原理にもとづく新自由主義的な自由化と規制緩和をすすめるものとなっている。

そのような〈自由競争〉から〈独占〉へ，そしてさらに"国民経済基盤"における〈独占〉から"世界経済基盤"における〈グローバルなメガコンペティションとしての世界寡占間競争〉へという資本制企業の相互関係の形態変化は，同じ資本制生産を生産的基盤としながらも，多数の小規模企業による〈自由競争〉の資本主義から，資本制生産の拡大と発展のなかでの"国民経済基盤"による少数の大規模企業の協調にもとづく市場の独占的支配のための産業独占体の形成による〈独占〉の資本主義へ，そしてさらに，資本制生産のいっそうの発展と拡大による国民経済的な枠を越えた"世界経済基盤"のうえに世界寡占としての多国籍企業のあいだに展開される〈グローバルなメガコンペティションとしての世界寡占間競争〉へという，資本の社会的生産力の発展に基礎づけられた資本の相互関係の形態的変遷へと転換することになっているのである。

世界寡占間競争の時代としての現局面

そのように，現代資本主義は，戦後の"資本主義の黄金時代"としてのフォード的蓄積体制による高度成長のもたらした歪み，すなわち，環境破壊による公害の噴出，石油をはじめとする第一次産品の不足と価格高騰，労働者の労働意欲の減退と反抗や，そのもとでの利潤圧縮などが1960年代末に顕在化し進行するなかで，1971年の金＝ドル交換停止（ニクソン・ショック），1973年の固定相場制の崩壊と変動相場制への移行，OPECによる石油価格の引き上げ，などの諸要因が作用するなかで，高度経済成長は終焉を迎え，スタグフレーションと低成長の時代へと入り込むことになる。

そこにおいて，それまでにおいては，通貨の固定相場制，資本移動の法的阻止，国際貿易への関税障壁やあるいは非関税障壁の存在などによって，国民経済基盤での自立的な経済活動がそれなりに存在していたものが，1970年代後半以降においては，世界寡占としての多国籍企業の企業戦略は世界的レベルで遂行されることになって，国際化の進展によるグローバリゼーションの展開のな

かで世界寡占のあいだの激烈な競争の時代に入り込むことになり，資本主義経済の安定的状態を突き崩すよう作用する歴史的時代を迎えているのである。

そのように，1973年以降においてひきおこされた状況は，フォード主義的蓄積体制を支えた諸要因を縮小化・弱体化するよう作用し，サッチャー，レーガン，中曽根行革路線による規制緩和によって市場原理を基軸とした新自由主義的な自由競争が拡大されることになっているのである。

そして，そのような世界寡占としての多国籍企業のあいだのグローバルな競争が続くなかで，急ピッチで製品開発と技術革新をおしすすめる企業戦略を競いあっている多国籍企業には，世界的な独占的協調体制は成立しがたくなっている。

かつて独占資本主義のもとで産業独占体を形成していた鉄鋼，自動車，電機，化学等々の基幹産業において，現在では，日米欧，さらに NIEs，ASEAN や韓国，中国などの新興開発諸国も加わってのグローバルな激烈な競争がおこなわれていて，世界の最適地での生産や販売，あるいは世界的規模での部品調達，さらには市場や人材や関連立地条件をにらんだ世界各地における研究開発，などがおこなわれる体制がおしすすめられ，世界にまたがる生産戦略と世界市場を視野に入れた販売戦略と事業展開がおこなわれている。そして，そこにおいては，たえざる新製品開発，部門内特化をすすめながらの生産拠点や部品調達の世界的展開や，部品のみならず業務の一部の外部委託としてのアウトソーシングの拡充，あるいは M&A による多国籍企業の国際的再編成がおこなわれている。

そこでは，寡占価格のたえざる突き崩しによる価格競争や，あるいは新製品開発競争が激烈なかたちでおこなわれることによって，多国籍企業における弱肉強食による新陳代謝がひきおこされている。そのため，たとえば，現局面においては，アメリカのビッグ・スリーのうち GM とクライスラーは破産し，国家のてこ入れによる再生をはからざるをえなくなっているところである。

このように，現段階の現代資本主義の歴史的状況は，"国民経済基盤"における「独占資本主義」体制は解体され，"世界経済基盤"のうえに展開されるグローバルなメガコンペティションとしての世界寡占間競争によって特徴づけられる状況がおしすすめられているところである。

グローバル化した資本行動による現代資本主義

　もちろん，世界寡占としての多国籍企業間競争によって特徴づけられる現在のグローバル化した資本主義においても，その生産的基礎はあくまでも「資本制生産」であって，資本主義的経済関係にほかならないものである。だが，その生産的基礎をなす生産力構造は，国民経済的基盤にうえに形成された独占資本主義にとっての基礎となっていた生産の大規模化よりもさらに拡大・発展して世界的に展開する生産力的基礎のうえに，国民経済的な独占形成における共同的意思決定と協調的行動は突き崩されて，世界寡占としての多国籍企業間のグローバルな競争という形態をとらざるをえないものとなっている。そして，そこでは市場原理にもとづく新自由主義による競争と規制緩和のなかで資本移動の自由化や金融自由化がさらにおしすすめられる，ということになっているのである。

　しかも，1973年以後における固定相場制から変動相場制への移行による各国通貨にたいする投機的先物取引の基盤確定のうえに展開される金融自由化の大きな流れのなかで，さまざまな新しい金融商品や金融サービスが出現して，投資銀行や投資ファンドなどが金融グローバル化の担い手としての役割を果たすようになっている。そこにおいて，ヘッジファンドなどによる投機的な収益性を求めての制御不能の暴走が一人歩きをするようになっている。膨大な資金の投機的活動は，とくに1980年代後半以降には，テコの原理にもとづくレバレッジによるバブル的な信用拡張技術の開発と，デリバティブ（先物取引における相場変動によるリスクを回避するために開発された手法が，投機的目的のために利用された金融手法）にもとづく信用膨張にもとづいた膨大な資金を動かす投機的な金融派生商品によるところの，全世界的規模での収益性を求めてのカジノ的な投機的行動の跳梁をもたらすことになっている。

　カジノ的なアナーキーな国際的投機は，1990年代には，企業や産業さらには国民経済における各国の通貨そのものについても向けられ，規制の緩和と既成秩序の解体をおしすすめるようになっている。その結果，1994年のメキシコ，1997-98年のタイ・バーツをはじめとするインドネシア，韓国や，フィリピンなどへと伝播した東アジア通貨危機，さらには，1998年のロシア，2001年のアルゼンチンと，あいついでそれらの国々の通貨そのものをゆるがす金融危機

をひきおこすことになる。そのように，新自由主義的な資本の動向は，グローバルな金融不安定性と結びついたものとなっている。

しかも，1990年代から21世紀にかけては，新興開発諸国の急激な資本主義的開発による世界市場への参入をともなうグローバルな競争圧力のもとで，グローバリゼーションによる世界的な一体化とメガコンペティションによる資本主義世界の構造的再編成は，さらに急速化しながら進行しているところである。そこにおいて，新興開発諸国内部における資本主義的近代化のもたらす社会的歪みの拡大とならんで，先進資本主義諸国の既存産業における産業空洞化，労働条件の悪化と非正規雇用の急増，経済格差の拡大，労働組合の弱体化といった状況が進行している。

現代の世界秩序は，「独占」と植民地支配にもとづく「帝国主義」諸列強のあいだの世界再分割のための帝国主義戦争がおこなわれるとみていたレーニン『帝国主義論』の世界とは相違して，全世界的規模で展開する世界寡占としての多国籍企業間および多国籍資金間での激烈な競争がおこなわれているグローバル化した資本主義のうえに，かつての超絶的な軍事的な国際的覇者として一国「帝国主義」的な支配的役割を果たしていたアメリカが，その国際的地位と役割の低下を示すようになり，多極化した世界へと向かう状況となっている。

しかも，そのように現在見られるようなかたちで再生された市場原理による世界寡占のあいだのあらたなグローバルな競争の資本主義は，安定的なシステムを構築しえていない。2007年夏のアメリカのサブプライム・ローンの証券化の劣化と2008年秋のリーマン・ブラザースの破綻に端を発した全世界的な金融的危機と実体経済そのものにおける世界大不況といった危機的状況は，人類的危機を内包した資本主義経済そのものの歴史的限界を問う状況を示している。

注
1) マルクス『経済学批判要綱』,『資本論草稿集』①423ページ。
2) 同上, ②19ページ。
3) 同上, ②558ページ。
4) 同上, ②558-559ページ。
5) 同上, ②559ページ。
6) マルクス『資本論』第1巻, ④1306ページ。
7) 宇野弘蔵『経済政策論（改訂版）』1971年, 弘文堂, 267ページ。『著作集』Ⅶ, 248

ページ。
8) 降旗節雄「いいがかりに一言！」，『月刊フォーラム』1997年4月号，106ページ。
9) 関根友彦『経済学の方向転換——広義の経済学事始』1995年，東信堂，160-161ページ。なお，関根氏による本論文と同様な見解は，関根友彦「二十世紀はヘーゲルとマルクスをどう超えたか——資本の弁証法」（降旗節雄・伊藤誠共編『マルクス理論の再構築——宇野経済学をどう活かすか』2000年，社会評論社，所収）および，「マルクス経済学の試練と再生」経済理論学会編『季刊 経済理論』第45巻第1号（2008年4月）においても展開されている。
10) 同上，68ページ。
11) 北原勇・伊藤誠・山田鋭夫『現代資本主義をどう視るか』1997年，青木書店，71ページ。
12) 同上，73-74ページ。
13) 伊藤誠『逆流する資本主義』1990年，東洋経済新報社，「はじめに」ⅱページ。
14) 同上，ⅱページ。
15) 同『幻滅の資本主義』2006年，大月書店，25ページ。
16) 同『逆流する資本主義』123-124ページ。
17) 同上，127ページ。
18) 同上，18-19ページ。
19) 同上，19-20ページ。
20) 奥村浩一・夏目啓二・上田慧編著『多国籍企業論』2006年，ミネルヴァ書房，3-9ページ。

275

あとがき

　NHKから放映されて評判になったテレビドラマ《ハゲタカ》のなかで,「資本主義」という言葉が使われている.

　外資系投資ファンドの日本代表・鷲津政彦への記者会見のなかで,テレビ記者による「外資ファンドによる企業買収は金銭目的に過ぎる,という指摘もありますが……」というファンドの活動についての質問にたいして,鷲津が,「お金を稼ぐことはいけないことでしょうか.私がやろうとしていることはルールに則った正当な企業再生です.その結果えられる正当な報酬になにか問題があるんでしょうか.日本は《資本主義社会》でしょう.そこになにか問題があるんでしょうか!」と反論し,テレビ記者は「すげえな,こいつ.本音できたよ」とつぶやきながら,何も言えなくなるシーンがある.

　さらに,鷲津が以前に日本の銀行に勤めていたときに,銀行の指示によって貸し渋りをおこなって,ある零細企業の社長の自殺をひきおこし,責任を感じて泣いていたときに,鷲津の上司に「仕様がないだろう.日本は《資本主義》なんだから」と言われる回想シーンもある(原作・真山仁『ハゲタカ』『バイアウト』,脚本・林宏司,2007年2月17日〜3月24日放映,DVD発行・NHKエンタープライズ).

　また,現代アメリカにおける社会問題の抱える闇をテーマにドキュメンタリー映画をとり続けてきたマイケル・ムーア監督の,10代の子どもの学校銃撃事件にみられる銃社会(『ボウリング・フォー・コロンバイン』)や,ブッシュ政権批判(『華氏911』),あるいは医療保険の欠如(『シッコ』),などに続く最新作のテーマは,金融資本主義としてのアメリカにおける社会的矛盾をとらえる《キャピタリズム〜マネーは踊る〜》であって,そこでは「キャピタリズム」そのものが正面から取り上げられている.その原題は"CAPITALISM：A Love Story"であって,アメリカではたった400人の最富裕層が底辺の1億5000万人の全部を合わせた以上の財産を持っており,全国民のわずか1％の金持ちが95％の人たちよりも利益を独占的に得ている社会であって,そのような「金を

愛する金持ちを描いた映画」だということである。そこでは金持ちたちは，「自分たちの金」を愛しているだけではなくて，他人である「我々の金」をも愛している，というヒネリがあるとのことである。そして，強者が天文学的な報酬を手に入れたサブプライム・ローンの延滞によって，それまで住んでいた住宅を強制執行により追い出される貧困家族が続出している姿が描かれている（脚本・監督・製作：マイケル・ムーア，2009年／アメリカ。DVD 発売元：株式会社デイライト）。

ともあれ，そのようなかたちで，現在では「資本主義」や「資本主義社会」という用語は，完全に日常化したポピュラーな言葉になっている。

本書は，そのような「資本主義」を示す用語の成り立ちとその意味内容について，マルクスを主軸とし，それに宇野弘蔵氏の見解を対比しながら，取り組んだものである。

わたしがかつて上梓した『マルクス経済学方法論』（1975年，有斐閣）における宇野弘蔵氏の理論の検討においては，基本的には，宇野弘蔵氏の方法に内在しながら資本主義認識をおこなおうとするときにぶつかる問題点を点検するというかたちで，認識論的な観点によりながら，宇野氏の資本主義認識における諸論点についての検討をおこなった。

そして，『資本主義の発見——市民社会と初期マルクス——』（1983年，御茶の水書房）では，平田清明氏の「市民社会」論的資本主義論を念頭におきながら，マルクスにおける初期から『資本論』にいたるまでの資本主義概念の確定とその変遷についてフォローしたところである。

その後，さらに，『資本主義を見つけたのは誰か』（2002年，桜井書店）において，ヨーロッパのさまざまな思想家や理論家における「資本主義」という用語の発生と普及について瞥見し，そのうえで取り組んだ『マルクスの資本主義』（2006年，桜井書店）においては，『経済学批判要綱』に焦点をおきながら，中期マルクスから後期マルクスにかけての資本主義概念と表現用語の発展的転換についての解明をおこなった。

そのようなマルクスの資本主義概念についてのこれまでの取り組みによって明確になってきた基本的内容の時期的特徴と総括的まとめとして，本書においては，マルクスにおける生涯にわたっての近代社会への取り組みのなかでの，

資本主義概念とその表現用語の確定と変遷についての解明をおこなったところである。

それとともに，かつて『マルクス経済学方法論』において取り組んだ宇野弘蔵氏における資本主義認識と資本主義概念の理解について，このたびは，マルクスとの対比といういわば外在的な比較的検討という方法による解明をおこなった。このことによって，マルクスと異なる宇野理論の内容と特徴が鮮明に示されることになったものと思っている。

顧みると，これまでほぼ半世紀にわたってマルクスにかかわってきたのは，ひとつには，それぞれの時点における現代資本主義の局面とそれにたいするマルクスの資本主義理論による把握をおこなう必要，もうひとつは，マルクスそのもののオリジナルにおける「資本主義」概念とその表現用語の明確化の必要を感じつづけてきたこと，この2つのことによるものであった。

この半世紀のあいだの，戦後の混乱から高度成長へ，国際通貨制度の変動相場制への転換とスタグフレーション，エレクトロニクス革命とIT化による企業行動と産業構造の変化，バブル経済とその崩壊，企業の海外移転，多国籍企業化とその展開，新自由主義的規制緩和と非正規労働者の増大といった，資本主義世界と日本経済の有為転変は，解決をせまる新しい問題を突きつけつづけてきたところであって，それにたいするマルクスの理論による対応については，たえず気になりつづけたところであった。現時点での現局面の現代資本主義の歴史的位置づけとその基本的特徴については，本書の「終章」に触れているところである。

他方，マルクスの理論そのものについては，マルクス自身においても，それなりの不十分さや時代的制約性をもちながらも，「未知」から「知」にいたる認識のステップのなかでその研究成果を達成しているところであって，プロセスの途中での未熟で不十分な内容を明らかにすることによって，その後の研究によるあらたに達成された成果が明確化されることになるものである。そのようなものとして，マルクスの理論にかんするさまざまな視角からの論議についても，自説にひきよせた『資本論』の恣意的な解釈によることなく，オリジナルな原典にもとづく点検をおこなうことが必要であった。そのことは，たとえば，「資本主義」範疇を表現する用語としての「ブルジョア的生産（様式）」か

ら「資本制生産（様式）」への転生の追究にみられるように，なんとか確定することができて，本書のなかで論じられたところもある。

　それにしても，いずれにおいてもおのが力量と時間の不足を今更ながら感じているところである。

　ともあれ，本書は，わたしの研究活動の総括という意味をもつものである。そのような本書の取り組みのなかでの桜井書店の桜井香氏のご助言はかけがえのないものであったし，さらに，その成果の公刊にあたっての氏のご好意はきわめて大きいものであった。桜井氏にたいする心からの感謝の気持ちでいっぱいである。

重田澄男（しげたすみお）

1931年生まれ。1954年、京都大学経済学部卒業。
静岡大学名誉教授・岐阜経済大学名誉教授。経済学博士。

著書
『マルクス経済学方法論』（有斐閣，1975年）
『資本主義の発見』（御茶の水書房，1983年）
『資本主義と失業問題——相対的過剰人口論争』（御茶の水書房，1990年）
『社会主義システムの挫折——東欧・ソ連崩壊の意味するもの』（大月書店，1994年）
『資本主義とはなにか』（青木書店，1998年）
『資本主義を見つけたのは誰か』（桜井書店，2002年）
『マルクスの資本主義』（桜井書店，2006年）

Eメール・アドレス：shisu5432@ybb.ne.jp

再論 資本主義の発見——マルクスと宇野弘蔵
2010年7月5日　初　版

著　者　重田澄男
装幀者　加藤昌子
発行者　桜井　香
発行所　株式会社 桜井書店
　　　　東京都文京区本郷1丁目5-17 三洋ビル16
　　　　〒113-0033
　　　　電話　(03)5803-7353
　　　　Fax　(03)5803-7356
　　　　http://www.sakurai-shoten.com/
印刷所　株式会社 ミツワ
製本所　誠製本株式会社

Ⓒ 2010 Sumio Shigeta

定価はカバー等に表示してあります。
本書の無断複写（コピー）は著作権法上
での例外を除き、禁じられています。
落丁本・乱丁本はお取り替えします。

ISBN978-4-921190-67-5　Printed in Japan

有井行夫著
マルクスはいかに考えたか
資本の現象学

20世紀マルクス主義のマルクス理解を問う
キーワードは実証主義批判としての唯物論

四六判・定価2700円+税

森岡孝二著
強欲資本主義の時代とその終焉

労働と消費に視点をすえて現代資本主義の現代性と多面性を分析

四六判・定価2800円+税

鶴田満彦著
グローバル資本主義と日本経済

「100年に一度の危機」をどうみるか? 理論的・実証的に分析する

四六判・定価2400円+税

福田泰雄著
コーポレート・グローバリゼーションと地域主権

多国籍巨大企業による「市場と制度」支配の実態に迫る現代帝国主義論

A5判・定価3400円+税

長島誠一著
エコロジカル・マルクス経済学

エコロジーの危機と21世紀型恐慌を経済学はどう解決するのか

A5判・定価3200円+税

一井 昭著
ポリティカル・エコノミー
『資本論』から現代へ

基礎理論から現代資本主義までを体系的に叙述

A5判・定価2400円+税

テス・リッジ著/渡辺雅男監訳
子どもの貧困と社会的排除

貧困家庭の子どもから見える家族,学校,友人関係,そして自分の将来

四六判・定価3200円+税

桜井書店
http://www.sakurai-shoten.com/